U0959896

权威·前沿·原创

皮书系列为

“十二五”“十三五”国家重点图书出版规划项目

BLUE BOOK

智库成果出版与传播平台

马拉松蓝皮书

BLUE BOOK OF MARATHON

中国马拉松产业发展报告（2019~2020）

DEVELOPMENT REPORT ON MARATHON INDUSTRY IN CHINA (2019-2020)

马拉松赞助市场指数评价分析

Evaluation and Analysis of Marathon Sponsor Market Index

研　　创／北京体育大学中国体育战略研究院
主　　编／杨建荣
副 主 编／张好雨　王　盼　吴　特　董　美

社会科学文献出版社
SOCIAL SCIENCES ACADEMIC PRESS (CHINA)

图书在版编目(CIP)数据

中国马拉松产业发展报告. 2019－2020. 马拉松赞助市场指数评价分析 / 杨建荣主编. －－北京：社会科学文献出版社，2020.8
（马拉松蓝皮书）
ISBN 978－7－5201－7133－5

Ⅰ. ①中…　Ⅱ. ①杨…　Ⅲ. ①马拉松跑－运动竞赛－产业发展－研究报告－中国－2019－2020　Ⅳ. ①G822.82

中国版本图书馆 CIP 数据核字（2020）第 158095 号

马拉松蓝皮书
中国马拉松产业发展报告（2019～2020）
——马拉松赞助市场指数评价分析

主　　编 / 杨建荣
副 主 编 / 张好雨　王　盼　吴　特　董　美

出 版 人 / 谢寿光
组稿编辑 / 祝得彬
责任编辑 / 张　萍

出　　版 / 社会科学文献出版社 · 当代世界出版分社（010）59367004
地址：北京市北三环中路甲 29 号院华龙大厦　邮编：100029
网址：www.ssap.com.cn
发　　行 / 市场营销中心（010）59367081　59367083
印　　装 / 三河市东方印刷有限公司

规　　格 / 开 本：787mm × 1092mm　1/16
印 张：17　字 数：251 千字
版　　次 / 2020 年 8 月第 1 版　2020 年 8 月第 1 次印刷
书　　号 / ISBN 978－7－5201－7133－5
定　　价 / 168.00 元

本书如有印装质量问题，请与读者服务中心（010－59367028）联系

主要编撰者简介

杨建荣　经济学博士，北京体育大学体育商学院副教授，硕士生导师，中国体育科学学会会员，研究方向为体育经济、体育赛事、体育投融资。参与完成多项国家级课题及省部级课题。公开发表国内外学术论文30余篇，受邀在国际体育社会学大会、全国体育科学大会等国内外学术会议做专题报告，多次为国家体育经纪人职业培训做专题讲座。

杨占东　北京体育大学体育休闲与旅游学院体育旅游教研室主任，中国管理科学学会旅游管理专业委员会委员，中国高等教育学会体育专业委员会休闲体育专业理事，研究方向为体育赛事与体育旅游、体育旅游规划与市场开发。主持或参与的课题：国家社科青年项目“马拉松赛事与城市文化的耦合共生关系及发展路径研究”（17CTY012）、北京市社科青年项目“京津冀冬季体育旅游产业联动发展及实现机制研究”（17YTC034）、北京市社科一般项目“乡村旅游发展与北京率先实现城乡一体化新格局研究”、北京体育大学校课题“京津冀体育非物质文化遗产的空间分布研究”（2019QD029）。

黄　宁　北京中锐体育产业有限公司赛事总监；2012～2020年，先后参与北京快乐儿童跑、广州马拉松、六盘水马拉松、临沂马拉松、宁波马拉松、丽水半程马拉松、沈阳马拉松、唐山马拉松、北京密云生态马拉松、吉林梅河口马拉松、汕头马拉松等数十场马拉松赛事运营工作，在业界有一定的知名度和影响力。目前专注于中国马拉松赞助市场开发中的赞助等级与权益回报相关领域的研究。

摘 要

发展至今，中国马拉松赞助市场有以下特点。第一，细分赛事越来越受到赞助商的青睐；第二，汽车企业成为马拉松赞助市场的主力军；第三，拥有悠久历史的马拉松赛事往往更容易获得赞助商的赞助。马拉松赞助市场发展趋势：赞助企业中经济发达地区企业将继续占较大比例，北京、广东和福建等地的企业在中国马拉松赞助市场中扮演着重要的角色；赞助商与赛事结合将越来越紧密，国内马拉松赞助商逐渐本地化。

从马拉松赛事赞助市场评价指标分数及排名可以看出，较为成熟的赞助市场投入也较多，已经显现出某种饱和的状况，对其加大投入的赞助效果不是很好。而由于新兴的马拉松赞助市场发展潜力较大，离赞助市场饱和还有差距，因而赞助商若对其投资，将会产生较好的效果。

调查发现，被调查者对赛事赞助商的认知与实际赞助状况之间存在差异，这种差异反映出赞助商投入和赞助效果之间的资源错配。被调查者对赞助企业印象最深刻的前三类企业为矿泉水或饮料企业、运动装备企业、汽车企业，这与目前上海马拉松的赞助品牌较匹配。马拉松参与者对广州马拉松赞助市场的认知与整体数据的情况相若，且作为国内优秀的“双金”马拉松赛事，广州马拉松赞助市场现状要好于全国平均水平。成都马拉松赞助市场调查显示，参与者对赞助商的主观认知与实际赞助情况存在差异，赞助商实际投入与得到的赞助效果不匹配。赞助企业要想通过较少的赞助投入获得最好的赞助效果，在选择赛事时就必须考虑赞助匹配度，并在赞助过程中通过各种方式和途径深入参与赛事。同时，赛事主办方也应尽可能准确地评价赞助效果，保障赞助商的权益，这样不仅能与企业开展长期稳定的合作，还能根据实际赞助效果拓展赞助商来源，完善赞助层级，扩大赞助市场。

展望2021年，中国马拉松赞助市场还有很大的潜力值得挖掘，愿意通过马拉松赛事进行市场营销的企业将越来越多，完善赞助措施以获得最好的赞助效果将是赛事主办方和赞助企业需要关注的问题。总之，2021年对于拟参与赞助马拉松赛事的企业来说将是机遇与挑战并存的一年。

值得一提的是，《中国马拉松产业发展报告（2019～2020）：马拉松赞助市场指数评价分析》首次推出马拉松赛事赞助市场评价模型及指标体系，构建了赞助市场状况、赛事价值、赞助效果一级指标，并围绕马拉松赛事赞助市场给出评价模型。该评价模型及指标体系的搭建，或将推动中国马拉松产业的发展。

关键词： 马拉松赛事　马拉松运动　马拉松产业

目录

Ⅰ 总报告

Ⅱ 指数与评价篇

Ⅲ 政策法规篇

Ⅳ 专题篇

Ⅴ 案例及借鉴篇

Ⅵ 附录

皮书数据库阅读使用指南

总 报 告

General Report

B.1

中国马拉松赞助市场发展报告：回顾与展望

杨建荣 黄 宁 张馨月 冯晓雨*

摘 要： 国内马拉松的赞助层级大致可以分为四个：冠名赞助商、合作伙伴、赛事赞助商、赛事供应商。发展至今，中国马拉松赞助市场有以下特点：第一，细分赛事越来越受到赞助商的青睐；第二，汽车企业成为马拉松赞助市场的主力军；第三，拥有悠久历史的马拉松赛事往往更容易获得赞助商的赞助。马拉松赞助市场发展趋势：赞助企业中经济发达地区企业将继续占较大比例，赞助商与赛事结合将越来越紧密，国内马

* 杨建荣，经济学博士，北京体育大学体育商学院副教授，硕士生导师，中国体育科学学会会员，研究方向为体育经济、体育赛事、体育投融资；黄宁，体育经济与产业方向硕士，北京中锐体育产业有限公司赛事总监，研究方向为马拉松的赞助等级与权益回报；张馨月、冯晓雨，体育经济硕士，北京体育大学研究生院硕士研究生，研究方向为体育经济。

拉松赞助商逐渐本地化。展望2021年，中国马拉松赞助市场还有很大的潜力值得挖掘。对于较为成熟的马拉松赛事，加大投入的赞助效果不是很好，而对于新兴的马拉松赛事，赞助商若对其赞助，将会产生较好的赞助效果。潜在顾客对赛事赞助商的认知与实际赞助状况之间存在差异，因而完善赞助措施以获得最好的赞助效果是赛事主办方和赞助企业需要关注的问题。

关键词： 马拉松　体育赛事　马拉松运动　马拉松产业

一　中国马拉松赛事的发展现状和趋势分析

继2014年10月国务院印发《关于加快发展体育产业促进体育消费若干意见》之后，国家体育总局颁布了配套文件，包括《体育总局关于推进体育赛事审批制度改革的若干意见》、《体育总局关于印发〈全国性单项体育协会竞技体育重要赛事名录〉的通知》和《体育总局关于印发〈在华举办国际体育赛事审批事项改革方案〉的通知》，推动政策尽快落实和体育产业加速发展。政府部门简政放权，取消赛事审批权，让市场参与办赛推动体育产业和赛事品牌的发展，不仅有利于政府转变职能，消除体育职能部门对赛事主办权的垄断，也能促进体育社团实体化、体育赛事市场化，对整个体育行业的发展有重要意义。

2015年1月3日，在厦门市举办的“2014年中国马拉松年会暨中国田径协会马拉松委员会代表大会”上，中国田径协会回顾了马拉松赛事的发展历程和经验，对新政策颁布后马拉松及相关运动发展的若干问题和政策进行深入探讨，并率先表态中国田径协会将全面取消马拉松赛事审批权，且将开通中国马拉松信息平台，通过新媒体渠道加强对有关马拉松运动的宣传，简化赛事注册、赛事认证流程，合理安排赛事日程，鼓励并动员社会各界力量参与到马拉松及相关运动发展中来，这一行为推动了体育竞赛表演业的发展。同时，中国田径协会还颁布了《中国田径协会马拉松及相关运动赛事赛事认证指南》《中国田径协会马拉松委员会工作条例》《中国田径协会马拉松委员会会员管理办法》《中国田径协会马拉松及相关运动赛事等级评定办法》《中国马拉松及相关运动赛事等级评定标准》《中国田径协会关于邀请外籍优秀运动员参与中国境内马拉松赛事的管理规定》《马拉松及相关运动赛事组织防猝死相关工作指导意见》共 7 个文件，旨在加强对马拉松运动的科学管理，做好赛事相关配套工作，吸引社会力量加入马拉松及相关运动。此后，马拉松赛事的数量、参与人数、社会关注度都明显增加，社会力量参与马拉松办赛的活力被激活，群众参与马拉松赛事的热情被激发，马拉松这项极具广泛群众基础的项目迎来了新的发展机遇和挑战。

（一）发展现状

马拉松运动起源于公元前 490 年的古希腊，全程 42.195 公里，因业余选手和专业选手可以同台竞技，马拉松运动拥有深厚的群众基础。国内专业马拉松赛事于 1959 年被确定为全运会比赛项目，这也成为我国马拉松运动正式发展的重要标志。我国马拉松赛事商业化始于 1981 年的第一届北京马拉松赛。在随后的几十年内，马拉松赛事蓬勃发展，2015 年以来，全国多座城市兴起举办马拉松赛事的热潮，赛事数量显著增加，赛事规模扩大，办赛水平提高，社会力量参与办赛的积极性明显提高，群众参与赛事的热情高涨。

1. 赛事数量

近几年我国马拉松赛事数量明显增多，且 2014 年后涨幅较大。根据中国田径协会统计，2011 年全国认证的马拉松赛事为 22 场，2012 年为 33 场，2013 年为 39 场，2014 年为 51 场，这四年马拉松赛事数量较少。但 2015 年认证赛事数量高达 134 场，2016 年增加 194 场，达到了 328 场，涨幅为 145%。2017 年认证赛事 256 场（其中 A 类赛事 223 场，B 类赛事 33 场），规模赛事（路跑类赛事 800 人以上，越野跑及其他赛事 300 人以上）高达 1102 场，是 2016 年认证赛事的 3.36 倍。2018 年认证赛事 339 场（其中 A 类赛事 278 场，B 类赛事 61 场），规模赛事数量再破纪录，达 1600 场，比 2017 年增加 498 场，增长率为 45.19%。2019 年中国田径协会认证赛事 335 场（其中 A 类赛事 310 场，B 类赛事 25 场），与 2018 年认证赛事数量基本持平，但可以发现，A 类赛事数量增加，B 类赛事数量略有下降（见图 1）。总体来看，2016～2019 年，认证赛事数量较稳定，整体处于稳步增长的健康状态，规模赛事数量呈爆发式增长。

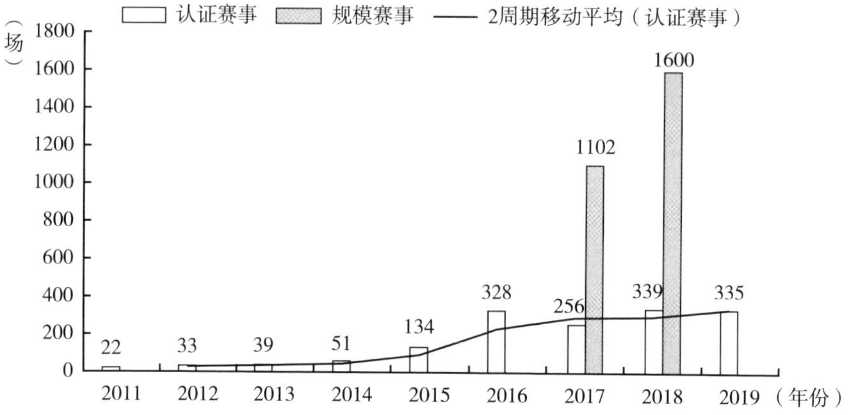

图 1　中国马拉松赛事规模

注：2019 年为前 11 个月不完全统计。

资料来源：中国田径协会。

2. 赛事等级

中国田径协会（Chinese Athletics Association，CAA）成立于 1954 年，是中国奥林匹克委员会认可的对全国性田径运动进行管理的协会。中国田径协会在马拉松年会上宣布对马拉松赛事的评定等级（按标准划分为金、银及铜牌三个等级）。

2014 年中国田径协会只认证了金牌赛事 5 场，2015 年认证赛事 30 场，其中金牌赛事 14 场，银牌赛事 6 场，铜牌赛事 10 场。2016 年认证赛事数量增加到 44 场，其中金牌赛事 20 场，银牌赛事 13 场，铜牌赛事 11 场。2017

年认证赛事增长至92场，金、银、铜牌赛事数量分别是25场、17场、50场。2018年认证赛事数量继续上升，共计118场，金、银、铜牌赛事数量分别是45场、23场、50场，金牌赛事数量明显增加，铜牌赛事数量无变动。2019年上升至199场，且金、银、铜牌赛事数量均有所上升，分别是71场、52场、76场。可以看到，认证赛事总数稳步增加，且金、银、铜牌赛事各有上升（见图2）。

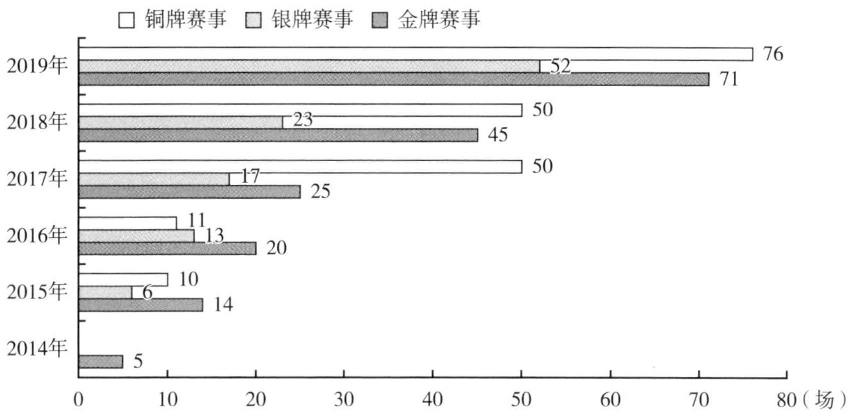

图2　2014～2019年中国田径协会认证的马拉松金、银、铜牌赛事

资料来源：中国田径协会。

国际田径联合会（International Association of Athletics Federations，IAAF）简称国际田联。马拉松赛事标牌主要分三种：金标赛事、银标赛事、铜标赛事，由IAAF进行评定。各赛事主办方每年都要向IAAF递交相关材料，金标赛事最多只有30场。国内获得国际田联标牌称号的赛事中，国际田联2019年金标赛事有12场，是北京马拉松、厦门马拉松、上海马拉松、扬州半程马拉松、黄河口马拉松（山东东营）等；银标赛事有2场，分别是重庆马拉松和兰州马拉松；铜标赛事有10场，是太原马拉松、广州马拉松、杭州马拉松等。

3. 马拉松赛事的特点

在2018年中国田径协会认证的339场赛事中，全程马拉松赛事有155

场，半程马拉松有130场，全程马拉松和半程马拉松占当年认证赛事总数的84.07%；健康跑有9场，超级马拉松有3场，越野跑有9场，10公里跑有23场，其他有10场（见图3）。

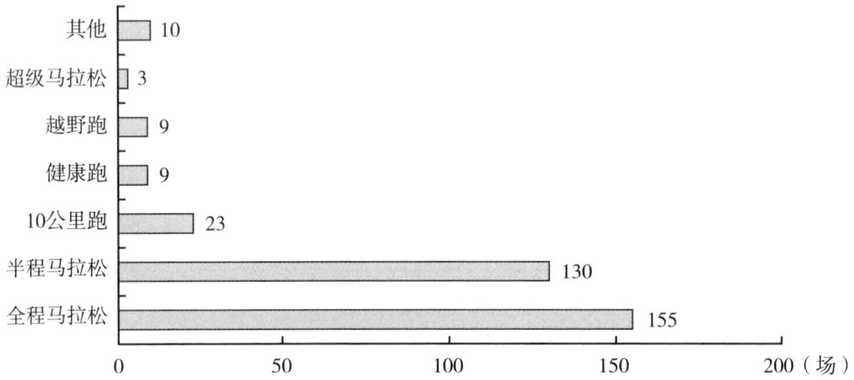

图3　2018年中国马拉松认证赛事项目分布

资料来源：中国田径协会。

近几年，中国马拉松赛事项目有明显的分化趋势，即由全程马拉松、半程马拉松和迷你马拉松发展到竞技性赛事与娱乐大众化赛事分化。2016年北京马拉松和厦门马拉松只设置了全程马拉松，随后广州马拉松、上海马拉松也步入全马时代，部分马拉松逐渐朝专业化方向发展，与娱乐性较强的马拉松赛事逐渐分隔开来。此外，马拉松系列赛也蓬勃发展，如健康中国、韵动中国、欢乐跑中国等系列赛在全国各地设置分站赛，具有广泛的群众基础。趣味性是马拉松赛事的另一个趋势，这类赛事报名门槛和参与难度较低，娱乐性和体验性较强，有彩色跑、荧光跑、企鹅排队跑、摇滚跑等多种形式。总体来看，马拉松赛事项目分化趋势明显，运营日趋精细化。

4. 赛事地理分布

从地理分布来看，马拉松赛事覆盖范围广，基本覆盖全国31个省（自治区、直辖市），全国所有省份至少有1场马拉松比赛。赛事主要分布于华东和华南地区，且增长速度很快。马拉松赛事在华北、华中、西南地区发展态势良好，新疆、青海、西藏等地也开始兴起形式多样的路跑赛事。

2018 年中国田径协会认证赛事数量为 339 场，其中排名前五的省份分别是：江苏 41 场、山东 27 场、浙江 24 场、广东 21 场、安徽和湖北各 20 场。青海无认证赛事。

2018 年有 1600 场规模赛事，分布在全国各个省（自治区、直辖市），其中排名前五的是：浙江 182 场、江苏 146 场、山东 120 场、北京和广东各 115 场、上海 85 场。数量最少的三个地区是宁夏 8 场、西藏 5 场、青海 5 场（见图 4）。

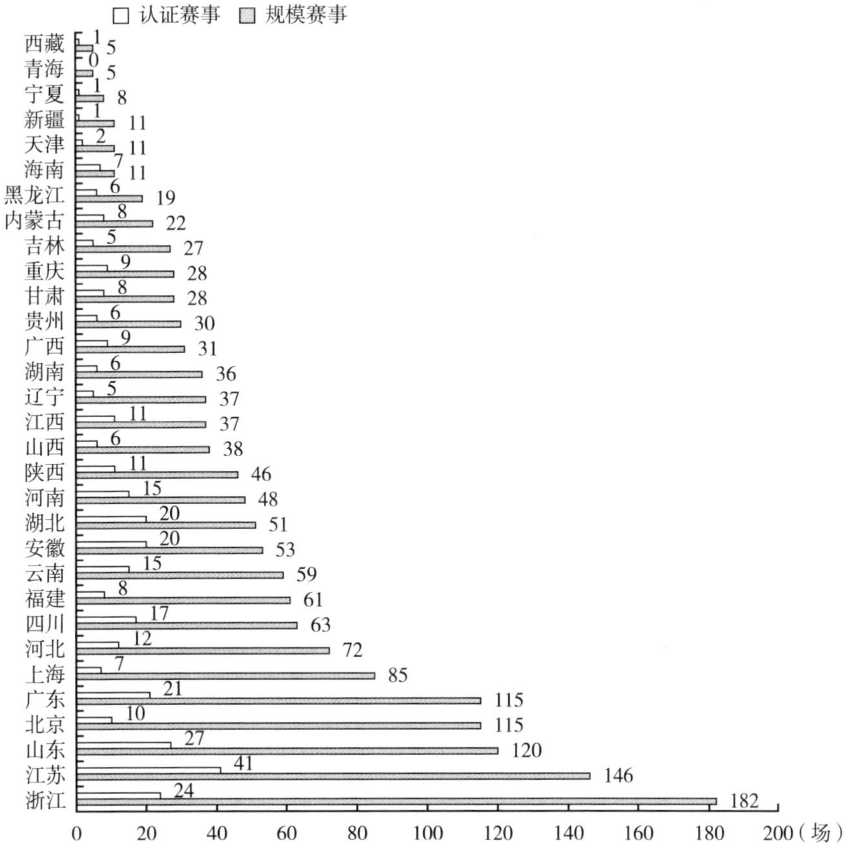

图 4　2018 年中国马拉松赛事地理分布

资料来源：中国田径协会。

在全国334个地级行政区中，2018年有287个举办了规模赛事，比2017年增加了53个，其中举办认证赛事的地级行政区为172个。2018年举办规模赛事数量排名前三的城市是北京115场、上海85场、杭州60场。

5. 赛事举办时间

对赛事举办时间进行分析发现，3～5月和9～11月是马拉松赛事举办最密集的时间段，受气候条件影响，6～8月天气炎热不适宜举办赛事，12月至次年1月，天气寒冷，且一般1～2月跨春节，也不适宜筹办赛事。对2018年规模赛事数据进行分析发现，赛事最多的月份是4月，有218场（见图5），2017年数据显示，9月场次最多，有137场。与2017年相比，2018年赛事密集时间段大致一致，举办最少的月份同样是2月。一般夏季和冬季是马拉松赛淡季，春季和秋季是旺季。但随着赛事的多样性和地域差异化发展，四季跑、冰雪跑等新形式的赛事出现，打破了气候的限制。部分城市如六盘水、贵阳等拥有较好的气候环境，夏季也可以举办马拉松赛事，马拉松赛事举办的时间差异逐渐缩小。比赛时间多集中在假期，主要是周末和国家法定节假日。

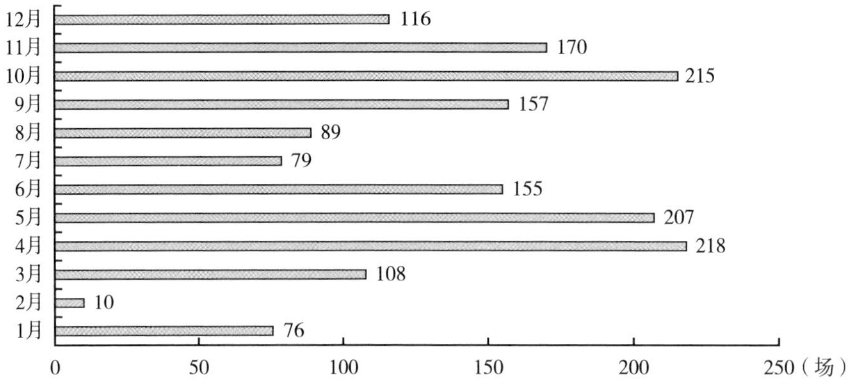

图5　2018年中国马拉松规模赛事时间分布

资料来源：中国田径协会。

（二）趋势分析

据中国田协数据，2012～2018 年，中国马拉松的金、银、铜牌赛事数量逐渐递增。2018 年全国共有全程马拉松 202 场，半程马拉松 408 场，与 2017 年相比，半程马拉松和健康跑场次增长幅度较大。将来中国马拉松赛事还有一定的增长空间，但预计主要在非一线城市。

2018 年，中国田协认证赛事总参赛规模为 366.16 万人次，其中全程马拉松项目额定规模为 71.25 万人次，占比 19.46%；半程马拉松为 120.16 万人次，占比 32.82%。健康跑、越野跑、10 公里跑、垂直马拉松、团队跑、定向赛等合计占比 47.72%。全程马拉松和半程马拉松参赛规模还有一定的增长空间，其他路跑赛事参赛规模增长空间较大。

2018 年，在全国 334 个地级行政区中有 287 个（占比约 86%）举办了规模赛事，比 2017 年举办规模赛事的地级行政区 234 个增长了 22.65%。将来在有一定经济发展实力的城市，马拉松赛事还有较大的增长空间。对于已经有较多赛事的北京、南京（2018 年举办认证赛事数量排名第一），其后续增长空间将会相对有限。赛事场次居中的城市，在增加赛事场次和扩大规模时，须系统性防范相关运营风险。

二　中国马拉松赛事的参赛选手与志愿者分析

（一）参赛选手分析

随着马拉松赛事规模的扩大和数量的增多，马拉松的参赛人数逐渐增加。我国马拉松赛事参与人数从 2011 年的 40 万人次增长至 2018 年的 593.82 万人次。对马拉松赛事参赛选手进行分析有助于赛事主办方做好赛事运营工作，吸引更多人参与赛事，也能提升选手的参赛体验，实现赛事精细化运营。

1. 参赛规模

2011 年中国马拉松赛事参赛人数为 40 万人次，2011～2014 年，参赛人数稳定上升。2015 年参赛人数增至 150 万人次，突破百万人次大关，2016 年继续保持高增长态势，达到 280 万人次，2017 年上升至 498 万人次，2018 年举办规模赛事 1600 场，参赛人数为 593.82 万人次，较 2017 年增加了 19.24%。2018 年马拉松赛事场均参与人数为 3711 人次，较 2017 年的场均参与人数 4519 人次下降了 17.88%。其中全程马拉松赛事的参赛人数最多，各项目组别的参赛人数突破 274 万人次，其次是半程马拉松，各项目组别的参赛人数超过 191 万人次。①

2. 完赛规模

对 2018 年 339 场认证赛事成绩进行统计，全程马拉松完赛人数为 21.69 万人，较 2017 年的 15.41 万人增长 40.75%，半程马拉松完赛人数为 55.24 万人，较 2017 年的 31.87 万人增长 73.33%。2016 年全程马拉松完赛人数为 14.22 万人，半程马拉松完赛人数为 33.74 万人（见图 6）。总体来看，除 2017 年半程马拉松完赛人数稍有下降外，2016 ~ 2018 年，全程和半程马拉松完赛人数逐年增加，预计以后将继续保持稳定增长的态势。

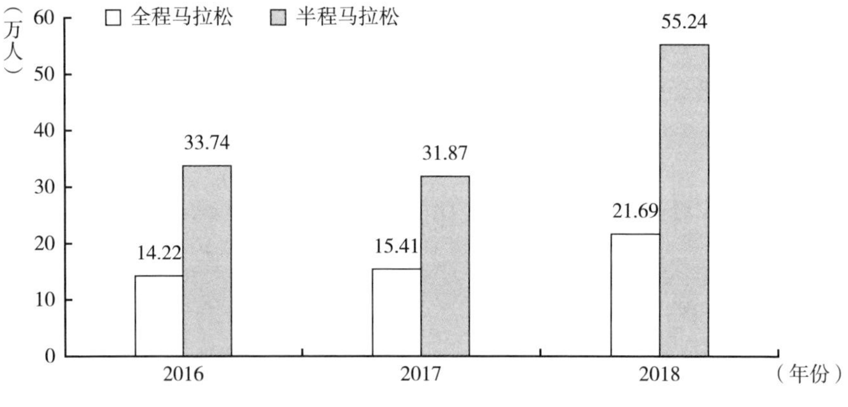

图 6　2016 ~ 2018 年中国马拉松认证赛事全程马拉松、半程马拉松完赛人数

资料来源：中国田径协会。

① 中国田径协会年会，相关马拉松主办方网站。

3. 年龄分布

从年龄分布来看，2018 年中国田协认证赛事参赛选手年龄集中在 15 ~ 25 岁、26 ~ 30 岁和 31 ~ 40 岁，这三个年龄段合计占总人数的 79.23%。全程马拉松跑者年龄集中在 35 ~ 39 岁、40 ~ 44 岁和 45 ~ 49 岁，其中 40 ~ 44 岁人数最多，占总人数的 18.28%。半程马拉松跑者年龄集中在 24 ~ 29 岁、30 ~ 34 岁和 35 ~ 39 岁，其中 24 ~ 29 岁占比达到 20.21%。总体来看，全程马拉松跑者与半程马拉松跑者年龄大部分重合，但部分半程马拉松跑者年龄略低于全程马拉松跑者。①

4. 性别分布

根据中国田径协会提供的认证赛事跑者数据，2018 年，男性跑者占总人数的 73.21%，女性跑者占比 26.79%。2014 ~ 2016 年，女性跑者所占比例上升，但 2016 ~ 2018 年，女性跑者占比趋于平缓且略微下降。2014 ~ 2016 年，男性跑者所占比例逐年下降，但 2016 年后略微上升（见图 7）。

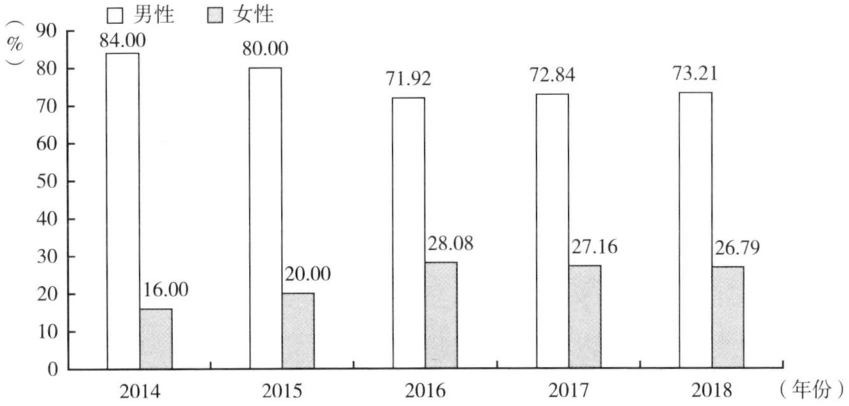

图 7　2014 ~ 2018 年中国田径协会认证赛事跑者性别占比构成

资料来源：中国田径协会年会。

① 中国田径协会，果动科技。

5. 调查问卷中参赛选手的基本情况

此部分内容详见本书 B. 6《基于问卷的马拉松赞助市场认知分析》。

（二）志愿者分析

马拉松是一项参与性较强的运动，观众并不像观赏性运动比如篮球、足球那样多。但是随着中国跑马时代的到来，马拉松志愿者越来越多。因为民间跑者与精英选手可以在同一个赛场比赛，所以马拉松同时具有竞技体育的竞争性特征和群众体育的广泛参与性特征。这样的特殊性使得马拉松在具备吸引群众参与的天然优势的同时，也在源源不断地吸引着志愿者参与到马拉松服务中去。

1. 志愿者基本情况

本部分内容详见本书 B. 6《基于问卷的马拉松赞助市场认知分析》。

2. 志愿者运动爱好

调查结果显示，在马拉松志愿者中，爱好球类运动的人是最多的，其次才是跑步，这也在一定程度上说明为什么部分观众尚未亲身参与到马拉松比赛中。从观众到跑者的转化过程中，爱好是最大的催化剂。

3. 志愿者运动频次

调查结果显示，志愿者中每周锻炼 2 ~ 3 次的占比为 30. 18%；每个月锻炼 1 次的占比为 24. 26%；每周锻炼 1 次的占比为 20. 71%；一周锻炼 3 次以上的人数和两周锻炼 1 次的人数差不多，占比分别为 13. 61% 和 11. 24% （见图 8）。值得一提的是，在马拉松志愿者中，一周锻炼 2 ~ 3 次和一个月锻炼 1 次的人构成志愿者的半壁江山。由此可见，马拉松赛事可以在潜移默化中帮助更多的人感受到运动的魅力。

（三）被调查者分析

1. 被调查者的观赛途径

在新媒体飞速发展的今天，碎片化阅读已经成为人们阅读的常态。约一半的被调查者（参赛选手和志愿者）通过网络媒体的报道了解马拉松赛事，

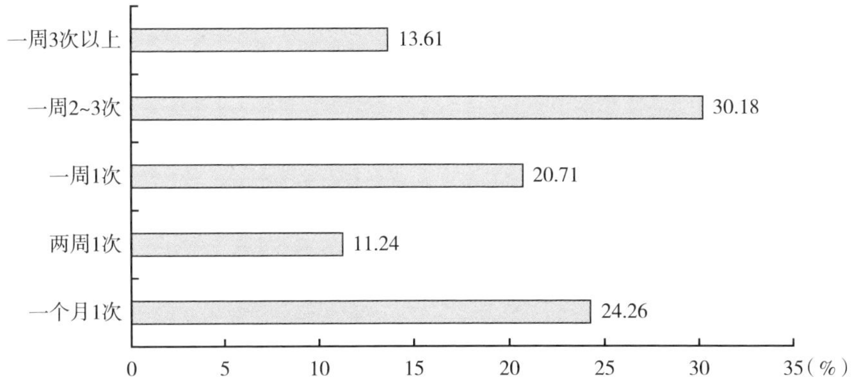

图 8　中国马拉松志愿者运动频次

另一半依旧选择观看传统的电视直播或者转播。

2. 被调查者对赞助商的认知

调查结果显示，矿泉水或饮料企业①、运动装备企业、汽车企业是马拉松被调查人群所认为的赞助商来源的前三甲。其后是运动鞋服企业、保险公司、啤酒企业、银行和房地产企业。与马拉松参赛选手密切相关的企业也是容易被马拉松参与人群关注的赞助企业。

超半数的被调查者表示记得马拉松赛冠名赞助商的品牌。绝大多数参赛选手认为赞助企业的赞助级别高，在现场设置推广体验活动，提供参赛物资和完赛纪念品，在线上与选手互动、举办线上活动，组织跑团、提供参赛名额，邀请明星或企业代言人参与到赛事中，长期稳定赞助马拉松赛事都会增加其对企业的认知。

另外，被调查者也给赞助商提了一些建议：赛事的实物赞助力度有待加大；纪念品应当从实用的角度设计，比如可以发放再利用的运动装备和服装，赠送体现赞助商企业文化或质量较好的产品，使获得者在运

① 根据《饮料通则》（GB/T 10789－2015）国家标准，饮料分为碳酸饮料、果蔬汁饮料、蛋白饮料、包装饮用水（如矿泉水）、茶饮料、特殊用途饮料（如运动饮料）等 11 类。因时间仓促，设计调查问卷时课题组考虑不周，存在缺陷，此问题将在下一次设计问卷时进行修改。

动中能体会到其产品优势；设计与企业文化和马拉松精神相融合的吉祥物；策划有吸引力的、现代化的、能跟上并适应年轻人潮流的社交活动等。

三　中国马拉松赛事赞助市场的发展现状、趋势与展望

（一）发展现状

2018 年，我国共举办规模赛事 1600 场，参赛人数（即组委会报名规模）为 593.82 万人次。

毫无疑问，马拉松拉动消费作用明显，从报名费、装备费到参赛目的地住宿、餐饮及其他附带性消费，平均每个参赛者消费千元以上，仅参赛者带动的消费总规模将达到百亿元。2018 年的一个抽样统计调查显示，消费总支出甚至超过 1 万元/年，其中参赛经费和装备消费各占 40% 左右。[①]

马拉松赛事中由参赛者带来的直接消费只是跑步经济产业链条上的一部分。一个成熟的马拉松赛事的商业赞助的总价值可以很容易达到千万元级别。在中国，大多数赛事运营方的收入还是以赞助费为主。

2012 年，智美体育开始运营广州马拉松，2014 年，广州马拉松仅赛事赞助收入一项就从 2012 年的 1300 万元增长至 5500 万元，年均增速超过 100% 。早期智美体育运营马拉松赞助收入曾占营收的近 90% 。[②]

随着马拉松赛事数量迅速增加，赞助商选择合适的马拉松赛事进行赞助，并保证赞助效益最大化，显得非常重要。

1. 中国马拉松赞助层级分析

目前国内马拉松的赞助层级一般分为四个：冠名赞助商、合作伙伴、赛事赞助商、赛事供应商，具体到不同的马拉松赛事名称会有一些差异。

---

① 北京中锐体育产业有限公司。

② 对智美控股集团宋鸿飞等管理人员的访谈。

第一层级的冠名赞助商以汽车企业和房地产企业为主。这一层级的企业一部分是地方龙头企业，它们通过冠名赞助马拉松展现企业实力。比如华夏幸福冠名的北京马拉松、建发集团冠名的厦门马拉松、兰州银行冠名的兰州马拉松等。2017 年中国部分城市马拉松赞助情况如表 1 所示。

第二层级的合作伙伴主要由众多金融企业和运动鞋服企业组成。金融企业如京东金融赞助北京半程马拉松，汇添富基金、安信信托赞助上海马拉松，招行信诺赞助杭州马拉松等；运动鞋服企业如特步赞助广州马拉松、乔丹赞助哈尔滨马拉松、耐克赞助上海马拉松等。

表 1　2017 年中国部分城市马拉松赞助情况

单位：万元，个

赛事名称	冠名赞助商	金额	赞助商数	赞助总额
南昌马拉松	江铃驭胜	800	11	1200
成都马拉松	东风日产	1000	19	2000
武汉马拉松	东风雷诺	1200	17	3000
广州马拉松	广汽丰田	2000	19	6000
北京马拉松	华夏幸福	2200	18	7000

资料来源：各赛事组委会，中国马拉松年会。

第三层级的赛事赞助商是马拉松赛事赞助商最重要的部分。典型的有康师傅赞助北京马拉松、武汉马拉松，华润怡宝赞助全国一半以上马拉松等。

第四层级的赛事供应商为赛事提供相关产品和服务。如 2019 年北京马拉松的赛事供应商有和睦家医疗、康比特、露露、中国国贸和金风科技等。

我们按马拉松赞助金额大致把赞助层级归纳为四个：第一层级，冠名赞助商赞助金额为 1500 万 ~ 2200 万元，合作伙伴为 800 万 ~ 1200 万元，赛事赞助商为 300 万 ~ 500 万元，赛事供应商为 100 万 ~ 200 万元（见图 9）；第二层级，冠名赞助商赞助金额为 1000 万 ~ 1200 万元，合作伙伴为 500 万 ~ 800 万元，赛事赞助商为 200 万 ~ 350 万元，赛事供应商为 50 万 ~ 80 万元

（见图10）；第三层级，冠名赞助商赞助金额为300万~500万元，合作伙伴为100万~150万元，赛事赞助商为50万~80万元，赛事供应商为10万~30万元（见图11）；第四层级，冠名赞助商赞助金额为80万~100万元，合作伙伴为30万~50万元，赛事赞助商为5万~10万元，赛事供应商为5万元以下或仅提供实物（见图12）。

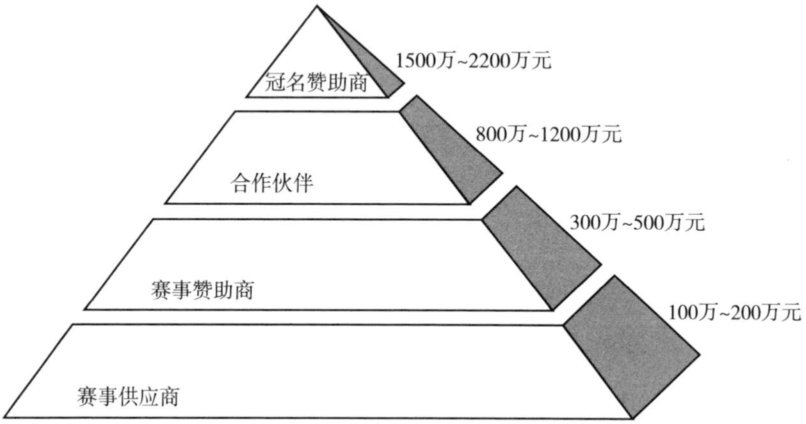

图9　中国马拉松赛事赞助第一层级分布

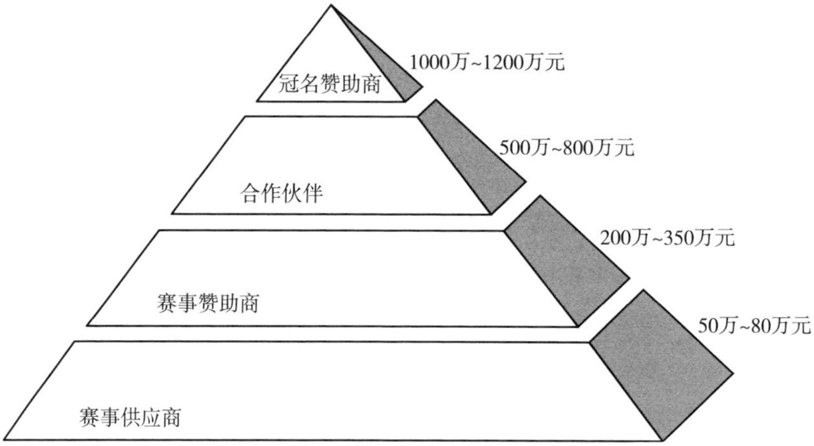

图10　中国马拉松赛事赞助第二层级分布

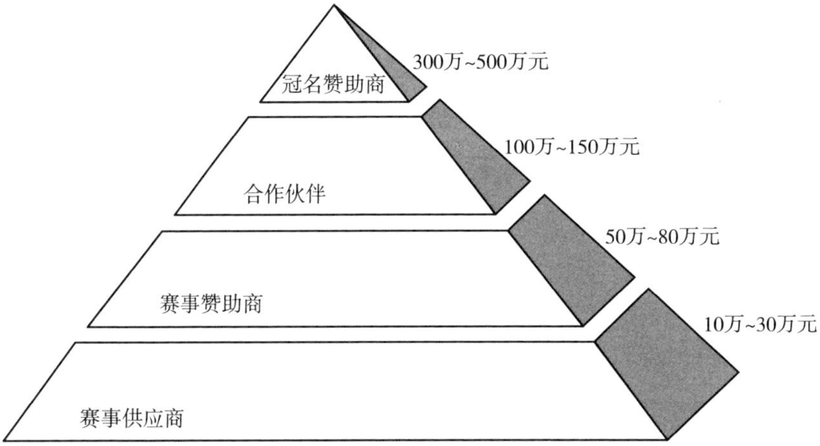

图 11　中国马拉松赛事赞助第三层级分布

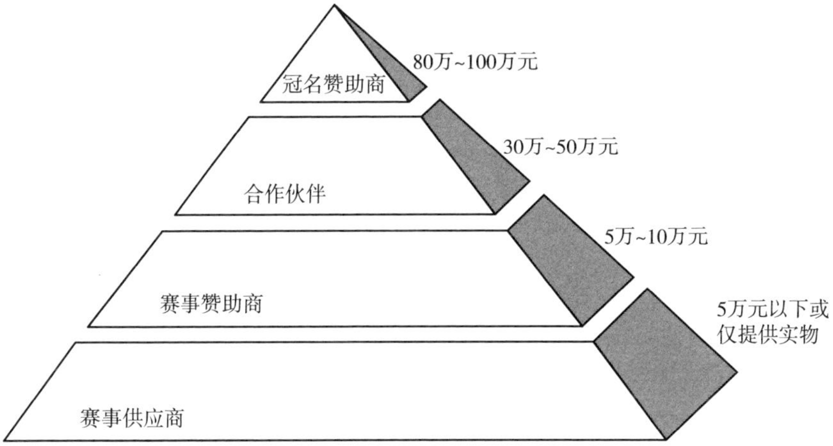

图 12　中国马拉松赛事赞助第四层级分布

2. 中国马拉松赞助权益体系

中国马拉松赞助权益分为五种：（1）荣誉权；（2）公关礼遇权；（3）现场广告权；（4）媒体传播权；（5）推广活动权。下面主要介绍前两种权益。

荣誉权主要包括称号使用权（如 2019 年华夏幸福为北京马拉松冠名赞助商、青岛啤酒为厦门马拉松官方赞助商等）、音像资料、赛事视频和图片、文字等。在赞助有效期内赞助商可使用马拉松赛事与企业品牌联合标识等。

公关礼遇权包括赞助企业可以获邀参加赛事开幕式、颁奖典礼，接受各类媒体专访，获取一定数量的参赛名额，以及享受 VIP 领跑、VIP 观赛席、VIP 休息室、赛前欢迎晚宴。

3. 中国马拉松赞助市场的发展特点

第一，细分赛事越来越受到赞助商的青睐。

随着马拉松赛事热度的持续增加，市场对于赛事细分的要求越发强烈。细分之后的赛事可以使赞助商的产品与参与人群的沟通更为直接且精准。例如，2017 年共有 9 场女子马拉松，平均每场女子马拉松赞助商有 21 家，主要是生产女性产品的企业。

第二，汽车企业成为马拉松赞助市场的主力军。

汽车企业之所以喜欢赞助马拉松，有两个很重要的原因。一方面，马拉松赛事对汽车的需求量特别大，汽车属于赛事的必需品，既能保证工作的平稳开展，也能为企业提供很多展示的机会；另一方面，大部分汽车企业追求的品牌理念与马拉松传递的积极健康的理念契合度很高。2019 年国内部分“双金”赛事汽车赞助商见表 2。

表 2　2019 年国内部分“双金”赛事汽车赞助商

赛事名称	官方称谓	赞助商名称
北京马拉松	顶级合作伙伴	北京现代
上海马拉松	荣耀赞助商	宝马
厦门马拉松	荣耀赞助商	东风日产
	官方赞助商	金龙客车
扬州鉴真国际半程马拉松	特别赞助单位	福特
重庆马拉松	总冠名商	长安汽车
	官方赞助商	欧尚汽车
	官方赞助商	庆铃汽车
杭州马拉松	冠名赞助商	广汽

资料来源：各地马拉松赛事官方网站。

第三，拥有悠久历史的马拉松赛事往往更容易获得赞助商的赞助。

我国历史最悠久的马拉松赛事当数北京马拉松。深厚的历史积淀，使北京马拉松吸引了不少知名品牌的注意。例如，安利纽崔莱就曾多次冠名这一赛事，可口可乐、VISA、泰格豪雅、英菲尼迪等国际品牌以及李宁、特步、怡宝等国内品牌也先后加入赛事赞助商的阵营。

（二）趋势分析

1. 赞助企业中经济发达地区企业将继续占较大比例

根据各城市马拉松赛事网站数据及课题组对部分马拉松组委会专家的访谈，北京、广东和福建等地的企业在中国马拉松赞助市场上扮演着重要的角色。这些企业中以生产金融产品和快消产品的企业、科技企业如互联网企业等为主。将来，经济发达地区企业赞助马拉松所占比例会继续提高。

2. 赞助商与赛事结合将越来越紧密

近年来，移动互联网技术发展迅速，社交媒体平台不断丰富，这为品牌商开展线上体育营销活动带来了更多可能，但对马拉松赛事这样一种参与性较强的赛事而言，线下场景，也就是马拉松赛事现场，仍然是赞助商们最重要的营销场景。赞助一场成功的马拉松赛事也许不能为产品销售带来直接增长，却能让企业文化融入积极向上的马拉松精神，从而深化品牌的特色形象。2017 年，康师傅与智美合作赞助 8 场马拉松赛事，成功地以提供运动补给品的方式树立了健康形象。将来，赞助商与赛事结合会越来越紧密。

3. 国内马拉松赞助商逐渐本地化

通过梳理近几年马拉松赞助商情况，我们发现，中国马拉松赞助企业出现本地化趋势，如广州国际马拉松的冠名赞助商是广汽丰田，2019 年北京马拉松顶级合作伙伴有北京现代，因此，要想提高企业在当地的知名度和美誉度，马拉松这个平台是一个较好的选择。

（三）展望

2021 年对于拟参与赞助马拉松赛事的企业来说将是机遇与挑战并存的

一年。

第一，中国马拉松赞助市场还有很大的潜力值得挖掘，愿意通过马拉松赛事进行市场营销的企业将越来越多。

第二，对于较为成熟的马拉松赛事，其赞助投入较多，已经显现出某种饱和的状况，因此加大投入的赞助效果不会很好。而由于新兴的马拉松赛事发展潜力较大，离赞助市场饱和还有差距，因而赞助商若对其赞助，将会产生较好的效果。

第三，潜在顾客对赛事赞助商的认知与实际赞助状况之间存在差异，反映出赞助商投入和赞助效果之间的资源错配，因而进一步完善赞助措施以获得最好的赞助效果是赛事主办方和赞助企业需要关注的问题。

参考文献

黄宁：《中国马拉松赛事赞助商的研究》，硕士学位论文，北京体育大学，2018，第16~22页。

中国田径协会：《中国马拉松数据》，中国马拉松网，2019年12月26日，http://www.runchina.org.cn/portal.php?mod=score&ac=officialdata。

中国田径协会：《一图读懂2018〈中国马拉松年度工作报告〉》，新华网，2019年3月11日，http://www.xinhuanet.com/sports/2019-03/11/c_1124219528.htm。

指数与评价篇

Index and Evaluation

B.2

马拉松赞助市场评价指标体系构建分析

杨建荣　杨占东　王德显　白子凡*

摘　要： 构建马拉松赞助市场评价体系对马拉松赞助市场的发展和完善具有非常重要的意义，不仅可以帮助市场参与方、赛事举办城市、举办企业、赞助企业等了解赞助市场的运行状况，也可以使其及时发现马拉松赞助市场中存在的问题。了解马拉松赞助市场发展的趋势，有利于马拉松赛事的健康运行以及赞助市场

* 杨建荣，经济学博士，北京体育大学体育商学院副教授，硕士生导师，中国体育科学学会会员，研究方向为体育经济、体育赛事、体育投融资；杨占东，管理学硕士，北京体育大学体育休闲与旅游学院体育旅游教研室主任，中国管理科学学会旅游管理专业委员会委员，中国高等教育学会体育专业委员会休闲体育专业理事，研究方向为体育赛事与体育旅游、体育旅游规划与市场开发；王德显，经济学博士，北京体育大学体育商学院教师，研究方向为马拉松、冰球、体育经济、混合所有制改革；白子凡，体育经济硕士，北京体育大学研究生院硕士研究生，研究方向为体育经济。

的有效发展。通过计算赞助市场状况、赛事价值、赞助效果三个一级指标得分情况，本文得出8大马拉松赞助市场评价指标分数及排名。结果显示，较为成熟的马拉松赛事赞助市场状况得分较高，但是赞助效果得分不是很高。而由于新兴马拉松赞助市场发展潜力较大，离赞助投入饱和还有一定的差距，因而对于新投入的赞助选择，其具有较强的吸引力。

关键词： 马拉松赛事　马拉松赞助市场　马拉松赞助效果

马拉松赞助市场评价指标体系是通过对影响马拉松赞助市场一系列指标的分析、研究和计算而确立的评价指标体系，对该指标体系进行定量分析，是对马拉松赞助市场进行科学评价的方法。它有助于马拉松赞助市场各参与方了解该市场的运行状况、存在的问题以及变化趋势，为管理层分析马拉松赞助市场提供决策依据。

一　赞助市场评价指标的设定原则

可衡量性：对指标的衡量具有一定的客观性和可信度。

及时性：赞助市场指标按赛事发展可及时更新。

易于收集与计算：指标应与赞助市场发展直接相关，如赞助厂商数量、赞助效果等。

全面性、系统性：指标体系的构建和指标选取应遵循全面性、系统性原则，不仅要考虑市场参与方赛事举办城市、举办企业、赞助企业等因素，还应考虑用户的认知效果等。

定性分析与定量分析相结合：对赞助市场进行评价是一项复杂的系统工程，既需要定性分析整体指标，又需要定量分析各个指标。对某些不能直接量化的指标，需要采用定性分析与定量分析相结合的方法。

二 马拉松赞助市场评价指标体系构建

马拉松赞助市场评价指标体系如表1所示。

表1 马拉松赞助市场评价指标体系

一级指标	二级指标	三级指标	指标说明
赞助市场状况（权重40%）	经济效益（权重70%）	总赞助金额	见以下注1
		冠名赞助商	见以下注1
		合作伙伴、赛事赞助商、赛事供应商	见以下注1
	赞助吸引力（权重30%）	赞助商变化数	近三年每两届之间赞助商数量变化求和
		赞助商上市公司数	
		赞助商行业数	
赛事价值（权重30%）	赛事品质（权重15%）	中国田协认证	0无1铜2银3金
		国际田联认证	同上
	赛事规模（权重30%）	参赛选手总数	
		志愿者数量	
	赛事观赏性（权重15%）	专业选手数量	
		国际嘉宾数量	
		冠军奖金	
		破赛会纪录次数	
	媒体影响力（权重40%）	传统媒体	电视台、报刊等报道情况
		微信点击量	比赛当日公众号发布的与赛事直接相关的推送点击量
		网络互动量	比赛当日搜狐、新浪、腾讯三大体育门户与赛事相关的新闻互动人数总和
赞助效果（权重30%）	参与人群情况（权重10%）	中青年人群比例	
		中高收入人群比例	
	赞助认知及潜力（权重90%）	赞助认知情况	见以下注2
		赞助潜力	见以下注3

注 1：经济效益。通过对北京马拉松、广州马拉松、六盘水马拉松、南昌马拉松、宁波马拉松、汕头半程马拉松等组委会市场部及招商负责人的实地调查走访，以及对中国田径协会官员、各大马拉松赛事组委会工作人员、赞助商代表及第三方市场开发机构相关人员等进行采访，利用马拉松蓝皮书课题组成员多年马拉松赛事从业者的身份优势，课题组获取部分赛事赞助市场开发的资料，为整个研究提供必要的数据支撑。

按马拉松赞助金额可以将赞助层级大致分为四个（见本书 B.1 相应内容）。对赛事供应商、赛事赞助商、合作伙伴、冠名赞助商、总赞助金额层级按市场赞助资金范围分别赋值 1～5，然后标准化为百分制。例如，某冠名赞助商赞助金额为 2200 万元，是第一赞助层级 1500 万～2200 万元的上限（见本书 B.1 图 9），则赋值 5 分，标准化为百分制后为 100 分。

注 2：赞助认知情况。对赛事进行分组，计算出每个赛事的参赛选手与志愿者主观认为最有可能的赞助商排名，然后将其与实际赞助金额排名进行比较，以主观名次减去实际名次的差值打分。认知与实际赞助差异越小，说明赞助效果越好，得分越高。

以北京马拉松为例，其赞助认知得分情况见表 2。

表 2　北京马拉松赞助认知得分情况

企业	主观排名	实际赞助规模排名	差异	得分
矿泉水或饮料企业	1	6	5	3
汽车企业	2	3	1	7
运动装备企业	3	7	4	4
啤酒企业	4	5	1	7
保险公司	5	4	1	7
银行	6	2	4	4
房地产企业	7	1	6	2
运动鞋服企业	8	8	0	8
其他	9	9	0	8
总分				50

注：按选择该企业的样本人数比例加权后得分为 58.65。

注 3：赞助潜力。对赛事进行分组，以问卷中被调查者对几种赞助行为认可的比例为数据来源，按照完全不同意赋值 0 分，比较不同意赋值 1 分，一般同意赋值 2 分，比较同意赋值 3 分，完全同意赋值 4 分，然后以被访者选择这一项的比例为权重，计算得出某马拉松市场某一提高赞助效果措施的分数。为处理方便，得出的分数统一标准化为百分制。下面将通过分析北京马拉松等 8 个马拉松市场赞助潜力来分析其评价指标及排名。

三 各主要城市马拉松赞助市场评价指标及排名

1. 北京马拉松

北京马拉松市场赞助潜力调查数据显示，对于“赞助企业的赞助级别高会增加您对其的认知”这一观点，有超过一半的被访者（52.52%）表示完全同意，但也要注意超过一成（13.39%）的被访者表示完全不同意（见表 3）。

根据上文介绍的计算方法，以“赞助企业在现场设置推广体验活动”选项为例，其加权得分为 2.9117 分，转为百分制为 72.7925 分。其他 6 项措施按这种方法计算得出如表 3 所示分数，最后得出 7 项平均分 73.58 分。

表 3 北京马拉松市场赞助潜力调查数据及得分

选项	完全不同意（%）	比较不同意（%）	一般同意（%）	比较同意（%）	完全同意（%）	加权得分	转为百分制
赞助企业的赞助级别高会增加您对其的认知	13.39	5.56	10.94	17.59	52.52	2.9029	72.5725
赞助企业在现场设置推广体验活动会增加您对其的认知	11.09	6.44	12.27	20.61	49.59	2.9117	72.7925
赞助企业提供参赛物资和完赛纪念品会增加您对其的认知	10.97	6.65	10.67	19.89	51.83	2.9498	73.7450
赞助企业在线上与选手互动、举办线上活动会增加您对其的认知	10.55	5.86	12.78	21.12	49.68	2.9350	73.3750

续表

选项	完全不同意（%）	比较不同意（%）	一般同意（%）	比较同意（%）	完全同意（%）	加权得分	转为百分制
赞助企业组织跑团、提供参赛名额会增加您对其的认知	10. 15	5. 95	11. 42	21. 21	51. 25	2. 9742	74. 3550
赞助企业邀请明星或企业代言人参与到赛事中会增加您对其的认知	9. 70	6. 50	13. 30	21. 00	49. 50	2. 9410	73. 5250
赞助企业长期稳定赞助马拉松赛事会增加您对其的认知	9. 82	5. 86	11. 79	20. 67	51. 86	2. 9889	74. 7225
平均分							73. 58

2. 厦门马拉松

厦门马拉松市场赞助潜力调查数据显示，对于“赞助企业的赞助级别高会增加您对其的认知”这一观点，有超过一半的被访者（52. 99%）表示完全同意，但也要注意接近一成（9. 54%）的被访者表示完全不同意（见表4）。

同上计算得出厦门马拉松市场某一提高赞助效果措施的分数。例如，赞助企业在现场设置推广体验活动加权得分为 2. 9885 分，转为百分制为 74. 7125 分。其他 6 项措施按这种方法计算得出如表 4 所示分数，最后得出 7 项平均分 75. 75 分。

表 4　厦门马拉松市场赞助潜力调查数据及得分

选项	完全不同意（%）	比较不同意（%）	一般同意（%）	比较同意（%）	完全同意（%）	加权得分	转为百分制
赞助企业的赞助级别高会增加您对其的认知	9. 54	5. 72	11. 58	20. 16	52. 99	3. 0132	75. 3300
赞助企业在现场设置推广体验活动会增加您对其的认知	7. 07	6. 91	13. 49	25. 16	47. 37	2. 9885	74. 7125
赞助企业提供参赛物资和完赛纪念品会增加您对其的认知	6. 88	6. 58	11. 74	23. 39	51. 41	3. 0587	76. 4675
赞助企业在线上与选手互动、举办线上活动会增加您对其的认知	7. 01	6. 35	12. 34	25. 36	48. 95	3. 0291	75. 7275

续表

选项	完全不同意（%）	比较不同意（%）	一般同意（%）	比较同意（%）	完全同意（%）	加权得分	转为百分制
赞助企业组织跑团、提供参赛名额会增加您对其的认知	6.55	6.78	11.88	24.97	49.84	3.0481	76.2025
赞助企业邀请明星或企业代言人参与到赛事中会增加您对其的认知	6.74	6.15	13.36	25.95	47.80	3.0192	75.4800
赞助企业长期稳定赞助马拉松赛事会增加您对其的认知	7.04	5.63	12.40	24.87	50.07	3.0532	76.3300
平均分							75.75

3. 上海马拉松

上海马拉松市场赞助潜力调查数据显示，对于“赞助企业的赞助级别高会增加您对其的认知”这一观点，有超过一半的被访者（54.3%）表示完全同意，但也有8.45%的被访者表示完全不同意（见表5）。

同上计算得出上海马拉松市场某一提高赞助效果措施的分数。例如，赞助企业在现场设置推广体验活动加权得分为3.0547分，转为百分制为76.3675分。其他6项措施按这种方法计算得出如表5所示分数，最后得出7项平均分为77.35分。

由此可见，赞助企业在现场设置推广体验活动方面，上海马拉松的赞助效果要好于北京马拉松和厦门马拉松。

表5　上海马拉松市场赞助潜力调查数据及得分

选项	完全不同意（%）	比较不同意（%）	一般同意（%）	比较同意（%）	完全同意（%）	加权得分	转为百分制
赞助企业的赞助级别高会增加您对其的认知	8.45	5.01	11.03	21.22	54.30	3.0793	76.9825
赞助企业在现场设置推广体验活动会增加您对其的认知	6.26	6.50	12.70	24.59	49.95	3.0547	76.3675
赞助企业提供参赛物资和完赛纪念品会增加您对其的认知	6.16	5.70	11.20	23.93	53.01	3.1193	77.9825

续表

选项	完全不同意（%）	比较不同意（%）	一般同意（%）	比较同意（%）	完全同意（%）	加权得分	转为百分制
赞助企业在线上与选手互动、举办线上活动会增加您对其的认知	6.09	5.70	12.35	24.90	50.96	3.0894	77.2350
赞助企业组织跑团、提供参赛名额会增加您对其的认知	5.81	5.50	11.83	25.04	51.83	3.1160	77.9000
赞助企业邀请明星或企业代言人参与到赛事中会增加您对其的认知	5.77	5.91	13.11	25.53	49.67	3.0740	76.8500
赞助企业长期稳定赞助马拉松赛事会增加您对其的认知	6.37	4.90	12.10	23.17	53.46	3.1245	78.1125
平均分							77.35

4. 南京马拉松

南京马拉松市场赞助潜力调查数据显示，对于“赞助企业的赞助级别高会增加您对其的认知”这一观点，有超过一半的被访者（53.78%）表示完全同意，但也有7.13%的被访者表示完全不同意（见表6）。

同上计算得出南京马拉松市场某一提高赞助效果措施的分数。例如，赞助企业在现场设置推广体验活动加权得分为3.0513分，转为百分制为76.2825分。其他6项措施按此方法计算得出如表6所示分数，最后得出7项平均分77.40分。

表6　南京马拉松市场赞助潜力调查数据及得分

选项	完全不同意（%）	比较不同意（%）	一般同意（%）	比较同意（%）	完全同意（%）	加权得分	转为百分制
赞助企业的赞助级别高会增加您对其的认知	7.13	5.35	11.31	22.43	53.78	3.1038	77.595
赞助企业在现场设置推广体验活动会增加您对其的认知	5.54	6.76	13.33	25.81	48.57	3.0513	76.2825
赞助企业提供参赛物资和完赛纪念品会增加您对其的认知	5.40	6.19	11.87	24.26	52.28	3.1183	77.9575

续表

选项	完全不同意（%）	比较不同意（%）	一般同意（%）	比较同意（%）	完全同意（%）	加权得分	转为百分制
赞助企业在线上与选手互动、举办线上活动会增加您对其的认知	5.44	5.82	13.05	25.57	50.12	3.0911	77.2775
赞助企业组织跑团、提供参赛名额会增加您对其的认知	4.97	5.54	13.23	26.37	49.88	3.1063	77.6575
赞助企业邀请明星或企业代言人参与到赛事中会增加您对其的认知	5.11	6.29	13.00	24.87	50.73	3.0982	77.4550
赞助企业长期稳定赞助马拉松赛事会增加您对其的认知	5.35	5.40	13.09	25.81	50.35	3.1041	77.6025
平均分							77.40

5.武汉马拉松

武汉马拉松市场赞助潜力调查数据显示，对于“赞助企业的赞助级别高会增加您对其的认知”这一观点，有超过一半的被访者（55.86%）表示完全同意，但也有7.11%的被访者表示完全不同意。获得较多被访者认同的赞助措施还有赞助企业提供参赛物资和完赛纪念品，其占比为55.11%（见表7）。

同上计算得出武汉马拉松市场某一提高赞助效果措施的分数。例如，赞助企业在现场设置推广体验活动加权得分为3.0978分，转为百分制为77.4450分。其他6项措施按此方法计算得出如表7所示分数，最后得出7项平均分78.33分。

表7　武汉马拉松市场赞助潜力调查数据及得分

选项	完全不同意（%）	比较不同意（%）	一般同意（%）	比较同意（%）	完全同意（%）	加权得分	转为百分制
赞助企业的赞助级别高会增加您对其的认知	7.11	5.55	10.66	20.82	55.86	3.1277	78.1925
赞助企业在现场设置推广体验活动会增加您对其的认知	5.17	6.42	13.15	23.94	51.31	3.0978	77.4450
赞助企业提供参赛物资和完赛纪念品会增加您对其的认知	5.17	6.30	10.85	22.57	55.11	3.1615	79.0375

续表

选项	完全不同意（%）	比较不同意（%）	一般同意（%）	比较同意（%）	完全同意（%）	加权得分	转为百分制
赞助企业在线上与选手互动、举办线上活动会增加您对其的认知	5.17	5.80	12.78	25.06	51.18	3.1126	77.8150
赞助企业组织跑团、提供参赛名额会增加您对其的认知	4.93	5.67	12.34	23.94	53.12	3.1465	78.6625
赞助企业邀请明星或企业代言人参与到赛事中会增加您对其的认知	4.68	5.86	13.09	25.12	51.25	3.124	78.1000
赞助企业长期稳定赞助马拉松赛事会增加您对其的认知	5.42	5.05	11.53	23.82	54.18	3.1629	79.0725
平均分							78.33

6. 广州马拉松

广州马拉松市场赞助潜力调查数据显示，对于“赞助企业的赞助级别高会增加您对其的认知”这一观点，有超过一半的被访者（52.77%）表示完全同意，但也有8.98%的被访者表示完全不同意。获得较多被访者认同的赞助措施还有赞助企业提供参赛物资和完赛纪念品，其占比为52.11%（见表8）。

同上计算得出广州马拉松市场某一提高赞助效果措施的分数。例如，赞助企业在现场设置推广体验活动加权得分为3.0069分，转为百分制为75.1725分。其他6项按此方法计算得出如表8所示分数，最后得出7项平均分76.39分。

表8　广州马拉松市场赞助潜力调查数据及得分

选项	完全不同意（%）	比较不同意（%）	一般同意（%）	比较同意（%）	完全同意（%）	加权得分	转为百分制
赞助企业的赞助级别高会增加您对其的认知	8.98	4.82	12.42	21.00	52.77	3.0374	75.9350
赞助企业在现场设置推广体验活动会增加您对其的认知	6.41	7.13	14.60	23.12	48.75	3.0069	75.1725
赞助企业提供参赛物资和完赛纪念品会增加您对其的认知	5.88	7.00	11.56	23.45	52.11	3.0891	77.2275

续表

选项	完全不同意（%）	比较不同意（%）	一般同意（%）	比较同意（%）	完全同意（%）	加权得分	转为百分制
赞助企业在线上与选手互动、举办线上活动会增加您对其的认知	6.41	6.41	11.43	26.29	49.47	3.0602	76.5050
赞助企业组织跑团、提供参赛名额会增加您对其的认知	5.88	6.14	13.08	25.03	49.87	3.0687	76.7175
赞助企业邀请明星或企业代言人参与到赛事中会增加您对其的认知	5.61	7.27	12.22	26.95	47.95	3.0436	76.0900
赞助企业长期稳定赞助马拉松赛事会增加您对其的认知	6.74	5.15	13.01	23.18	51.92	3.0839	77.0975
平均分							76.39

7. 深圳马拉松

深圳马拉松市场赞助潜力调查数据显示，对于“赞助企业的赞助级别高会增加您对其的认知”这一观点，有超过一半的被访者（54.75%）表示完全同意，但也有9.29%的被访者表示完全不同意。获得较多被访者认同的赞助措施还有赞助企业提供参赛物资和完赛纪念品，其占比为52.35%（见表9），这种情况与广州马拉松市场类似。

同上计算得出深圳马拉松市场某一提高赞助效果措施的分数。例如，赞助企业在现场设置推广体验活动加权得分为3.0181分，转为百分制为75.4525分。其他6项按此方法计算得出如表9所示分数，最后得出7项平均分76.22分。

表9 深圳马拉松市场赞助潜力调查数据及得分

选项	完全不同意（%）	比较不同意（%）	一般同意（%）	比较同意（%）	完全同意（%）	加权得分	转为百分制
赞助企业的赞助级别高会增加您对其的认知	9.29	5.69	13.09	17.18	54.75	3.0241	75.6025
赞助企业在现场设置推广体验活动会增加您对其的认知	6.89	6.89	13.69	22.58	49.95	3.0181	75.4525
赞助企业提供参赛物资和完赛纪念品会增加您对其的认知	6.89	6.29	13.29	21.18	52.35	3.0581	76.4525

续表

选项	完全不同意（%）	比较不同意（%）	一般同意（%）	比较同意（%）	完全同意（%）	加权得分	转为百分制
赞助企业在线上与选手互动、举办线上活动会增加您对其的认知	6.29	7.49	12.69	21.88	51.65	3.0511	76.2775
赞助企业组织跑团、提供参赛名额会增加您对其的认知	6.09	6.89	12.39	22.28	52.35	3.0791	76.9775
赞助企业邀请明星或企业代言人参与到赛事中会增加您对其的认知	6.79	6.49	13.19	23.38	50.15	3.0361	75.9025
赞助企业长期稳定赞助马拉松赛事会增加您对其的认知	6.59	6.39	11.99	22.98	52.05	3.0751	76.8775
平均分							76.22

8. 成都马拉松

成都马拉松市场赞助潜力调查数据显示，对于“赞助企业的赞助级别高会增加您对其的认知”这一观点，有超过一半的被访者（52.19%）表示完全同意，但也有8.91%的被访者表示完全不同意。获得较多被访者认同的赞助措施还有赞助企业提供参赛物资和完赛纪念品，其占比为53.04%（见表10），这种情况与广州马拉松市场和深圳马拉松市场类似。

同上计算得出成都马拉松市场某一提高赞助效果措施的分数。例如，赞助企业在现场设置推广体验活动加权得分为3.0535分，转为百分制为76.3375分。其他6项按此方法计算得出如表10所示分数，最后得出7项平均分76.54分。

表10　成都马拉松市场赞助潜力调查数据及得分

选项	完全不同意（%）	比较不同意（%）	一般同意（%）	比较同意（%）	完全同意（%）	加权得分	转为百分制
赞助企业的赞助级别高会增加您对其的认知	8.91	4.81	13.15	20.93	52.19	3.0266	75.6650
赞助企业在现场设置推广体验活动会增加您对其的认知	6.36	5.52	14.00	24.61	49.50	3.0535	76.3375

续表

选项	完全不同意（%）	比较不同意（%）	一般同意（%）	比较同意（%）	完全同意（%）	加权得分	转为百分制
赞助企业提供参赛物资和完赛纪念品会增加您对其的认知	6.79	4.81	14.57	20.79	53.04	3.0848	77.1200
赞助企业在线上与选手互动、举办线上活动会增加您对其的认知	7.21	5.23	13.30	23.34	50.92	3.0553	76.3825
赞助企业组织跑团、提供参赛名额会增加您对其的认知	6.79	4.53	11.88	25.18	51.63	3.1035	77.5875
赞助企业邀请明星或企业代言人参与到赛事中会增加您对其的认知	6.65	5.66	13.58	24.33	49.79	3.0497	76.2425
赞助企业长期稳定赞助马拉松赛事会增加您对其的认知	7.92	4.53	12.59	23.76	51.20	3.0579	76.4475
平均分							76.54

9. 8大马拉松赞助市场赞助效果分析

8大马拉松赞助市场赞助效果得分见表11。

表11　8大马拉松赞助市场赞助效果

赛事名称	中青年人群比例（%）	中高收入人群比例（%）	赞助认知得分	赞助潜力得分
北京马拉松	75.19	26.54	58.65	73.58
厦门马拉松	86.77	27.70	63.38	75.75
上海马拉松	87.31	29.39	65.44	77.35
广州马拉松	85.20	27.67	74.62	76.39
深圳马拉松	84.72	31.46	78.71	76.22
南京马拉松	87.20	29.23	68.44	77.40
武汉马拉松	87.53	30.05	73.10	78.33
成都马拉松	81.33	29.99	82.33	76.54

注：中青年指年龄在18~40岁，中高收入指月收入为8000元以上。

根据赞助市场状况、赛事价值、赞助效果得分加权计算出北京马拉松、厦门马拉松、上海马拉松、广州马拉松、深圳马拉松、南京马拉松、武汉马拉松、成都马拉松的赞助市场评价指标分数，分别为85.77分、85.22分、87.02分、81.05分、75.97分、73.34分、63.91分、56.58分。上海马拉松排名第一，北京马拉松排名第二，厦门马拉松排名第三。其中北京马拉松赞助市场状况得分最高，为93.22分，但其赞助效果得分最低，影响了综合评分（见表12）。根据经济学边际效应递减规律，由于北京马拉松赞助市场已经投入了较多的资源，因而其赞助效果边际效应递减，赞助认知、赞助潜力等不如赞助市场状况排在后面的7个马拉松赞助市场（见表11）。

表12　8大马拉松赞助市场评价指标分数及排名

赛事名称	赞助市场状况（权重40%）	赛事价值（权重30%）	赞助效果（权重30%）	综合评分	排名
北京马拉松	93.22	93.22	68.37	85.77	2
厦门马拉松	87.48	90.05	77.38	85.22	3
上海马拉松	89.33	90.62	80.34	87.02	1
广州马拉松	75.44	88.01	81.58	81.05	4
深圳马拉松	64.03	83.24	84.62	75.97	5
南京马拉松	60.66	82.15	81.45	73.34	6
武汉马拉松	36.72	79.56	84.50	63.91	7
成都马拉松	22.81	74.14	84.05	56.58	8

从表12也可以看出，赞助市场状况得分最低的成都马拉松，其赞助效果得分较高，为84.05分，仅次于深圳马拉松和武汉马拉松。这是因为成都马拉松赞助市场发展潜力较大，离赞助投入饱和还有一定的差距。所以对于新投入的赞助选择，类似成都马拉松这样的赛事有较强的吸引力。

参考文献

〔美〕道格拉斯 A. 林德等：《商务与经济统计方法（原书第15版）》，聂巧平、叶光译，机械工业出版社，2015，第359~376页。

中国田径协会：《中国马拉松数据》，中国马拉松网，2019年12月26日，http：//www.runchina.org.cn/portal.php？mod = score&ac = officialdata。

B.3 马拉松赛事赞助商股票指数研究

冯晓雨　杨建荣*

摘　要： 本文从上市公司股票变化情况出发，对国内“双金”马拉松赛事赞助商进行分析，包括北京马拉松的总冠名赞助商华夏幸福、厦门马拉松的独家总冠名建发集团、重庆马拉松的总冠名商长安汽车、杭州马拉松的冠名赞助商广汽集团和深圳马拉松荣誉合伙人特步国际。课题组将一个马拉松赛事举办周作为分析点，选取之前及之后10周的赞助商股价指数进行比较，发现在此期间，体育用品厂商特步国际赞助效果最好。这与课题组通过问卷调查得到的结果比较接近：马拉松参与人群主观认为最有可能赞助赛事的企业排名前四的分别是矿泉水或饮料企业、运动装备企业、汽车企业和运动鞋服企业。从两个不同研究途径得到近似的结果，反映出大量马拉松赛事参与人群和股票投资者在信息接收和投资决策上的某种一致。课题组推测，可能是这两个群体获得了较一致的信息，甚至有可能这两个群体就是同一群决策者。

关键词： 马拉松赛事　股票价格指数　马拉松赞助商

* 冯晓雨，体育经济硕士，北京体育大学研究生院硕士研究生，研究方向为体育经济；杨建荣，经济学博士，北京体育大学体育商学院副教授，硕士生导师，中国体育科学学会会员，研究方向为体育经济、体育赛事、体育投融资。

一　股票指数与股票价格指数编制

（一）股票指数简介

股票指数也称为股票价格指数，是由证券交易所或金融机构编制的显示股票市场整体变动的一种指示数字。一般股票市场上有多只股票进行交易，交易的各种股票价格波动较大，其涨跌幅度也不尽相同，因此只用一种或几种股票价格是无法反映股票市场的价格水平的。为总体描述股票市场的价格水平及市场变动情况，股票价格指数应运而生。通常上市公司在国民经济中占有重要的地位，因此股票价格指数也能在一定程度上反映一国或地区的经济发展状况。政府管理者、企业家、投资者等经常以此为参考指标来分析和判断社会经济发展形势。

（二）股票价格指数编制

编制股票价格指数一般分为以下三个步骤。

第一步，选取编制股票价格指数的样本，通常在众多股票中选取具有代表性的样本股票。

第二步，获取样本股票某一时间点的价格，如交易日收盘价格，然后计算收盘的平均价格。平均价格可以是算术平均数，也可以是加权平均数。

第三步，选定过去的某个时点作为基期并用基期点的样本股票平均价格除以某日的平均价格，然后乘以一个固定值（一般选100，也可以是其他数字）得到某时点的股价指数。

人们常用的股票价格指数有上证股票指数、深证综合股票指数等。国际上有名的股票价格指数有标准普尔指数、道琼斯指数、香港恒生指数等。

二　马拉松赛事赞助商股票指数

对于体育赛事赞助企业来说，赞助马拉松赛事意味着会产生更广泛的社会影响力。以体育赛事赞助商或者合作伙伴的身份进行体育营销是企业进行品牌推广的重要途径。作为马拉松产业链的重要一环，马拉松赛事背后的赞助商同样会吸引市场的广泛关注。本文从上市公司股票变化情况出发，通过对部分国内“双金”马拉松赛事赞助商（北京马拉松的冠名赞助商华夏幸福、厦门马拉松的独家总冠名厦门建发集团、重庆马拉松的总冠名商长安汽车、杭州马拉松的冠名赞助商广汽集团和深圳马拉松荣誉合伙人特步国际）进行分析，研究马拉松赛事赞助行为对赞助商的具体影响。

1. 相关指数公式

（1）马拉松赞助商指数计算公式

根据上证指数的计算公式得出马拉松赞助商指数计算公式：

马拉松赞助商指数 =（赞助期该企业的总市值 ÷ 基期企业股票总市值）× 基期指数

其中，赞助期该企业的总市值 = 股价 × 发行股数 = 赞助期每周收盘价 × 对应时间的发行股数；基期企业股票总市值 = 基期价格 × 发行股数 = 基期收盘价 × 对应时间的发行股数；基期指数为常用数值 100。一般而言，马拉松比赛月前 3 个月进入马拉松比赛的宣传期，此阶段马拉松赛事对赞助商的股票价格影响最大，因此将马拉松比赛月前 3 个月的第 1 周定为基期。

（2）上证指数、深证指数、恒生指数和马拉松赞助商对应的板块指数的标准化公式

本周股价指数 =（本周股票市价总值 ÷ 基期股票市价总值）× 基期指数

基期指数为常用数值 100，基期为马拉松比赛月前 3 个月的第 1 周。

2. 实证分析

本文选取了近三年的赞助商股票数据，并对其进行筛选，将各个时间节点对应的数据存放于 Excel 工作簿中，最后制成线性统计图。这种数据处理的方式可以保证赞助商股票周收盘价的发生时间与上证指数、深证指数、港

股指数、马拉松赞助商对应的板块指数的发生时间一致，从而保证本文所涉及的相关系数计算的真实性和准确性。

（1）关于北京马拉松冠名赞助商华夏幸福股票走势的对比分析

北京马拉松是国内最负盛名的马拉松赛事，于 1981 年开始举办，早在 1998 年就开始被冠名。华夏幸福基业股份有限公司（股票代码：600340）于 1998 年成立，2011 年上市，于 2016 年冠名北京马拉松赛事的公益行动“益呼百应”，创造性地通过全体参赛选手一起为公益奔跑的方式，为马拉松运动承担了更多的社会责任，注入了更多的精神内涵。2017 年，北京马拉松加入亚洲大满贯，同年，华夏幸福成为北京马拉松赛事冠名赞助商，并签下了长达 5 年的冠名合同，该赛事正式更名为“华夏幸福北京马拉松”。

一般来说，北京马拉松于每年 9 月举办（2019 年北京马拉松举办时间调整至 11 月），本文选定 2017 年 6 月第 1 周为基期，共有 129 个周线数据用于分析。

如图 1 所示，华夏幸福赞助指数与标准化后的上证指数的走势基本相同，但是华夏幸福赞助指数整体低于标准化后的上证指数。2017 年 3 月 17 日，北

图 1　华夏幸福赞助指数与标准化后的上证指数走势对比

京发布调控政策《关于完善商品住房销售和差别化信贷政策的通知》。随后，北京发布了多个延续性政策，房地产行业受到影响。如图2所示，华夏幸福赞助指数与标准化后的房地产板块指数的走势基本相同，华夏幸福赞助指数整体低于房地产板块指数，但是随着时间的推移，二者之间的差距逐渐缩小。

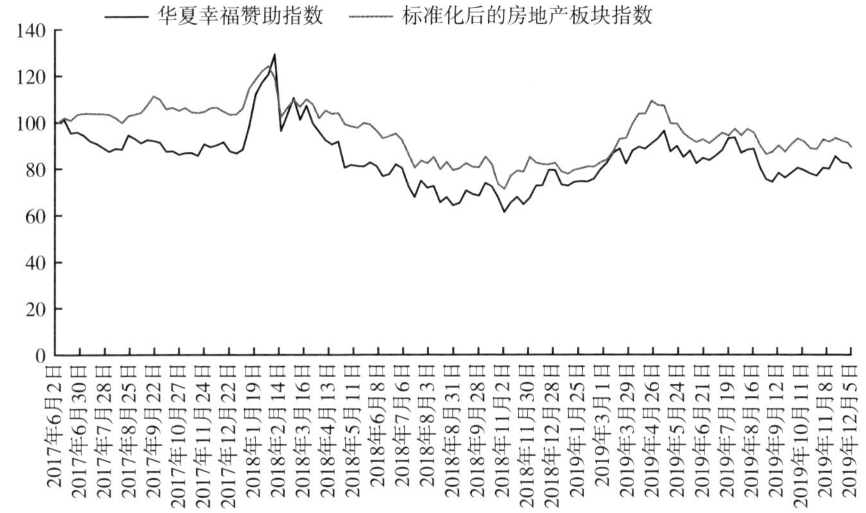

图2　华夏幸福赞助指数与标准化后的房地产板块指数走势对比

如图3所示，2018年1月以前，华夏幸福赞助指数低于标准化后的体育板块指数，2018年9月，华夏幸福北京马拉松开赛，华夏幸福赞助指数明显高于标准化后的体育板块指数，赞助马拉松反映在股票上可能有一定的效果，但这种效果并不是一开始就显现出来，而是随着赞助时间的推移逐渐显现。这种拉动效果也会存在一定的滞后性，因为赞助带动销售增长或品牌认知提高等需要一定的时间。

（2）关于厦门马拉松独家总冠名厦门建发集团股票走势的对比分析

自2003年首届厦门马拉松开跑，厦门建发集团有限公司（股票代码：600153）就对其进行了赞助，至2020年，厦门建发集团已经连续赞助厦门马拉松18年，自2005年开始连续16年总冠名这项赛事。1998年，建发集

图 3　华夏幸福赞助指数与标准化后的体育板块指数走势对比

团改制成立厦门建发股份有限公司。同年，建发股份有限公司在上海证券交易所成功上市。厦门建发“积极进取、充满活力”的品牌理念与马拉松赛“挑战极限、努力拼搏”的精神比较匹配。

厦门马拉松定于每年 1 月举办，本文选定 2016 年 10 月作为基期，共有 161 个周线数据用于分析。

如图 4 所示，建发集团赞助指数整体低于标准化后的上证指数，但是有三个阶段建发集团赞助指数超过了上证指数，其中第三个阶段是在 2018 年 1 ~ 2 月，1 月是 2018 年厦门马拉松比赛月，这说明赞助影响力大的体育赛事在短期内对企业股票价格有明显影响。

如图 5 所示，建发集团赞助指数整体高于标准化后的商贸代理板块指数，2017 ~ 2019 年，建发集团赞助指数在厦门马拉松比赛月前后持续上升，其中，2017 年 1 ~ 2 月，该指数小幅上升；2018 年 1 ~ 2 月，该指数上升幅度大于 2017 年；2018 年 12 月至 2019 年 4 月，该指数持续上升。

如图 6 所示，建发集团赞助指数整体高于标准化后的体育板块指数，虽然二者的走势并不完全相同，但是在厦门马拉松比赛月前后，即 2017 ~

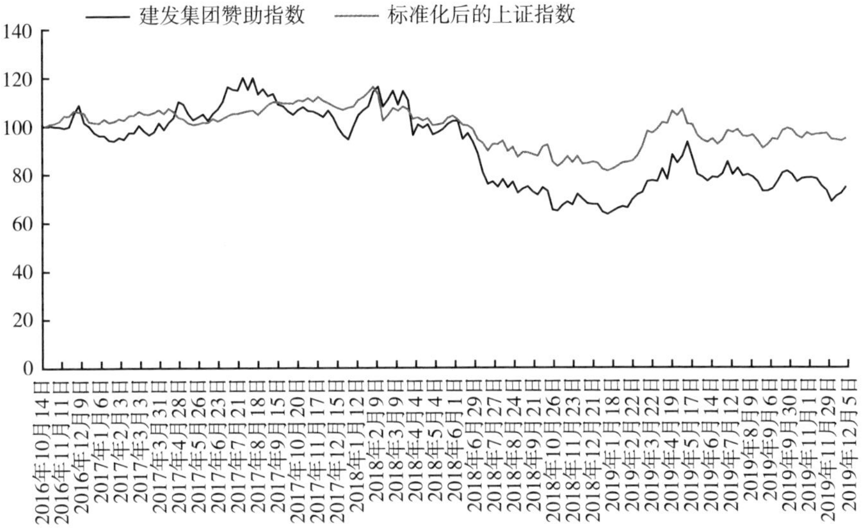

图4　建发集团赞助指数与标准化后的上证指数走势对比

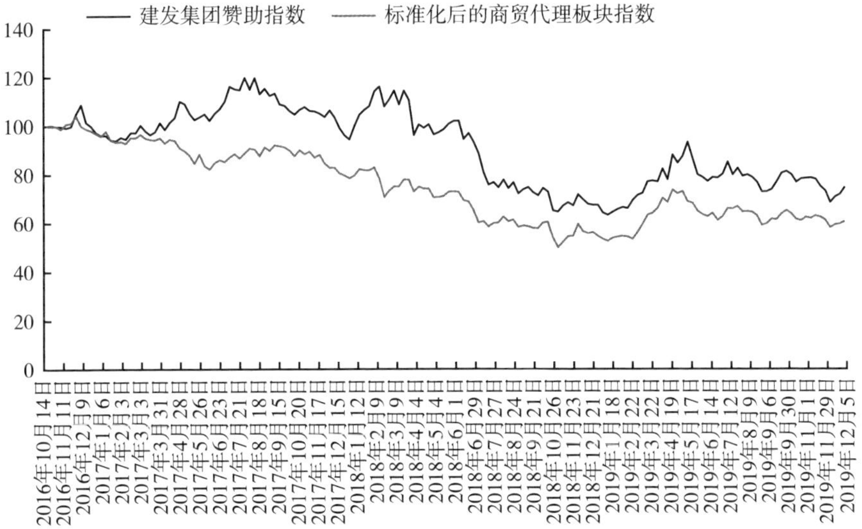

图5　建发集团赞助指数与标准化后的商贸代理板块指数走势对比

2019 年每年 1 月前后，二者的走势是一致的，说明冠名赞助厦门马拉松对建发集团的股票指数是有影响的。

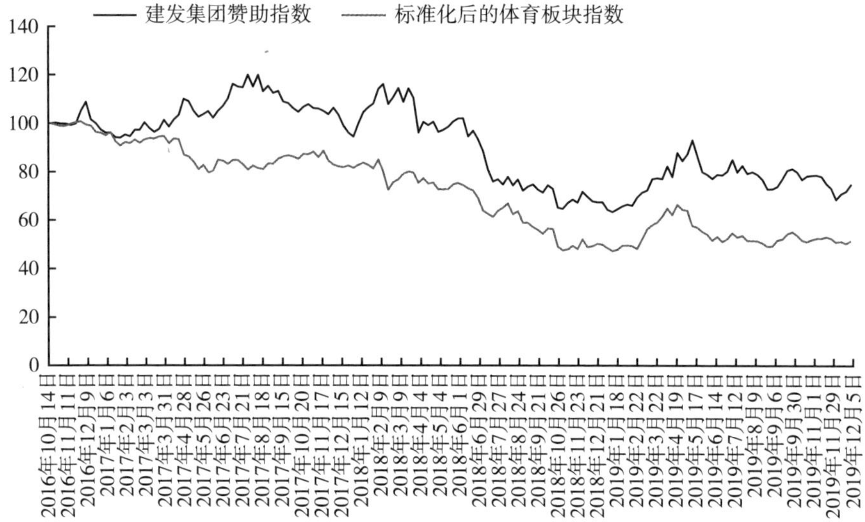

图6　建发集团赞助指数与标准化后的体育板块指数走势对比

（3）关于重庆马拉松总冠名商长安汽车股票走势的对比分析

2019 年，重庆举办第九届国际马拉松赛事，这一年也是重庆马拉松与长安汽车合作的第六年。重庆长安汽车股份有限公司（简称“长安汽车”）于 1996 年在深圳证券交易所上市（股票代码：000625），于 2014 年开始赞助重庆马拉松，并从 2015 年开始冠名赞助这一赛事。目前，长安汽车公司跑步爱好者自发组成“前进团”，成员已经超过 400 人。除了在马拉松比赛中带动现场跑步气氛，“前进团”还传递了长安汽车“前进，与你更近”的品牌理念，显现出长安汽车不断进取的精神。

重庆马拉松于每年 3 月举办，本文选定 2016 年 12 月第 1 周为基期，共有 155 个周线数据用于分析。

由于近年来国内汽车行业产销持续负增长，国内政策变化，长安汽车赞助指数整体低于标准化后的深证综指（见图 7）。但是，数据显示，2016 ~ 2019 年每年 1 ~ 3 月，即重庆马拉松比赛月的前 2 个月，长安汽车赞助指数出现了小幅上升，比赛月过后，又小幅下降。

如图 8 所示，长安汽车赞助指数整体低于标准化后的汽车板块指数，

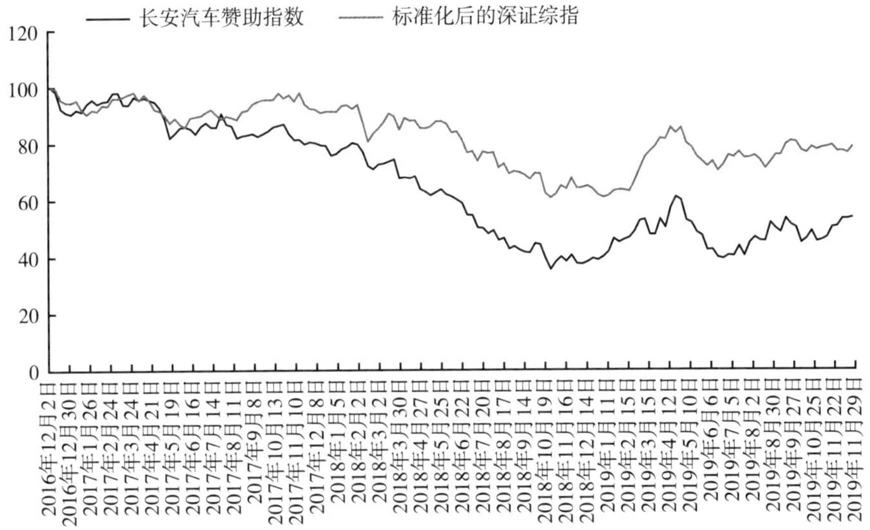

图 7　长安汽车赞助指数与标准化后的深圳综指走势对比

2017 年 3 月和 2019 年 3 月长安汽车冠名赞助重庆马拉松赛事期间，长安汽车赞助指数走势与非马拉松赛事期间没有显著差异。

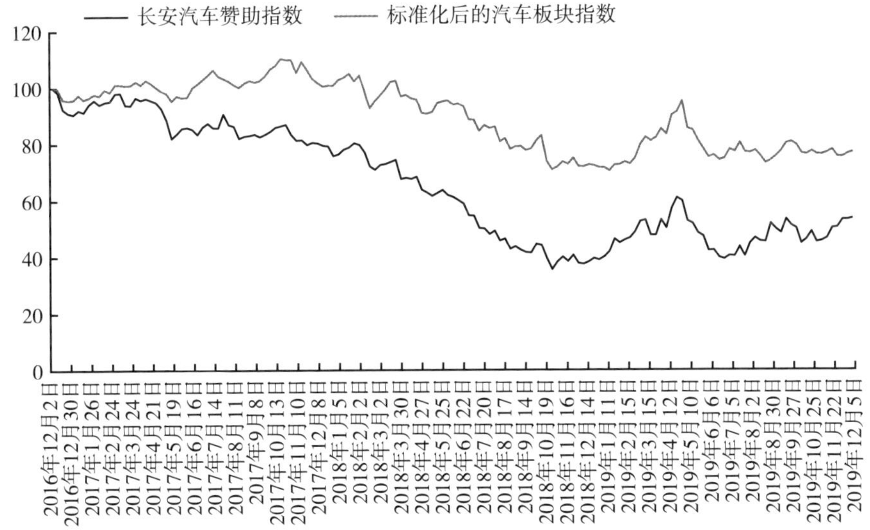

图 8　长安汽车赞助指数与标准化后的汽车板块指数走势对比

如图 9 所示，长安汽车赞助指数整体略低于标准化后的体育板块指数，但是 2017 年 1～3 月，也就是重庆马拉松比赛月及之前 2 个月，长安汽车赞助指数高于标准化后的体育板块指数，2018 年、2019 年的同时间段，虽然前者没有高过后者，但是二者之间的差距明显比其他时间段要小。

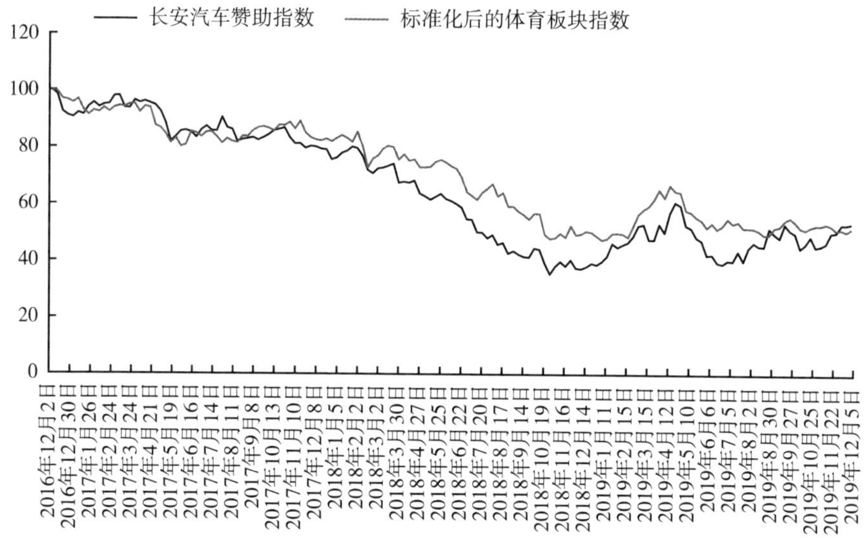

图 9　长安汽车赞助指数与标准化后的体育板块指数走势对比

（4）关于杭州马拉松冠名赞助商广汽集团股票走势的对比分析

杭州马拉松的前身是西湖桂花国际马拉松和国际友好西湖马拉松赛，始于 1987 年，是中国历史第二悠久的马拉松赛事，仅次于北京马拉松。广汽集团（股票代码：601238）自 2015 年起开始冠名杭州马拉松，连续 4 年成为杭州马拉松的冠名赞助商。广汽集团创立于 2005 年，于 2012 年上市，是中国汽车行业首家在集团层面进行改制、引入多家合资伙伴设立股份公司的企业。

杭州马拉松于每年 11 月举办，本文选定 2017 年 8 月第 1 周为基期，共有 120 个周线数据用于分析。

如图 10 所示，广汽集团赞助指数与标准化后的上证指数走势基本相同，整体明显低于标准化后的上证指数，但是在 2017 年 9 ~ 10 月，即杭州马拉松比赛前 2 个月，在上证指数走低的情况下，广汽集团赞助指数却出现了走高的情况。

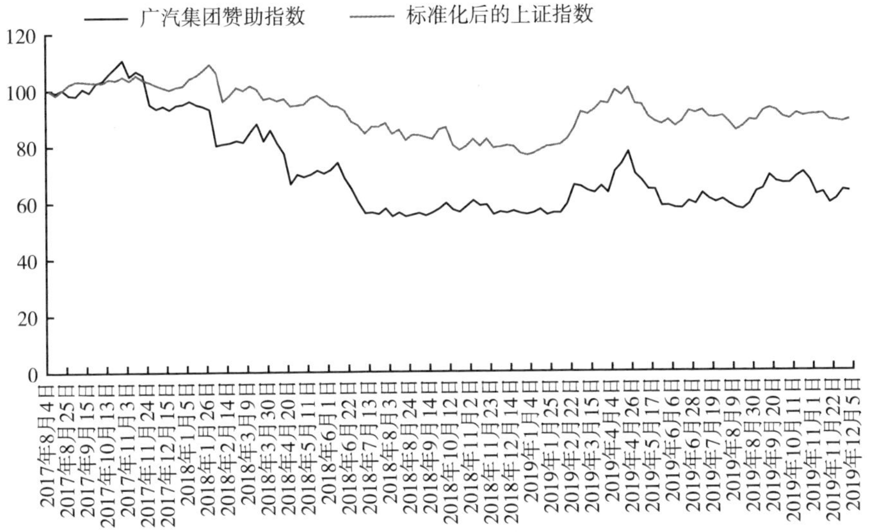

图 10　广汽集团赞助指数与标准化后的上证指数走势对比

如图 11 所示，广汽集团赞助指数整体明显低于标准化后的汽车类指数，但依然是在 2017 年杭州马拉松比赛前 2 个月，广汽集团赞助指数高于标准化后的汽车类指数。

如图 12 所示，广汽集团赞助指数与标准化后的体育板块指数走势不尽相同，前者整体低于后者，但是出现了两次高于后者的情况，分别是 2017 年 10 ~ 11 月和 2019 年 9 ~ 10 月，而杭州马拉松的比赛月是 11 月。不仅如此，2018 年杭州马拉松比赛月也就是 11 月前后，广汽集团赞助指数与标准化后的体育板块指数的差距也比同年其他时间段要小。

（5）关于深圳马拉松荣誉合伙人特步国际股票走势的对比分析

特步国际（股票代码：01368）多年来深耕马拉松市场，成为大中华区赞助马拉松赛事最多的运动品牌，几乎在各大马拉松赛场上都能看到特步的身影。从 2007 年赞助马拉松开始，特步逐步布局跑步领域。2018 年，特步

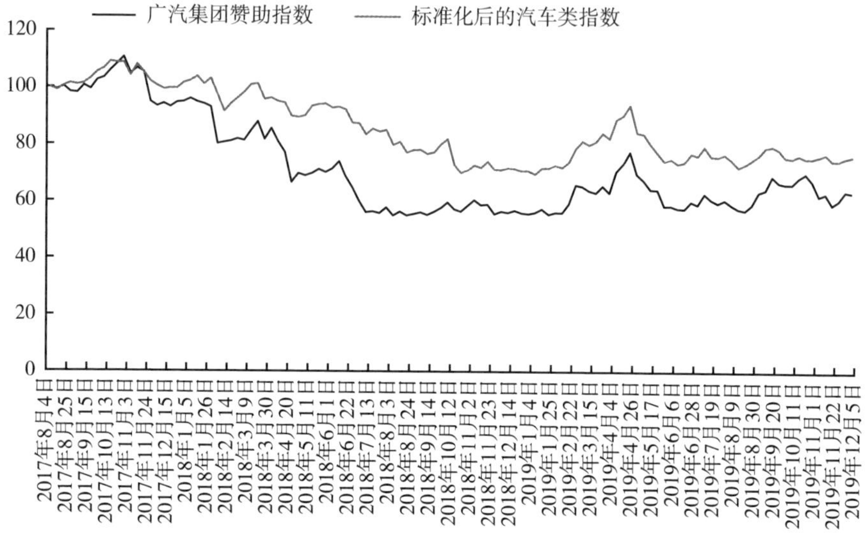

图 11　广汽集团赞助指数与标准化后的汽车类指数走势对比

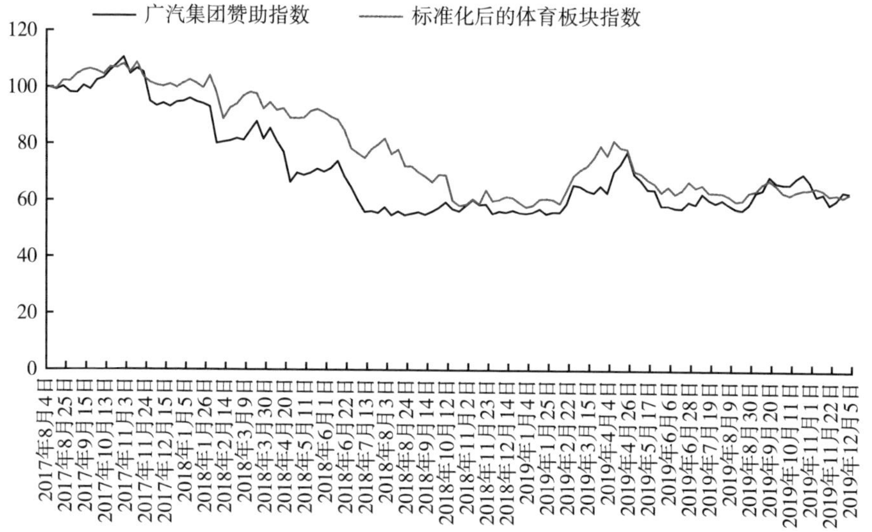

图 12　广汽集团赞助指数与标准化后的体育板块指数走势对比

赞助 42 场重要马拉松及跑步赛事，总参赛人数约 70 万。特步国际在 2018 年以 10% ~20% 的市场份额蝉联北京、上海、广州和厦门马拉松国内品牌第一，全球品牌第四。

深圳马拉松于每年 12 月举办，本文选定 2017 年 9 月第 1 周为基期，共有 116 个周线数据用于分析。

如图 13 所示，与标准化后的恒生指数相比，2017～2019 年，特步国际赞助指数可谓跌宕起伏，但是整体明显高于标准化后的恒生指数。特步集团董事局主席兼 CEO 丁水波表示，得益于国内马拉松运动的发展以及公司在国内马拉松运动方面的投资，2017 年特步国际盈利 4.081 亿元，2018 年盈利 6.565 亿元，2019 年 3 月最后一周发布 2018 年业绩后，特步国际开盘迅速蹿升，涨幅最多近 5%，创 2010 年底以来的新高。

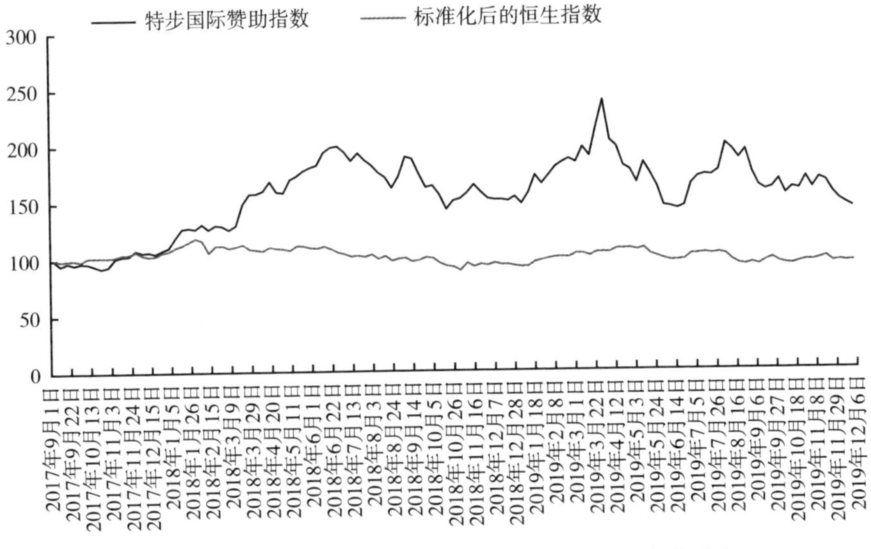

图 13　特步国际赞助指数与标准化后的恒生指数走势对比

如图 14 所示，与标准化后的体育板块指数相比，特步国际赞助指数明显更高。在 2018 中国田协马拉松年会上，特步公布了这样一组数据：从 2007 年至 2019 年 3 月，特步累计赞助和自主举办的马拉松赛事和活动达到 1000 多场，累计参加人次达 500 万，活动路程超过 1 亿公里，已经连续多年成为大中华区赞助马拉松最多的运动品牌。不仅如此，从 2016 年开始，特步持续增加对马拉松的投入，连续多年成为中国田径协会的马拉松合作伙

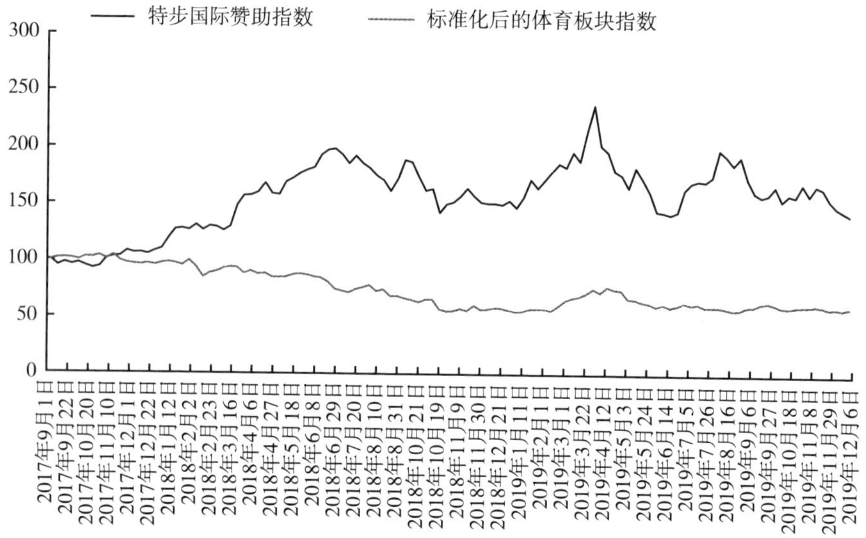

图 14　特步国际赞助指数与标准化后的体育板块指数走势对比

伴，并连续 3 年成为由中国田协主办的马拉松年会的冠名赞助商。2018 年，特步赞助的马拉松赛事多达 31 场，还与腾讯合作举办了 10 场特步企鹅跑，以及创办自主 IP“321”跑步节，参与人数超过 70 万。特步国际赞助指数的上升印证了特步付出努力后所获得的成就。

3. 赞助商指数对比及排名

如图 15 所示，体育用品及装备类企业如特步国际赞助马拉松赛事股价指数明显高于其他企业。

如表 1 所示，课题组将一个马拉松赛事举办期作为分析的 A 点，选取之前 10 周及之后 10 周的赞助商股价指数进行比较。结果显示，在一个马拉松赛事举办期前后，体育用品厂商特步国际赞助效果最好。这与我们通过问卷调查得到的结果比较接近：马拉松参与人群主观认为最有可能赞助赛事的企业排名前四的分别是矿泉水或饮料企业、运动装备企业、汽车企业和运动鞋服企业。我们发现，这些企业的产品非常贴合马拉松的运动文化，也是一场马拉松比赛中是必不可少的元素。

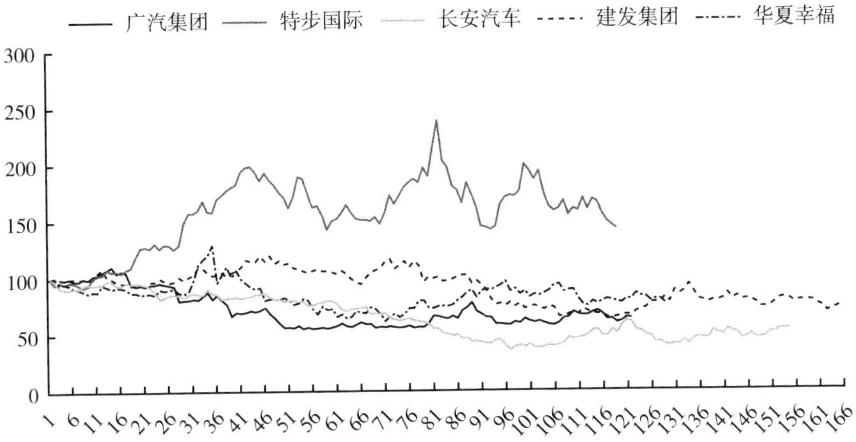

图 15　不同上市公司赞助指数走势对比

表 1　一个马拉松赛事举办期不同公司的赞助指数

	广汽集团	特步国际	长安汽车	建发集团	华夏幸福
A - 10	98.04	94.58	91.34	99.91	90.91
A - 9	100.58	92.42	94.12	99.82	89.25
A - 8	99.31	93.86	95.58	99.28	87.48
A - 7	102.54	101.08	94.06	99.91	88.74
A - 6	103.39	102.89	94.91	105.12	88.40
A - 5	105.97	103.25	95.15	108.81	94.54
A - 4	108.20	107.94	97.94	101.53	93.08
A - 3	110.63	106.14	98.06	100.00	91.13
A - 2	104.85	106.50	93.82	97.39	92.49
A - 1	106.70	105.05	93.70	96.14	92.12
A	105.39	107.94	96.43	96.14	91.39
A + 1	94.95	110.11	95.58	94.25	87.48
A + 2	93.45	119.13	96.18	93.98	87.70
A + 3	94.34	127.08	95.46	95.33	86.24
A + 4	93.14	127.80	94.73	94.61	86.86
A + 5	94.68	126.71	92.61	97.30	86.94
A + 6	94.99	131.05	88.49	97.30	85.70
A + 7	96.07	126.35	82.01	100.36	90.66
A + 8	94.88	129.96	83.65	98.02	89.45
A + 9	94.18	129.24	85.58	96.41	90.23
A + 10	93.10	125.99	85.89	97.66	91.53

从两个不同研究途径得到近似的结果，反映出大量马拉松赛事参与人群和股票投资者在信息接收和投资决策上的某种一致。课题组推测，可能是这两个群体获得了较一致的信息，甚至有可能这两个群体就是同一群决策者。

参考文献

中国田径协会：《中国马拉松数据》，中国马拉松网，2019 年 12 月 26 日，http：//www. runchina. org. cn/portal. php？ mod = score&ac = officialdata。

上海证券交易所：《上证系列指数简介》，上海证券交易所官网，2019 年 12 月 30 日，http：//www. sse. com. cn/market/sseindex/overview/。

深圳证券交易所：《指数与样本股》，深圳证券交易所官网，2019 年 12 月 30 日，http：//www. szse. cn/market/exponent/sample/index. html。

杨建荣：《体育投融资管理（第 2 版）》，北京体育大学出版社，2019，第 17 ~ 49 页。

政策法规篇

Policies and Regulations

B.4

有关政策法规对马拉松赞助市场的影响分析

张好雨*

摘　要： 我国马拉松赛事蓬勃发展，其中政府政策的影响非常关键。近年来，我国马拉松赛事管理政策的审批门槛逐步降低；政府职能发生转变，社会办赛机构增多；政府的管理逐渐完善，更加人性化，评级标准更加规范，促进马拉松赛事朝正规化发展。在这一政策背景之下，马拉松特色赛事不断涌现，赞助商逐渐本地化，赛事主办方和赞助商将会进行深层次的合作，赞助商展会的传播效应将会越发显著。我国马拉松赞助市场呈现本地特色及与金融机构密切合作的特征。在突发性

* 张好雨，管理学博士，北京体育大学体育商学院讲师，研究方向为企业管理、组织行为、人力资源、体育产业管理。

公共事件频发的背景下，政府政策制定者会对马拉松赞助商产生重大影响，这一点需要引起赞助商的重视。

关键词： 马拉松运动 马拉松赞助市场 体育赛事

一 政府对马拉松态度的变化趋势分析

国内马拉松赛事历史悠久，近十年来，以马拉松为首的路跑活动迅速普及。如今，参加马拉松已不再是简单地锻炼身体，越来越多的跑者将它视为一种独特的生活方式。这与近年来中央和地方政府颁布一系列的优惠政策有较大关系，具体分析如下。

（一）迎政策利好，政府审批门槛逐渐降低，赛事 IP 纷纷涌现

2014 年 10 月，国务院印发了《关于加快发展体育产业 促进体育消费的若干意见》，提出要破除政策障碍，营造良好的社会氛围，促进全民健身目标的实现，大力扶持体育产业。马拉松作为大众喜闻乐见的运动，迎来了前所未有的发展机遇。

2015 年，中国田协本着简政放权的原则，降低社会化组织申办马拉松赛事的门槛，将之前的行政审批环节逐渐取消，优化申报流程，有效地调动了社会力量承办比赛的积极性。除此之外，田协还上线马拉松信息平台，升级赛事注册的程序和认证服务。随后，马拉松办赛场次与参赛人数呈现快速增长的趋势，社会关注度也日益提升。中国田协数据显示，2014 年中国境内举办 51 场马拉松赛事，2015 年举办 134 场，而 2016 年马拉松赛事数量增长势头明显，共举办 328 场，比 2014 年增长 543%。2017 年呈现爆发式增长，场次突破 1000，2018 年更是达到 1600 场（见图 1）。

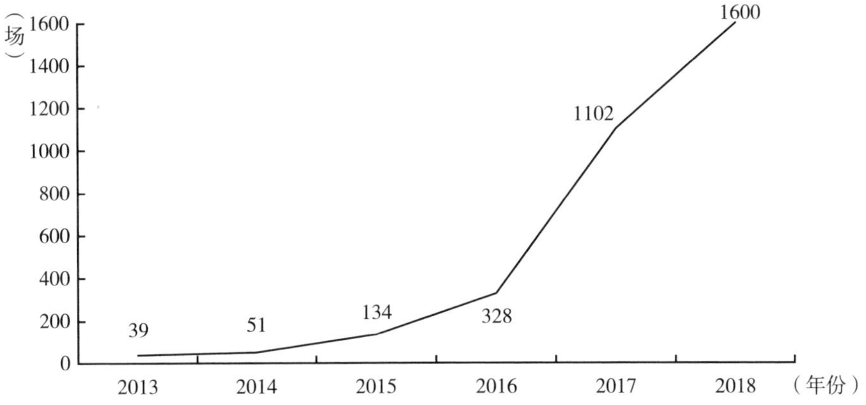

图1　2013～2018年中国马拉松赛事场次

(二)政府逐渐转变职能,购买公共服务,社会办赛机构增多

2017年,国家发展和改革委员会与国家体育总局等部门联合印发《支持社会力量举办马拉松、自行车等大型群众性体育赛事行动方案(2017年)》,旨在增加大型赛事社会化供给的渠道,吸引社会组织参与到赛事的策划筹备中来,着手深入群众性体育活动改革。目前,马拉松赛事数量迅速增加,产业规模不断扩大,但仍存在赛事供给不足、社会参与潜力待挖掘等问题。因此,文件提出政府部门要充分激发企业活力,增加社会化供给,转变行政职能,尽早实施优惠政策。各地政府机构逐渐采取购买服务的方式,对社会化体育运营单位进行扶持。此外,政府下放权力,充当监督者的角色,委托社会性的体育中介运营赛事,以有效提高服务水平。

在相关政策的支持下,大型体育赛事运营环境得到改善,社会化组织承办马拉松赛事的积极性高涨,赛事服务质量也得到了明显提高,多业态融合发展的趋势显著。马拉松赛事的办赛主体呈现多元化特征,近十年涌现出许多办赛机构,涵盖组织运营、救护保障、康复训练等多方面业务。政府官方主办、专业化运营公司承办,在中国成为极为推崇的马拉松赛事运营方式。

（三）政府逐渐完善评级标准，促进马拉松赛事规范化

2017 年，国家体育总局下发《关于进一步加强马拉松赛事监督管理的意见》，要求田协应根据章程对各大马拉松赛事采取分级的管理办法，按照赛事路线规划、人员专业化程度、赛事设施装备、优秀选手奖金分配、后勤安全保障水平等制定不同级别赛事的办赛标准，并向社会大众公开。

近年来，遍地开花的马拉松赛事进入大众的视野，获得标牌赛事称号的赛事数量不断增加，从侧面反映出赛事服务水平稳步提升。

（四）政府越来越注重马拉松赛事的安全防护，提高人性化服务水平

2017 年，国家体育总局印发《关于进一步加强马拉松赛事监督管理的意见》，规定赛事组织和举办过程中发生危害公共安全事故或人身伤害事故的，各级体育行政单位必须在公安、安检等部门的配合下，查明事故缘由，依法追究相关运营单位的法律责任。

近年来，马拉松主办单位逐渐提高了参赛运动员的准入门槛，从源头避免安全事故的发生。主办方实行选手体检机制，参赛者须提交合格的体检报告才可以参赛。此外，主办方还设置紧急医疗救助设施、配备急救医护人员、对医疗志愿者进行救护培训等，对减少人身伤害事故的发生起到了重要的作用。

（五）政府更加关注马拉松与当地产业的融合发展

2018 年，国家体育总局联合多部门出台《马拉松运动产业发展规划》，提出要促进马拉松相关产业的深度融合：以人民群众的健身需求为导向，深度挖掘消费潜力，促进马拉松市场化运作，将其与当地特色的产业相融合，推进市场化开发，因地制宜地发展多业态的赛事。

发展至今，马拉松运动已不仅是跑步类的体育项目，其与其他产业融合，还催生了“跑马”经济。与周边产业协同发展，提供专业化和精细化

的赛事服务将是国内马拉松运动发展的趋势，也是资本市场的关注点。举办马拉松等路跑赛事，能广泛聚集当地民间资本，发挥赛事的经济功能，提升本土品牌的认知度，是当地经济社会发展的重要助推力。

二　未来政策变化对马拉松赞助市场的影响

（一）特色赛事不断涌现，赞助商逐渐本地化

随着各地马拉松赛事的涌现，要提升赛事的核心竞争力，避免同质化，发挥当地特色尤为重要。很多城市借助当地独特的地形地貌，巧妙地融入油菜花、桃花、沙漠、雪地、海景等众多元素，举办特色马拉松赛。中国田协将对各地的赛事进行评选并颁奖，鼓励打造特色精品赛事。对于将来计划申办特色马拉松赛事的城市来说，这无疑是政策的“风向标”。

与此同时，中国马拉松赛事赞助商逐渐呈现本地化趋势，这与本土品牌的市场定位和产品潜在消费群体密不可分。如广汽丰田通过冠名赞助广州马拉松、东风雷诺通过冠名赞助武汉马拉松，提高了汽车企业在当地群众中的知名度，进一步提升了品牌价值。

（二）赛事主办方与赞助商进行深层次的合作

马拉松赛事的赞助方需要提供现金、物资或者技术支撑，同时更渴望与赛事主办方有深层次的合作。越来越多的赞助商开始多角度挖掘马拉松赛事的文化内涵，打造走心营销。例如，六福珠宝赞助北京马拉松，与北京马拉松组委会联合打造镶金奖牌，该奖牌品质高，受到众多跑友的追捧，六福珠宝品牌的社会价值也因此得到了极大的提升。

（三）赞助商展会的传播效应越发显著

马拉松博览会的传播效应逐渐放大，参加博览会的品牌得到了充分展示。赛前，全国各地的参赛者都会在展会现场聚集，他们在领取参赛物资

的同时，体验赞助商的产品及特色服务，使赞助商的品牌知名度得到充分提升。

三　我国马拉松赞助政策的特点

（一）本地主义

不同于我国一线城市马拉松赛事倾向于选择与赛事国际化目标相得益彰的企业作为赞助商，我国中小型城市马拉松赛事倾向于选择当地企业作为赞助商。

我国大部分马拉松赛事主办方为政府部门，相较于一线城市，中小城市面临更大的经济压力，所以中小城市政府在考虑通过马拉松赛事为居民带来文体娱乐体验的同时，希望马拉松赛事能促进当地企业的发展从而带来经济效益的增长。具体表现为政府在招标赞助等文件中要求供应商或赞助商必须是在该省或该市注册的企业独立法人。以甘肃省兰州市举办的兰州马拉松赛为例，2017 年、2018 年发布的《兰州市卫生健康委员会关于购置马拉松赛急救设备项目招标公告》要求投标企业为中国境内注册企业，而 2019 年公告要求指标企业须为在甘肃省注册的企业。我们在对全国很多中小型城市马拉松赛事进行研究时也发现了同样的现象。部分地方政府出于完成经济增长目标的考虑，鼓励本土赞助商拿到马拉松赛事的赞助权。

当然这种本地主义的政策在一定程度上有利于马拉松赞助市场的发展。在条件差不多的两个赞助商中选取当地企业更能有效地打造马拉松的“城市名片”，突出城市特色。以湖北襄阳马拉松为例，其一级冠名赞助商为襄阳唐城影视基地，并且马拉松比赛的终点定在该地，其目的就是希望更多的人了解该影视基地，从而带动襄阳市旅游业的发展。

（二）马拉松赛事与金融机构密切合作

2017 年，我国发布《支持社会力量举办马拉松、自行车等大型群众性体育赛事行动方案（2017 年）》，明确表示要加大马拉松赛事的金融支持力度，鼓励赛事主办机构与金融机构合作，提供更多符合大型群众性体育赛事特点的金融产品和服务，不断提高金融服务的针对性和质效。

数据调查显示，金融机构很早就对马拉松进行赞助，并且该行业从业人员的特点与马拉松赛事大众参与者呈现的高收入、高学历等特点相符。对于马拉松承办方而言，金融机构赞助马拉松既有利于提高马拉松的品牌价值，也有利于马拉松赛事在赞助商层面实现供给侧的改革。而对于金融机构而言，马拉松与金融投资内涵高度契合，它们都是对体力和耐力的挑战，现阶段对马拉松赛事的赞助并不像奥林匹克运动会那样门槛很高但其公益性、其象征的品牌文化非常符合金融机构的赞助目标。正是考虑到这些契合点，我国相关文件给予马拉松与金融机构相结合的政策支持，希望能为更多城市马拉松赛事提供赞助新思路。

四　影响我国马拉松赞助的重要政策分析

2016 年以来，随着我国马拉松事业的快速发展，相关政府文件数量快速增加。这一部分中，我们将分析有代表性的重要政策文件，选取两份部委级文件和一份省级文件。

（一）有代表性的重要文件

1.《马拉松运动产业发展规划》

《马拉松运动产业发展规划》（简称《规划》）是由体育总局、国家发展改革委、科技部、工业和信息化部、公安部、财政部、国土资源部、住房城乡建设部、交通运输部、卫生计生委、旅游局于 2017 年 12 月 15 日联合印发的文件。

该文件基于马拉松发展的基础与面临的形势，就 2018 ~ 2020 年马拉松运动产业的发展提出建议。近年来我国马拉松运动产业呈现井喷式发展，产业基础日益坚实，产业形态逐渐完备，产业覆盖面、社会参与度、市场认可度均得到不断扩大和提升，供给侧结构性改革、“一带一路”倡议和健康中国战略为马拉松运动产业带来了重大发展机遇，同时，马拉松运动产业面临产业供给总量不足、产业体系有待进一步健全、产业管理体制不尽完善、运行机制不够顺畅、市场潜力未能充分挖掘以及产品创新不足和赛事运营能力参差不齐等问题。在机遇与挑战并存的情况下，《规划》要求马拉松产业坚持市场驱动、创新发展，因地制宜、特色发展，引领消费、健康发展，优化服务、安全发展四个基本原则，以马拉松运动产业供给侧结构性改革为主线，以满足群众马拉松消费需求为导向，以资源要素优化配置、产业潜力深度挖掘为抓手，采取健全创新运行机制、推进政策落实、加强行业监管、强化安全监督、扶持社会资本投资这五项保障措施，完成六个主要任务：（1）完善马拉松赛事运营与管理；（2）培育多元化马拉松运动产业市场主体；（3）积极引导马拉松运动消费；（4）促进马拉松与相关产业融合发展；（5）加强行业人才队伍建设；（6）弘扬马拉松精神，打造马拉松文化。其发展目标是构建布局合理、功能完善的马拉松运动产业体系，实现市场主体不断壮大，产业消费人口进一步扩大，马拉松赛事体系逐步完善。到2020年，马拉松运动产业规模将达到1200亿元；出现具有相当实力和影响力的10家品牌赛事运营公司和10家品牌马拉松运动产业技术服务装备商；全国马拉松赛事场次（800人以上规模）达到1900场，中国田径协会认证赛事达到350场，各类路跑赛事参赛人数超过1000万人次。

随着马拉松运动的“放管服”改革力度进一步加大，马拉松运动产业发展环境更加宽松，马拉松赞助市场将迎来春天，赞助赛事不局限于顶级赛事，小而精的赛事也获得较多关注；随着多样化特色马拉松赛事引导开发任务的实现，马拉松赞助品牌推广形式将更加丰富，与赛事的结合将更紧密，与消费者的互动将更密切。

2.《支持社会力量举办马拉松、自行车等大型群众性体育赛事行动方案（2017年）》

2017年，国家发展和改革委员会与国家体育总局等部门联合印发

《支持社会力量举办马拉松、自行车等大型群众性体育赛事行动方案（2017 年）》（简称《行动方案》）。《行动方案》指出，在马拉松、自行车等大型群众性体育赛事快速发展，赛事数量迅速增加，产业规模不断扩大，同时面临供给总量不足、服务质量有待提高、市场潜力未充分释放等问题的大环境下，深入学习习近平总书记系列重要讲话精神和治国理政新理念新思想新战略，推出激发活力、扩大供给，转变职能、优化服务，强化管理、统筹推进等政策措施，支持社会力量举办大型群众性体育赛事。体育总局、国家发展改革委和公安部等部门应合力完成三个方面即做好赛事服务保障、完善支持政策、推动规范发展共十二项重点任务，以期实现到 2017 年底，马拉松赛事参赛人数超过 500 万人次，带动各类消费超过 200 亿元，自行车赛事带动各类消费超过 200 亿元的目标，使社会力量举办大型群众性体育赛事积极性显著提高，市场机制更加完善，发展环境不断优化，相关消费需求愈加旺盛，服务质量和水平明显提高，业态融合发展趋势更加明显，从而充分发挥马拉松、自行车等大型群众性体育赛事在“稳增长革、调结构、惠民生”中的重要作用。实施好《行动方案》是有效拉动体育消费、培育经济发展新动能的重要举措，也是加快体育领域供给侧结构性改革、补齐发展短板的有效手段，对马拉松赞助市场也将起到有力的刺激作用。

3.《关于引导浙江境内马拉松及相关运动赛事健康有序发展的通知》

2015 年，浙江省体育局印发《关于引导浙江境内马拉松及相关运动赛事健康有序发展的通知》（简称《通知》）。《通知》指出，马拉松是推进体育文化及体育产业发展的良好载体，有利于城市对外传播和交流，各地应积极结合自身城市特点和优势，打造具有各自特色的马拉松赛事。同时，须认识到举办马拉松赛事需要具备较强的赛事组织与管理能力，需要得到当地政府的支持。其中应重点关注以下两方面问题：一是诸多部门需做好配合，避免对城市的日常生活秩序造成负面影响；二是合理规避马拉松运动的风险，完善保障体系。《通知》从七个方面指出举办马拉松及相关运动赛事应当具备的条件，包括需遵循《浙江省大型群众性活动安全管理办法》的有关规定，主办方、承办方能够独立承担民事责任，有完善的体育竞赛规程、组织实施方案等，强调浙江省体育局、竞赛中心等组织须加强指导监督，合理引导赛事健康有序发展。浙江省政府对马拉松赛事的支持将极大地促进马拉松赞助市场在浙江省的发展。

（二）政策对比分析

相比于《行动方案》和《通知》，《规划》对马拉松赛事提出了新要求，进一步加大马拉松运动的“放管服”改革力度，继续为马拉松运动产业发展营造宽松环境。根据《规划》，要树立中国顶级办赛标准，发展中国马拉松赛事联盟，形成利益共同体，实现联盟会员的资源共享和优势互补。《规划》中“千千万万跑者工程”，发挥核心跑者、荣誉跑者的示范效应，全方位传播赛事是亮点。运动人群数量的增长是中国发展体育强国的基础，而马拉松是一个重要的“入口”。

除此之外，《规划》还强调要共享整合赛事信息资源，在赛事组织、选手服务、安全保障、环境保护、信息发布、赛事补给等方面形成较为完备的标准规范；在赛事评价、跑团认证、跑者积分等方面建立较为完善的体系，完善马拉松赛事管理信息平台。行业服务者和管理者（中国田协协会）需要收集分析全国的马拉松数据，进而对行业的发展做出准确的预判和引导，并制定相应标准和提供指导服务，如开展监督检查和跟踪分析、建立“黑名单”制度和退出机制等。《规划》对赛事运营公司提出了较高的要求，如要求它们完善赛事运营规范流程和评价标准体系，制定马拉松赛事医疗急救和保障的行业标准，确定各种规模的医疗点、维稳人员配置数量等。除此之外，《规划》还强调坚持因地制宜、特色发展的原则，比如发展乡村马拉松、草原马拉松、女子马拉松、情侣马拉松、家庭亲子马拉松等，强调融合地域文化特色，使赛事形式更加丰富多元。未来，马拉松将与产业合作打造马拉松 + 科技、马拉松 + 旅游、马拉松 + 健康、马拉松 + 休闲等产业发展新形态。

《规划》的出台和实施将吸引更多人加入跑步行列，吸引更多企业介入马拉松产业。马拉松运动“放管服”改革力度的进一步加大，使马拉松运动产业发展环境更加宽松，可见政府对马拉松运动市场的重视程度逐步加深，越来越看重马拉松运动带来的经济和文化效益：一方面，强调引入市场机制，增强活力；另一方面，注重马拉松赛事的品质，关注赛事组委会的运营能力，关注行业标准。预计马拉松赞助市场也将发生相应变化：首先，马拉松赞助方向不再局限于一、二线城市马拉松赛事以及北京马拉松、上海马拉松等顶级赛事，而是将更多关注三线及以下城市，关注逐渐成长起来的小而精的马拉松赛事；其次，随着马拉松运动产业的进一步发展，马拉松营销优势更加明显，马拉松＋科技、马拉松＋旅游、马拉松＋健康、马拉松＋休闲等产业发展新形态出现，马拉松赞助商品牌将囊括更多行业；最后，马拉松赞助方品牌推广形式将逐渐从单一走向多元化，与消费者联动更密切，结合各地特色马拉松赛事，打造使人印象深刻的推广内容，让品牌和赛事连为一体。

未来，国家将持续加大马拉松运动“放管服”改革力度，让市场这只无形的手发挥调解作用，同时，通过完善马拉松赛事管理信息平台、提高对赛事组委会的要求等方式，规范马拉松行业，提高马拉松赛事的品质；提高对中小型赛事、多样化特色马拉松赛事的关注度，不断推动马拉松赛事的多元化发展。

五　突发性公共事件中政府政策对马拉松赛事的影响——以纽约马拉松为例

近年来，政府文件多次强调要增强应对突发性公共事件的能力，这也是政府执政能力的重要组成部分。马拉松赛事作为重要的公共赛事，发生任何意外事件都会产生严重的后果。政府发布应对突发性公共事件的政策，会对马拉松赛事和赞助商产生重大影响。在这一部分中，我们将分析美国纽约市政府在应对飓风“桑迪”（Sandy）时提出的政策以及其对马拉松赞助带来的影响。

纽约马拉松是由纽约路跑协会（NYRR）举办的世界六大马拉松之一，它以斯塔顿岛为起点，长26.2英里（合42.17千米），每年大约有50000人参赛，观众有200万人。2012年10月29日，星期一，飓风“桑迪”在纽约附近的新泽西州海岸登陆，并带来大量降水。纽约市70%以上地区因被水淹没而陷入瘫痪，超过25万户家庭停电，证券交易所连续两天停止交易。飓风袭击纽约时，市民开始质疑这场赛事举行时间不合理。10月31日，纽约市长布隆伯格（Bloomberg）正式批准了纽约马拉松比赛，称它可以安全举行。11月1日，准备工作正在迅速推进，精英团队已经抵达。当晚，飓风导致的死亡人数升至41人，停电持续影响数百万人的生活。纽约路跑协会宣布了一项260万美元的复苏基金。同一时间，针对纽约马拉松的质疑声从四面八方传来，批评者指出即将举行的马拉松会消耗原本用于救援的资源，纽约现在的状态不适宜举行如此大型的活动。11月2日上午早高峰，参赛者在中央公园周边的人行道上进行最后一英里的训练。然而11月2日下午五点半，离纽约马拉松正式开赛仅剩48小时，经过漫长的思考，纽约市政府及赛事主办方宣布取消纽约马拉松。

在此过程中，纽约市政府及赛事主办方遭受了大量批评，部分市民认为举办这场马拉松赛事会占用救灾资源，在灾情如此严重的情况下不应该把城市资源转移到其他地方。同时，参赛者也感到很不满，因为相关组织人员在做决定时优柔寡断，在赛前48小时才发布取消消息，此时许多参赛者已到达纽约，并且他们为参加这场赛事投入了很多时间和金钱，如很多参赛者来自各个大洲，他们已花费了一大笔钱支付机票、酒店和其他费用；很多人在赛前进行了严格的健身计划和饮食计划，并且部分参赛者为慈善机构和基金会募集了善款。然而赛事的取消导致这些努力全部白费。

纽约马拉松的冠名赞助商ING是一家金融机构，为个人和中小企业提供银行产品服务。ING也在事件中遭受了巨大谴责，并因为赛事取消受到损失。ING从2003年起即为纽约马拉松的赞助商，可谓是纽约马拉松的老伙件。在飓风“桑迪”袭击过后，群众普遍持反对声音。虽然最终决定权在城市官员和比赛组织方的手上，ING 仍然支持并且推动纽约马拉松的举办，最终引起了群众的愤怒。纽约马拉松因飓风取消，使得赞助商蒙受了巨大的损失，同时部分赞助商也和 ING 一样，由于言行不当，引起群众的反感，使得企业形象受损。

由纽约马拉松的取消所引起的一连串事件，值得我们思考和总结经验教训。从控制风险的角度来说，城市马拉松举办者缺乏风险意识。传统马拉松运营模式下风险防范与控制仍更多依赖行政手段，从而导致城市马拉松赛事风险管理意识相对薄弱，管理水平较为落后。在该过程中，纽约马拉松主办方明显对自然风险的重视度不够高。同时传统的马拉松赛事以赛中风险管理为主，容易忽视赛前风险评估与预测。就该事件来说，飓风“桑迪”是可以预测的，其造成的影响也是可以评估的，通过赛前风险评估与预测，赛事举办者是可以早做决断的。

从公关的角度来说，赞助商和马拉松主办方没有重视危机公关，没有把握好舆论导向，民众反对情绪日益高涨，最终导致赛事取消，同时它们也没有考虑公关的及时性。虽然 ING 在之后捐赠了 50 万美元来帮助飓风的受害者，但是这种慷慨的行为并没有阻止人们对它的反感。

同时，我们也应该思考如何避免这种风险，或者是在类似事件发生后我们应该怎么应对。首先，在马拉松赛事举办前，赛事主办方和赞助商都应该树立风险防范意识，制订完善的风险管理计划，运用合理的风险识别技术和风险处理方法，采取相应的措施来防范风险并建立起一套科学的体育赞助评估系统。其次，赞助商可以将不能承担或不愿承担的风险转移给第三方，一旦发生风险事故，将由第三方承担后果，比如购买赛事取消险。最后，危机发生后，赛事主办方充分运用其影响力，采取适当的处理措施，充分利用媒体力量，重申赛事的重要性和稳定性，消除人们不安的情绪，也许可以保证赛事成功举办。

参考文献

《〈马拉松运动产业发展规划〉全文》，百家号田径大本营，2018 年 1 月 14 日，https：//baijiahao. baidu. com/s？ id = 1589498622293872155。

《关于引导浙江境内马拉松及相关运动赛事健康有序发展的通知》，浙江省体育局官网，2015 年 12 月 29 日，http：//www. zj. gov. cn/art/2015/12/29/art_ 12998_ 255324. html。

《国家发改委、体育总局解读〈支持社会力量举办马拉松、自行车等大型群众性体育赛事行动方案（2017 年）〉》，搜狐网，2017 年 9 月 8 日，https：//m. sohu. com/a/190456573_ 505667。

《解读〈马拉松运动产业发展规划〉——听起来好像和我们没什么关系》，爱燃烧网，2018 年 1 月 16 日，http：//iranshao. com/articles/4423 – 2020 – marathon。

《水涛：〈马拉松运动产业发展规划〉促产业规范化》，新浪网，2018 年 1 月 15 日，http：//sports. sina. com. cn/run/2018 – 01 – 15/doc – ifyqrewi1805477. shtml。

《中迹体育：〈马拉松运动产业发展规划〉将推动产业新发展》，人民网，2018 年 1 月 15 日，http：//sports. people. com. cn/n1/2018/0115/c401891 – 29765155. html。

Aimee Berg，“Why the 2012 New York City Marathon Was Cancelled，” November 3，2012，https：//www. teamusa. org/News/2012/November/03/Why – The – 2012 – New – York – City – Marathon – Was – Cancelled.

Chen，Belson，“Marathon Stumbled along a Route of Indecision on Its Way toward Cancellation，” *The New York Times*，November 15，2012.

Gillette，“As New York City Marathon Sponsor，ING Comes Under Fire，” Bloomberg，November 3，2012.

Lefton，“Putting in Their Miles：NYC Marathon Sponsors Increasing Their Activation around Even，” *Sports Business Daily*，October 29，2012.

Longman，“Runners Express Shock，Anger and Relief after Months of Training，” *The New York Times*，November 3，2012.

Chris Lotsbom，“ING NYC Marathon Offers Refunds to Those in Cancelled 2012 Race，” December 20，2012，https：//www. letsrun. com/news/2012/12/ing – nyc – marathon – offers – refunds – to – those – in – cancelled – 2012 – race/.

McCoy，Stanglin，Winter，“NYC Marathon Canceled Amid Criticism，” *USA Today*，November 2，2012.

Pilon，Belson，“Hostility Lingers over Marathon Cancellation，” *The New York Times*，November 7，2012.

B.5

马拉松体育赛事赞助合同纠纷的法律分析

董　美*

摘　要： 本文对马拉松体育赛事赞助合同纠纷进行了法律分析。体育赛事赞助合同纠纷处理的相关法律包括《体育法》《合同法》《广告法》等。通过分析合同纠纷案例，本文总结出纠纷发生的原因有体育赞助合同的相关法律缺失、法律定性不清晰、合同条款不具体。本文还总结了易引起纠纷的事项，包括排他性权利和隐形营销。最后，本文提出了避免马拉松体育赛事赞助合同纠纷发生的策略，包括完善体育赞助的相关法律、细化体育赞助合同内容、增加排他性条款、防止隐形营销行为发生。

关键词： 马拉松　体育赛事赞助　合同纠纷

马拉松体育赛事赞助合同是指对马拉松或与马拉松相关的赛事进行赞助所产生的合同。体育赛事赞助合同的签订双方为赞助商与赛事组织者，内容为对赞助活动和商业推广活动达成协议。体育赛事赞助合同签订后，赞助商提供赞助，并从赛事组织者那里获得赛事的商业推广权。赞助的形式多种多样，包括资金、实物、服务等，获得的商业推广权包括冠名权、标志使用权及特许销售权等。

---

* 董美，经济学博士，北京体育大学体育商学院讲师，研究方向为体育产业、经济学。

由于体育赛事赞助的形式不同，其赞助合同的具体内容不同。与一般合同的内容一样，体育赛事赞助合同签订合同双方的信息、权利和义务规定等，但是体育赛事赞助合同的内容和条款没有固定的模式，具体来看：（1）在赞助方式方面，赞助商提供的赞助可以是资金、实物、服务等，因而条款规定有所不同；（2）赞助商获得的商业推广权多种多样，如冠名权、标志使用权、特许销售权等，因而在不同的合同中出现的条款不尽相同，如有关于冠名权、标志使用权等赛事无形资产使用权限的条款，有对商业宣传的时间和地理范围进行规定的条款等。

下文将对马拉松体育赛事赞助合同纠纷进行法律分析，文中出现的“体育赛事”为“马拉松体育赛事”，或其说明适用于“马拉松体育赛事”。

一　公益性体育赞助与商业性体育赞助

由于体育赞助的形式不固定，体育赞助合同的内容十分广泛。按照赞助方的目的，体育赞助可分为公益性体育赞助和商业性体育赞助。

（一）公益性体育赞助

公益性体育赞助是指赞助商提供赞助时，将其资金、实物、服务等无偿提供给赛事组织者。赞助商的目的不是获得赛事的商业推广权，而是保证体育赛事的顺利进行，其行为具有公益性。从当前形势来看，公益性体育赞助在整个体育赞助中所占的比例非常小。由于公司大多以营利为目的，随着市场经济和体育赛事商业化的发展，没有哪家以营利为目的的公司会愿意以全额捐款的形式赞助体育赛事。

公益性体育赞助的性质与商业性体育赞助有很大区别，因而单独分析。公益性体育赞助合同的特点在于，合同中赞助商有提供赞助的义务，但没有获得赛事的商业推广权。因此，可以将公益性体育赞助合同视为捐赠合同，采用《中华人民共和国公益事业捐赠法》作为法律依据；或者在制定公益性体育赞助合同时，直接采用赠与合同作为范本。

（二）商业性体育赞助

当前，我国企业对体育赛事的赞助大多为商业性体育赞助。

商业性体育赞助的特点在于，合同中的赞助商和赛事组织者在权利和义务方面是平等的。赞助商需要为赛事提供赞助支持，这是赞助商的义务，同时其获得赛事的商业推广权，体现出赞助的商业性。赛事组织者需要保障赞助商的商业推广权，如转让赛事品牌的冠名权、赛事相关标志的使用权、赛事相关产品的特许销售权等，这是赛事组织者的义务，同时其获得保证赛事运营的赞助费和赞助实物等。可见在商业性体育赞助中，赞助商和赛事组织者的地位是平等的。

在下文分析中，体育赞助指商业性体育赞助。

二　体育赛事赞助合同纠纷处理的相关法律

（一）提到体育赞助的法律

在我国的法律中，以下法律直接提到了体育赞助。

1995 年，全国人大常委会颁布《中华人民共和国体育法》，其中第六章保障条件第四十一条提到“国家鼓励企业事业组织和社会团体自筹资金发展体育事业，鼓励组织和个人对体育事业的捐赠和赞助”。

1989 年，国家体委发布《关于国家体委各直属企事业单位、单项体育协会通过体育广告、社会赞助所取得的资金、物品管理暂行规定》，对“赞助单项体育协会、运动队的经费管理”“赞助物品的管理”“体育广告、赞助收入的财务管理”等方面进行了规定。2006 年 4 月，国家体育总局宣布该规定废止。

（二）与体育赞助相关的法律

1. 1999年施行的《中华人民共和国合同法》

《合同法》对合同的订立、合同的效力、合同的履行、变更和转让、权利义务终止、违约责任进行了规定，此外还在第九章和第十章对“买卖合同”“赠与合同”等有名合同进行了单独说明。体育赛事赞助合同是合同的一种，需要受到《合同法》的约束。在《合同法》中，体育赛事赞助合同属于无名合同，即没有篇章专门针对体育赞助合同进行描述。《合同法》第八章其他规定第一百二十四条无名合同规定，“本法分则或者其他法律没有明文规定的合同，适用本法总则的规定，并可以参照本法分则或者其他法律最相类似的规定”。因而体育赛事赞助合同适用《合同法》总则，但可能会由于缺少具体的规定而产生分歧。

2. 2015年修订的《中华人民共和国广告法》

《广告法》第一章第二条规定：“在中华人民共和国境内，商品经营者或者服务提供者通过一定媒介和形式直接或者间接地介绍自己所推销的商品或者服务的商业广告活动，适用本法。”由此可知，体育赛事赞助与广告活动有类似的地方，即“介绍自己所推销的商品或者服务”。但是广告活动涉及的主体有广告主、广告经营者、广告发布者、广告代言人，而体育赛事赞助合同涉及的主体为赞助商和赛事组织者，而且赞助与广告活动的运作模式有区别，因而《广告法》不能完全覆盖与体育赛事赞助活动有关的法律问题。

3. 其他法律

2017 年修订的《反不正当竞争法》规定：“本法所称的不正当竞争行为，是指经营者在生产经营活动中，违反本法规定，扰乱市场竞争秩序，损害其他经营者或者消费者的合法权益的行为。”如果体育赞助活动中赞助商的利益受到不正当竞争行为的侵害，可参考《反不正当竞争法》进行处理。

《著作权法》《商标法》和《专利法》对著作权、商标权、专利权的知识产权进行了法律保护，当体育赞助活动纠纷涉及对知识产权的侵犯时，可以采用如上法律进行分析。

三　纠纷处理的特点及原因分析

通过对我国以往体育赞助合同纠纷案例进行分析，本文发现，此类案例有以下特点：(1) 由于体育赞助合同在法律上是无名合同，在不同的案例中，法院对其的法律定性有所不同；(2) 我国法律体系中缺乏与体育赞助合同直接相关的法律，而且可以适用的法律规定较少，所以法院对体育赞助合同纠纷进行处理时所采用的法律不尽相同；(3) 法院的判决结果易产生分歧。其原因分析如下。

（一）我国法律中缺乏专门针对体育赞助合同的规定

通常，对于典型合同，如买卖合同，法院可以将《合同法》中的专门条款，如“买卖合同”条款作为判决依据，这种判决的结果能令当事人信服，实用性很强。但是，我国的法律体系中缺乏专门针对体育赞助合同的规定。从案例实践来看，法院大多依据《合同法》中“广告合同”“销售合同”等相关条款对体育赞助纠纷进行分析，且在判决时大多采用《合同法》总则中的条款（第七章违约责任）。这种一般性条款虽然具有普适性，但是实用性较弱。这就削弱了法院判决的说服力。

（二）体育赞助合同的法律定性不清晰

目前我国缺少一部专门的“体育赞助合同法”，学者们只能采用相关的法律对其进行定性。由于体育赞助合同内容的多样性，学者和法院的判决者对体育赞助合同的法律定性也存在观点不统一的现象，主要观点包括广告合同、赠与合同、买卖合同等。但是由于体育赞助合同的特殊性，其涉及的权利和义务划分较为复杂，内容形式多样，因而与各种合同并不完全相同。例如，在赠与合同、买卖合同中，合同标的物都需要进行所有权的转移，而体育赞助合同则不同，以冠名权为例，冠名权可以被视为赛事组织者的无形资产，而赞助商利用赛事冠名权进行商业开发只是获得该项无形资产的使用权而非所有权。又如，如果用广告合同对体育赞助合同进行描述就无法突出合同利用赛事进行商业开发的特点。由此可见，虽然法律上现有的其他有名合同与体育赞助合同在某些方面类似，但是用它们对体育赞助合同进行定性是不准确的，可以说体育赞助合同是一种混合合同。

总体来看，在国内外的法律体系中，既没有专门针对体育赞助合同的有名合同的规范说法，现有的有名合同也无法完全贴合体育赞助合同，所以在法律上体育赞助合同为无名合同、非典型合同，但其可以被视为在社会实践中的有名合同、典型合同。其原因在于，随着体育赛事商业化的发展，体育赞助活动和体育赛事赞助合同应用范围越来越广。此外，从法院的纠纷处理案件也可以看出，相关的裁判文书中出现了“体育赞助合同”一词，说明体育赞助合同的名称在我国的法律实践中得到了广泛的认可。

体育赞助合同涉及的主体具有特殊性，赛事组织方与赞助商根据协议一般都享有权利，负有义务，涉及赞助事项的具体条款又有所不同。现在大型赛事的组织方会根据赞助商的出资情况或赞助力度将其划为不同层级，不同层级的赞助商拥有的赛事开发权不同。例如，2019 年北京马拉松的赞助商分为冠名赞助商、顶级合作伙伴、官方合作伙伴、官方赞助商、赛事支持商等，体育赞助合同的内容更为多样，形式更为复杂，现有法律体系中的有名合同难以将其完全覆盖。因此，在体育赞助合同纠纷的法律判决中，赞助活动双方约定事项不同，法院对案件的法律定性不同，如有的案件定性为“广告合同”，有的案件定性为“买卖合同”。各案件的法律定性不同，导致法院判决时的分析依据不同，如对于定性为“广告合同”的案件，法院采用广告合同的条款进行分析，而对于定性为买卖合同的案件，则采用买卖合同的条款进行分析。

（三）体育赛事赞助合同的条款不够具体

法律体系对体育赛事赞助合同的定性模糊以及专门规定较少，导致在体育赛事赞助合同出现纠纷且需要法院进行审理时，法院的判决依据不清晰，判决结果的说服力较弱，难以使双方一致满意。

另外，体育赛事赞助合同本身的条款设定较为粗略，对于与纠纷相关的事项缺乏具体规定，难以依照合同条款解决纠纷，在协商失败的情况下，当事人不得不请求法院进行判决。

《合同法》规定，合同的内容“一般包括以下条款：（一）当事人的名称或者姓名和住所；（二）标的；（三）数量；（四）质量；（五）价款或者报酬；（六）履行期限、地点和方式；（七）违约责任；（八）解决争议的方法”。如果赛事组织方和赞助商签订的赞助合同只对基本的赞助事项如赞助的标的、数量、价款或报酬进行规定，就会增加纠纷发生的可能性和处理的难度。合同中双方的权利和义务如合同履行的期限和方式规定不明确，容易产生纠纷；如果未对违约行为做明确规定，缺乏承担违约责任的具体条款，纠纷产生后，双方难以对协调结果达成一致意见。

一旦违约发生，双方又无法从合同中找到解决依据，只能诉诸法院进行判决。对于有名合同，法院可以根据典型合同的法律规定进行判断；对于买卖合同，如果签订合同的双方没有对“标的物所有权转移时间”做具体约定，可以依照《合同法》中“买卖合同”的第一百三十三条认定其转移时间为“自标的物交付时起”，这种判决的说服力较强。但是体育赛事赞助合同在法律上为无名合同，法院根据《合同法》总则进行判决可能不能使各方满意。

四　马拉松体育赞助合同中易引起纠纷的事项

（一）排他性权利

体育赛事赞助中的排他性是指赞助商提供资金、实物、服务等从而获得赛事的商业推广权，赛事组织方与赞助商约定，赞助商行使商业推广权在一定时间和地域范围内是独家的，即在该范围内其他竞争者不能使用该权利。

1. 排他性权利的特点

（1）排他性权利对赞助商行使赛事商业推广权的专有性在法律上进行了保护，其他竞争者未经允许使用赛事商业推广权则造成对赞助商权利的侵犯。（2）排他性通常针对赞助商所属行业的其他企业，保证赞助商在使用赛事的商业推广权时将同行业中其他没有提供赞助的企业排除在外。

(3) 排他性权利的使用是有一定范围的，赞助商可以在规定的范围内将竞争者排除在赛事的市场开发之外。

2. 排他性权利的构成要素

权利主体为权利的享有者。体育赛事赞助排他性权利的主体为赞助商。赞助商提供资金、实物、服务等对赛事进行赞助，从而获得赛事的商业推广权，或者说获得赛事无形资产的使用权，而排他性正是对这种权利的保障，所以赞助商是权利主体。

权利客体为权利的指向对象。此处分析的权利客体为赛事的衍生产品。由于赞助商获得的商业推广权形式多样，权利客体不以固定的形式出现。常见的赛事衍生产品包括赛事的冠名权、标志使用权、广告发布权、特许销售权、产品或服务的供应权等。这些赛事衍生产品是赛事组织者的无形资产，赛事组织者拥有无形资产的所有权。通过赞助活动，赛事组织者将其转让给赞助商，赞助商获得无形资产的使用权。

3. 排他性权利的内容

体育赛事赞助的排他性权利包括积极权能和消极权能。

积极权能是指赞助商有充分的权利来保证其排他性权利的实施。积极权能的行使包括：赞助商应细化赞助合同的排他性条款，对于合同中规定的赛事商业推广权，赞助商应充分开发和利用，制定详细的营销方案，与赛事组织方积极合作。

消极权能是指赞助商有权要求不具备排他性权利的各方从事或不从事某些行为。不具备排他性权利的各方如果不按照约定行事，可以被视为对赞助商排他性权利的侵犯，赞助商也可以根据合同的条款追究其责任。不具备排他性权利的各方主要包括赛事组织者和其他没有为赛事提供赞助的企业。赛事组织者一旦在合同中与赞助商对排他性权利进行约定，就不能与赞助商同行业的其他企业达成类似协议。例如，赛事组织者使用了赞助商的产品或服务，就不能使用同行业内其他企业的类似产品或服务；又如，赛事组织者为某赞助商提供了独家冠名权，就不能把这项权利转让给其他企业。非赞助企业，尤其是同行业的企业不能利用赛事相关资源进行市场开发，如果其行为侵犯到赞助商的排他性权利，赞助商可以追究其责任。

4. 排他性权利的法律保护

在体育赛事赞助合同中，如果赛事组织方在赛事无形资产转让的过程中对排他性权利进行了约定，并且合同依法成立，则合同中排他性权利受到《合同法》的保护。《合同法》第一章第八条规定，“依法成立的合同，对当事人具有法律约束力。当事人应当按照约定履行自己的义务，不得擅自变更或者解除合同”。在体育赛事赞助合同中对排他性权利进行约定能够保障赞助商的权利。一旦排他性权利受到侵犯，赞助商可以通过和解、调解、诉讼等方式维权。

（二）隐形营销

隐形营销是一种营销手段，即企业在未经赛事组织者授权的情况下，将自己的品牌、产品或服务与体育赛事相结合，这种结合手段较为隐蔽。其目的是误导受众，使受众将其视为赛事赞助商，进而取得更好的推销效果。

1. 隐形营销的手段

（1）间接赞助

间接赞助不是为赛事组织方提供赞助，而是为体育赛事的其他相关者提供赞助。这种赞助是没有经过赛事组织者授权的。

例如，大型体育赛事需要媒体对赛事情况进行转播，隐形营销者不对体育赛事组织方进行赞助而对报道赛事的媒体如电视台等进行赞助。在体育赛事举办过程中，媒体需要进行转播和报道，如果隐形营销者与媒体产生关联，会让观众误以为隐形营销者与体育赛事有直接关系。

又如，隐形营销者采取赞助体育赛事参赛者的方式进行营销。通常隐形营销者选取较具影响力的参赛者如某个明星队员或某支明星队等进行赞助。虽然隐形赞助者可能没有参与赛事组织方的赞助活动，但是对参赛者进行赞助有助于其扩大影响力，会损害正规赞助商的利益。

再如，隐形营销者不对体育赛事进行直接赞助，而对与赛事相关的活动进行赞助。

（2）虚假联系

隐形营销者虽然没有对赛事相关方进行赞助，却使自己的营销行为与体育赛事产生某种关联，从而借助赛事的影响力来放大自己的营销效果。隐形营销者与体育赛事建立的这种联系是一种虚假联系，因为隐形营销者没有为赛事组织方提供赞助。

例如，隐形营销者在空间上将自己的营销活动与体育赛事建立联系，在体育赛事举办的过程中，在场馆周围开展营销活动，如发布广告、组织促销等，使观众和媒体等将其误认为赛事赞助商，其实隐形营销者并没有为赛事提供赞助。

又如，隐形营销者将体育赛事信息嵌入营销活动中，将自己与体育赛事进行虚假关联。

2. 隐形营销的危害

隐形营销属于不正当竞争。随着体育赛事商业化程度的加深，赞助费成为举办赛事的重要资金来源，为了从赛事组织方那里拿到赛事的赞助权，赞助商往往需要花费很多资源。与赛事正规赞助商相比，隐形营销者花费很少的资源甚至不花费资源。隐形营销无疑会给赞助商带来不利影响，削弱赞助商的营销效果，影响赞助商的利益，是赞助商在赞助活动中所不能容忍的。

对于赛事组织方来说，隐形营销也具有危害性。隐形营销破坏了体育赛事赞助市场的竞争规则，有损体育赛事的品牌声誉。企业一旦发现通过隐形营销的方法不用付出高昂的赞助费用也能达到较好的营销效果，就不会再为体育赛事的品牌和商业价值付费，这将影响到赛事资金的筹集，因而对赛事组织者也不利。

对于隐形营销者来说，隐形营销行为虽然在短期内扩大了企业的影响力，带来了收益，但是一旦该行为被赛事组织方和赞助商察觉，隐形营销者将会被追究责任，甚至受到法律的制裁。另外，隐形营销者还会面临来自社会舆论的压力，影响企业的长期发展。所以，企业采用隐形营销策略将面临很大的风险。

3. 隐形营销的法律问题

对于隐形营销行为，目前法律上还没有明确的条款予以制裁。所以，必须在体育赞助合同中形成相关条款，同时加大对赞助商的宣传力度，尽量保护赞助商的合法权益，防止隐形营销行为的产生。

4. 防止隐形营销行为产生的方法

（1）赛事组织方和赞助商应对可能发生的隐形营销行为进行预判，在赞助合同中加入相应限制性条款。例如，赛事组织方在与媒体签订转播协议时，应要求媒体工作人员出境时穿的服装、使用的器材等是赞助商提供的品牌。同时可以与竞争性企业签订禁止隐形营销的协议。

（2）赛事组织方应积极配合赞助商的工作，保障赞助商赛事商业推广权得到充分行使。

（3）赛事组织方和赞助商应加强对隐形营销行为的识别能力，一经发现要及时制止。

（4）联合政府、行业协会、社会舆论等多方力量，加强市场监管，对隐形营销行为进行打击。

五　体育赞助合同纠纷案例分析

本部分选取 3 个典型的体育赞助合同纠纷案例，并对它们的判决进行分析。

案例 1：上海通彩自动化设备有限公司诉刘宁其他合同纠纷

案件字号：（2017）沪 0105 民初 12198 号。

案例分析和判决：原告为赞助商，被告为足球俱乐部（管理人），原告与被告之间的纠纷在于原告认为在赞助活动中被告的宣传未达到原告的要求。法院判决认为，原告要求被告返还赞助金并支付违约金没有事实和法律依据，不予支持。

判决依据：《中华人民共和国合同法》第六条、第八条。

案例2：浙江省体育竞赛中心诉杭州飞歌大地文化艺术策划有限公司合同纠纷

案件字号：(2011) 杭上商初字第277号。

案例分析和判决：原告为赛事组织方，被告为赞助商。被告未在约定的付款期限内将剩余赛事组织费用支付给原告，其行为已构成违约，被告理应向原告支付其所欠赛事组织费用。

判决依据：《中华人民共和国合同法》第六十条、第一百零七条、第一百零九条，《中华人民共和国民事诉讼法》第一百三十条。

案例3：盈方体育传媒广告（北京）有限公司等诉贵人鸟（中国）有限公司等侵犯商业赞助权和赛事经营运作权纠纷

案件字号：(2008) 二中民终字第1505号。

案例分析和判决：原告为体育赛事经营者，被告为贵人鸟（中国）有限公司等。被告在经营中未经许可使用了赛事资源，如合作伙伴的称谓、运动员形象，侵犯了原告的合法权益。法院判决被告侵权并赔偿原告。

判决依据：《中华人民共和国民事诉讼法》第一百五十三条第一款第（三）项，《中华人民共和国民法通则》第五条。

六　避免马拉松体育赞助合同纠纷发生的策略

（一）完善体育赞助的相关法律

我国应逐步完善体育赞助的相关法律，包括使体育赞助合同成为有名合同，制定专门针对体育赞助事件的法律等。目前，体育赞助合同在我国法律体系中为无名合同，法律中专门针对体育赞助的规定较少。体育赞助合同纠纷案件发生时，法院往往根据其他有名合同或《合同法》总则进行分析，导致法院判决的说服力不足。由于体育赞助活动涉及各方的权利和义务，较为复杂，如何制定适用的法律法规有待进一步研究。但从法律上对体育赞助进行规范无疑将有重要的意义，如有助于提高体育赞助合同签订的规范性，明确各方的义务和保障各方的权利，减少体育赞助纠纷发生的可能性，使法院的判决更有说服力。

（二）细化体育赞助合同内容

体育赞助的相关各方在签订合同时，要注意细化各项条款。当前，我国法律体系缺少专门针对体育赞助的规范，一旦发生合同纠纷，即便诉诸法院，也未必能得到双方都满意的解决结果。但是，如果在签订体育赞助合同时考虑周全，就可以大大降低双方违约的风险，即便违约发生，也可以根据合同相关条款追究违约方的责任。

具体来看，体育赞助合同内容的细化需要注意如下几个方面。

第一，明确各方的权利和责任，描述尽量细化。

第二，在合同中增加违约情况说明和违约惩罚措施相关内容。目前由于我国法律中没有关于体育赞助合同侵权补偿的具体条款，法院判定违约方的惩罚金额可能会小于违约方得到的收益，因此，在签订体育赞助合同时，各方可以对可能发生的违约情况进行预判，将之写入合同，并制定违约惩罚条款，使违约方付出的代价大于其获得的收益，这样就可以避免某一方为了自身利益而做出违背合同条款的行为。

（三）增加排他性条款

制定体育赞助合同时加入排他性条款，可以保证赞助商行使商业推广权在一定时间和地域范围内是独家的。在合同中增加排他性条款，如规定同一行业中只能有一家企业参与赛事赞助等，要求赛事组织方积极配合赞助商行使商业推广权，并对侵犯排他性权利的行为进行制止。

（四）防止隐形营销行为发生

在体育赞助合同中，制定针对隐性营销行为的禁止性条款。隐形营销者虽然不为赛事付费或付少量费用，却能借用体育赛事进行营销，因而会损害正规赞助商的利益，也影响到赛事品牌形象，侵犯赛事组织方的权利。由于我国法律体系中缺乏对隐形营销的具体规定，在制定体育赞助合同时，各方需注意增加相关条款，列举可能发生的隐形营销行为，并对其进行排除和限制。

参考文献

陈书睿：《大型体育赛事赞助合同排他性权利的法律研究》，《天津体育学院学报》2010 年第 1 期，第 64～68 页、72 页。

邓春林：《体育赞助合同的若干法律问题探析》，《山东体育学院学报》2004 年第 4 期，第 19～21 页。

刘骞、杨英：《大型体育赛事隐形营销分析及规制策略技术研究》，《体育研究与教育》2015 年第 6 期，第 43～46 页、82 页。

蒙雪：《论体育赞助合同的法律性质以及立法构想》，《广州体育学院学报》2009 年第 3 期，第 27～31 页。

斯婷：《体育赞助合同法律问题研究》，硕士学位论文，华中师范大学，2014。

王义平、张诚：《我国体育赞助市场隐性营销行为的法律规制——以第三人侵害债权为视角》，《武汉体育学院学报》2012 年第 12 期，第 39～42 页、50 页。

袁绍义：《论体育赞助合同的法律适用》，《法商研究》2013 年第 2 期，第 105～112 页。

张杨：《试论体育赞助协议的法律效力》，《天津体育学院学报》2001 年第 3 期，第 33～35 页。

赵毅：《基于司法判例论体育赞助合同的法律性质》，硕士学位论文，北京体育大学，2018。

专 题 篇

Special Subjects

B.6

马拉松赞助市场认知调查报告

白子凡　杨建荣*

摘　要： 通过对马拉松赛事主要参与人群的问卷调查发现，绝大部分的被调查者认为企业积极参与马拉松赛事赞助会增加其对企业的认知，赞助企业要想实现这个目的，还需要注意赞助匹配度。马拉松参与人群认为最有可能赞助赛事的企业排名前四的是矿泉水或饮料企业、运动装备企业、汽车企业和运动鞋服企业。这些企业的产品与马拉松的运动文化非常贴合，一场马拉松比赛中这四个元素是必不可少的。调查也发现，被调查者对赛事赞助商的主观认知与实际赞助状况之间存在差异。这种差异反映出赞助商投入和取得赞助效果之间的资

* 白子凡，体育经济硕士，北京体育大学研究生院硕士研究生，研究方向为体育经济；杨建荣，经济学博士，北京体育大学体育商学院副教授，硕士生导师，中国体育科学学会会员，研究方向为体育经济、体育赛事、体育投融资。

源错配。进一步改善赞助措施以获得最好的赞助效果是赛事主办方和赛事赞助企业要关注的问题。

关键词： 马拉松赞助市场　马拉松运动　马拉松产业

赞助商之所以对马拉松赛事有如此高的热情，主要是因为马拉松赛事时间长、受关注程度高、参与人群范围广，通过赞助活动可以提升大众对企业自身的关注和了解。针对赞助商在参与马拉松赛事赞助活动过程中涉及的几个重要方面，我们对马拉松赛事的主要参与人群进行了问卷调查，具体分析如下。

一　调查问卷的基本情况

（一）参赛选手作为被调查者的情况

1. 被调查者的地域

课题组采用现场纸质问卷与网络问卷相结合的方式，调查时间为2019年7月至2020年1月，共收到马拉松参赛选手填写的有效问卷9321份，调查样本量较大，覆盖地域广，涉及人群具有较好的多元性。本报告采用Excel和SPSS软件对数据进行整理、筛查和统计分析。

被调查者来自30个省（自治区、直辖市）以及香港特别行政区和澳门特别行政区，如表1所示。

2. 被调查者的性别

本次被调查的参赛选手中男性占比较大，为70.76%，女性占比29.24%（见表2）。

表 1　被调查者的地域（参赛选手）

单位：人，%

地区	数量	占比	累计百分比
广　东	1324	14.20	14.20
山　东	645	6.92	21.12
江　西	546	5.86	26.98
河　南	516	5.54	32.52
河　北	509	5.46	37.98
浙　江	484	5.19	43.17
江　苏	481	5.16	48.33
福　建	470	5.04	53.37
山　西	461	4.95	58.32
广　西	364	3.91	62.23
湖　南	351	3.77	66.00
北　京	309	3.32	69.32
吉　林	295	3.16	72.48
未　知	285	3.06	75.54
黑龙江	282	3.03	78.57
四　川	277	2.97	81.54
安　徽	274	2.94	84.48
辽　宁	263	2.82	87.30
重　庆	260	2.79	90.09
湖　北	220	2.36	92.45
陕　西	129	1.38	93.83
内蒙古	120	1.29	95.12
上　海	104	1.12	96.24
云　南	71	0.76	97.00
贵　州	61	0.65	97.65
天　津	56	0.60	98.25
甘　肃	51	0.55	98.80
海　南	42	0.45	99.25
宁　夏	41	0.44	99.69
新　疆	23	0.25	99.94
青　海	4	0.04	99.98
香　港	2	0.02	100.00
澳　门	1	0.01	100.01
合　计	9321	100.01	—

表 2 被调查者的性别（参赛选手）

单位：人，%

性别	人数	占比	累计百分比
男	6596	70.76	70.76
女	2725	29.24	100.00
合计	9321	100.00	—

3. 被调查者的年龄

本次被调查的参赛选手年龄主要分布于 18~40 岁，其中，18~25 岁所占比例最高，为 35.10%；其次是 26~30 岁，占比为 28.84%；31~40 岁和 41~50岁占比分别为 15.23% 和 6.33%。18~40 岁的被调查者占比近八成（见表 3）。

表 3 被调查者的年龄（参赛选手）

单位：人，%

年龄	人数	占比	累计百分比
18 岁以下	1150	12.34	12.34
18~25 岁	3272	35.10	47.44
26~30 岁	2688	28.84	76.28
31~40 岁	1420	15.23	91.51
41~50 岁	590	6.33	97.84
51~60 岁	167	1.79	99.63
60 岁以上	34	0.36	99.99
合计	9321	99.99	—

4. 被调查者的职业

本次被调查的参赛选手的职业主要是在校学生、自由职业者、公务员、教师、企事业/公司管理人员、私营业主，其中，自由职业者所占比例最高，为 19.98%；其次是企事业/公司中高层管理人员，占比为 13.82%；在校学生、自由职业者、公务员、教师、企事业/公司管理人员、私营业主总计占被调查者的 86.45%（见表 4）。

表 4　被调查者的职业（参赛选手）

单位：人，%

职业	人数	占比	累计百分比
在校学生	1180	12.66	12.66
自由职业者	1862	19.98	32.64
公务员	976	10.47	43.11
教师	920	9.87	52.98
企事业/公司中高层管理人员	1288	13.82	66.80
企事业/公司基层管理人员	1154	12.38	79.18
私营业主	678	7.27	86.45
医务人员	193	2.07	88.52
科研人员	82	0.88	89.40
军人	41	0.44	89.84
律师	17	0.18	90.02
行政	51	0.55	90.57
财务	56	0.60	91.17
人事	48	0.51	91.68
技术	135	1.45	93.13
市场销售	88	0.94	94.07
文体	21	0.23	94.30
工人	156	1.67	95.97
司机	15	0.16	96.13
农民	25	0.27	96.40
临时工	19	0.20	96.60
保姆/家政服务人员	5	0.05	96.65
退休	36	0.39	97.04
家庭主妇/主夫	14	0.15	97.19
兼职人员(包括退休后在职)	13	0.14	97.33
无工作(失业、下岗、辞职期间)	24	0.26	97.59
其他	224	2.40	99.99
合计	9321	99.99	—

5. 被调查者的参赛组别

本次被调查的参赛选手参赛组别主要是半程马拉松和全程马拉松，其中，半程（21.0975 公里）马拉松所占比例最高，为 37.07%；其次是全程

(42.195公里)马拉松，占比为30.98%；10公里跑和迷你跑占比分别为16.68%和11.47%（见表5）。

表5 被调查者的参赛组别

单位：人，%

组别	人数	占比	累计百分比
全程马拉松	2888	30.98	30.98
半程马拉松	3455	37.07	68.05
10公里跑	1555	16.68	84.73
迷你跑(3~6公里)	1069	11.47	96.20
其他组别	354	3.80	100.00
合计	9321	100.00	—

6. 被调查者的文化程度

本次被调查的参赛选手学历为本科的占比最高，为49.49%；其次是高中学历，占比为31.77%；研究生学历占比为8.65%（见表6）。

表6 被调查者的文化程度（参赛选手）

单位：人，%

学历	人数	占比	累计百分比
初中及以下	941	10.10	10.10
高中	2961	31.77	41.87
本科	4613	49.49	91.36
研究生	806	8.65	100.01
合计	9321	100.01	—

注：按国家标准GB/T 4658-2006《学历代码》，学历分为初中及以下、高中、中等职业教育、大学本科/专科、研究生，因时间仓促，设计调查问卷时课题组考虑不周，存在缺陷，此问题将在下一次设计问卷时进行修改。

7. 被调查者的参赛动机

本次被调查的参赛选手的参赛动机排前三位的是挑战自我、检验能力和体验比赛，如图1所示。

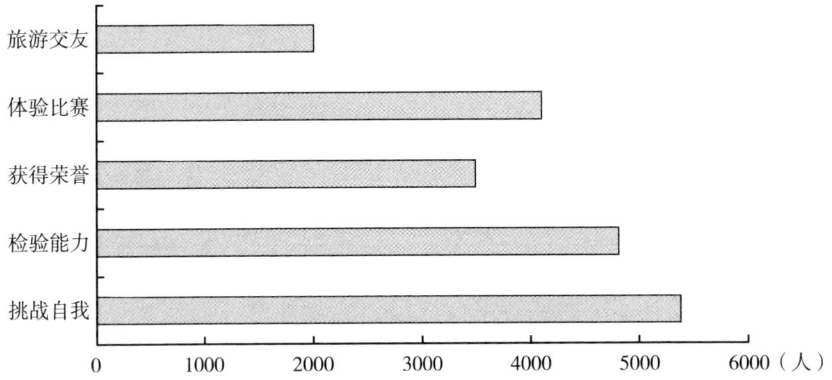

图 1　被调查者的参赛动机

8. 被调查者的月收入水平

本次被调查的参赛选手月收入 5001 ~ 8000 元所占比例最高，为 28.29%；其次是 3001 ~5000 元，占比为 27.26%；3000 元及以下、8001 ~ 10000 元占比分别为 19.64% 和 14.58%（见表 7）。

表 7　被调查者的月收入水平（参赛选手）

单位：人，%

月收入	人数	占比	累计百分比
3000 元及以下	1831	19.64	19.64
3001 ~5000 元	2541	27.26	46.90
5001 ~8000 元	2637	28.29	75.19
8001 ~10000 元	1359	14.58	89.77
10001 ~20000 元	631	6.77	96.54
20001 元及以上	322	3.45	99.99
合计	9321	99.99	—

9. 被调查者年参赛次数

本次被调查的参赛选手每年参加马拉松赛次数主要是 1 ~2 次，其中，2

次所占比例最高，为34.58%；其次是1次，占比为28.37%；3次和5次及以上占比分别为22.64%和8.28%（见表8）。

表8　被调查者年参赛次数

单位：人，%

参赛次数	人数	占比	累计百分比
1次	2644	28.37	28.37
2次	3223	34.58	62.95
3次	2110	22.64	85.59
4次	572	6.14	91.73
5次及以上	772	8.28	100.01
合计	9321	100.01	—

（二）志愿者作为被调查者的情况

1. 被调查者的地域

课题组采用纸质问卷与网络问卷相结合的方式，共收到来自志愿者填写的有效问卷7120份，调查样本量较大，覆盖地域广，涉及人群具有较好的多元性。本报告采用Excel和SPSS软件对数据进行整理、筛查和统计分析。

被调查者来自30个省（自治区、直辖市）以及香港特别行政区和澳门特别行政区，如表9所示。

表9　被调查者的地域（志愿者）

单位：人，%

地区	数量	占比	累计百分比
广　东	1111	15.60	15.60
河　北	448	6.29	21.89
山　东	441	6.19	28.08
河　南	420	5.90	33.98
四　川	408	5.73	39.71
江　西	375	5.27	44.98

续表

地区	数量	百分比	累计百分比
广　西	360	5.06	50.04
江　苏	349	4.90	54.94
山　西	341	4.79	59.73
辽　宁	322	4.52	64.25
湖　南	311	4.37	68.62
未　知	301	4.23	72.85
北　京	247	3.47	76.32
浙　江	228	3.20	79.52
安　徽	184	2.58	82.10
黑龙江	182	2.56	84.66
福　建	181	2.54	87.20
湖　北	140	1.97	89.17
重　庆	119	1.67	90.84
上　海	117	1.64	92.48
吉　林	94	1.32	93.80
内蒙古	93	1.31	95.11
陕　西	79	1.11	96.22
云　南	60	0.84	97.06
贵　州	44	0.62	97.68
宁　夏	42	0.59	98.27
甘　肃	32	0.45	98.72
天　津	32	0.45	99.17
海　南	31	0.44	99.61
新　疆	21	0.29	99.90
西　藏	3	0.04	99.94
香　港	2	0.03	99.97
青　海	2	0.03	100.00
合计	7120	100.00	—

2. 被调查者的性别

本次被调查的志愿者中男性占比较大，为69.37%，女性占比30.63%。这一结果与参赛选手的性别分布类似。

表 10　被调查者的性别（志愿者）

单位：人，%

性别	人数	占比	累计百分比
男	4939	69.37	69.37
女	2181	30.63	100.00
合计	7120	100.00	—

3. 被调查者的年龄

被调查的志愿者年龄主要分布于 18～40 岁，其中，18～25 岁所占比例最高，为 42.99%；其次是 26～30 岁，占比为 26.94%；31～40 岁和 41～50 岁占比分别为 10.52% 和 3.79%（见表 11）。18～40 岁的被调查者占比近八成，这一结果与参赛选手年龄分布类似，但志愿者 18～25 岁所占比例比参赛选手该年龄段所占比例高。

表 11　被调查者的年龄（志愿者）

单位：人，%

年龄	人数	占比	累计百分比
18 岁以下	1051	14.76	14.76
18～25 岁	3061	42.99	57.75
26～30 岁	1918	26.94	84.69
31～40 岁	749	10.52	95.21
41～50 岁	270	3.79	99.00
51～60 岁	42	0.59	99.59
60 岁以上	29	0.41	100.00
合计	7120	100.00	—

4. 被调查者的职业

本次被调查的志愿者的职业主要是在校学生、公务员、教师、企事业/公司管理人员、私营业主、行政，其中，在校学生所占比例最高，为 25.51%；其次是企事业/公司基层管理人员，占比为 13.69%；在校学生、公务员、教师、企事业/公司管理人员、私营业主总计占被调查者的近八成（见表12）。

表12　被调查者的职业（志愿者）

单位：人，%

职业	人数	占比	累计百分比
在校学生	1816	25.51	25.51
自由职业者	127	1.78	27.29
公务员	348	4.89	32.18
教师	479	6.73	38.91
企事业/公司中高层管理人员	944	13.26	52.17
企事业/公司基层管理人员	975	13.69	65.86
私营业主	913	12.82	78.68
医务人员	171	2.40	81.08
科研人员	61	0.86	81.94
军人	39	0.55	82.49
律师	14	0.20	82.69
行政	505	7.09	89.78
财务	32	0.45	90.23
人事	52	0.73	90.96
技术	99	1.39	92.35
市场销售	70	0.98	93.33
文体	17	0.24	93.57
工人	149	2.09	95.66
司机	17	0.24	95.90
农民	31	0.44	96.34
临时工	24	0.34	96.68
保姆/家政服务人员	6	0.08	96.76
退休	9	0.13	96.89
家庭主妇/主夫	18	0.25	97.14
兼职人员（包括退休后在职）	10	0.14	97.28
无工作（失业、下岗、辞职期间）	29	0.41	97.69
其他	165	2.32	100.00
合计	7120	100.00	—

二 参赛选手对赞助效果的主观认知情况

1. 赞助企业的赞助级别高会增加您对其的认知

针对这个观点，10.4%的被调查者表示完全不同意，6.7%表示比较不同意，15.0%表示一般同意，22.6%表示比较同意，45.2%表示完全同意。认为企业赞助级别会正向影响其对企业认知的比例达到82.8%（见图2）。

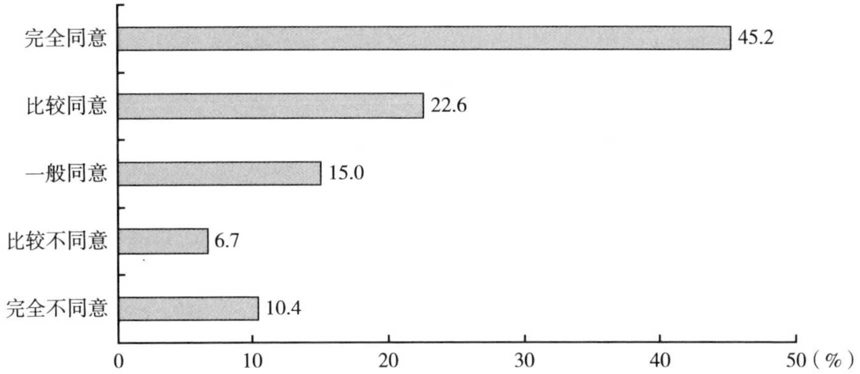

图2 赞助企业的赞助级别高会增加您对其的认知

2. 赞助企业在现场设置推广体验活动会增加您对其的认知

针对这个观点，8.0%的被调查者表示完全不同意，7.7%表示比较不同意，16.3%表示一般同意，25.7%表示比较同意，42.3%表示完全同意。认为赞助商在现场设置推广体验活动会增加其对企业认知的比例达到84.3%（见图3）。

3. 赞助企业提供参赛物资和完赛纪念品会增加您对其的认知

针对这个观点，8.0%的被调查者表示完全不同意，7.1%表示比较不同意，13.8%表示一般同意，24.4%表示比较同意，46.7%表示完全同意。认为赞助企业为选手提供参赛物资和完赛纪念品会增加其对企业认知的比例达到84.9%（见图4）。

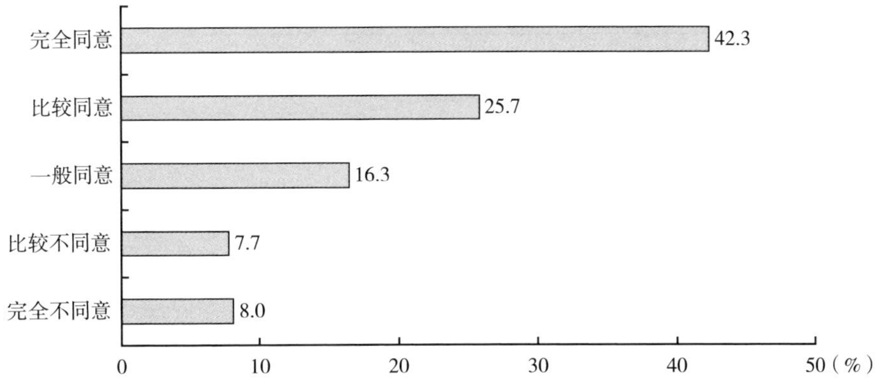

图 3　赞助企业在现场设置推广体验活动会增加您对其的认知

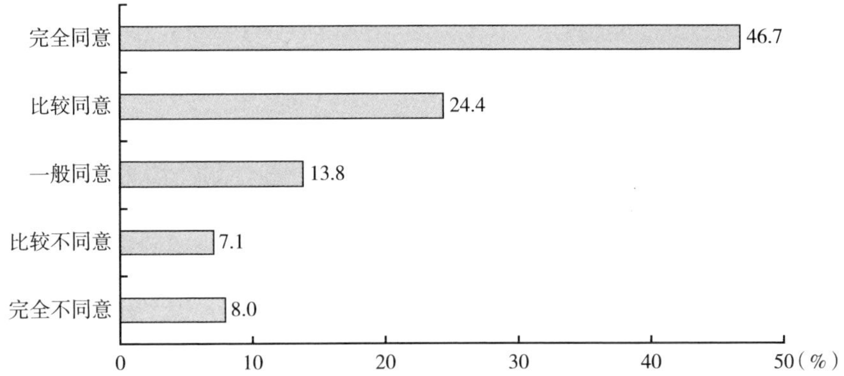

图 4　赞助企业提供参赛物资和完赛纪念品会增加您对其的认知

4. 赞助企业在线上与选手互动、举办线上活动会增加您对其的认知

针对这个观点，7.7% 的被调查者表示完全不同意，7.0% 表示比较不同意，15.7% 表示一般同意，26.2% 表示比较同意，43.4% 表示完全同意。认为赞助企业在线上与选手互动、举办线上活动会增加其对企业认知的比例达到 85.3%（见图 5）。

5. 赞助企业组织跑团、提供参赛名额会增加您对其的认知

针对这个观点，7.3% 的被调查者表示完全不同意，6.9% 表示比较不同意，15.2% 表示一般同意，26.5% 表示比较同意，44.1% 表示完全同意。认

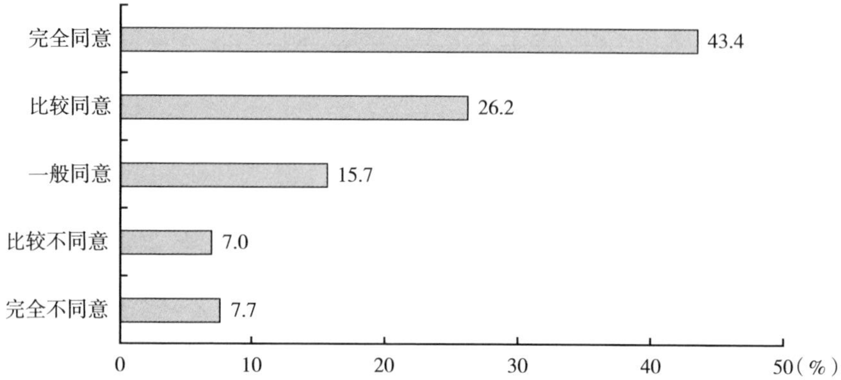

图5　赞助企业在线上与选手互动、举办线上活动会增加您对其的认知

为赞助企业在赛时组织跑团并为选手提供参赛名额会增加其对企业认知的比例达到85.8%（见图6）。

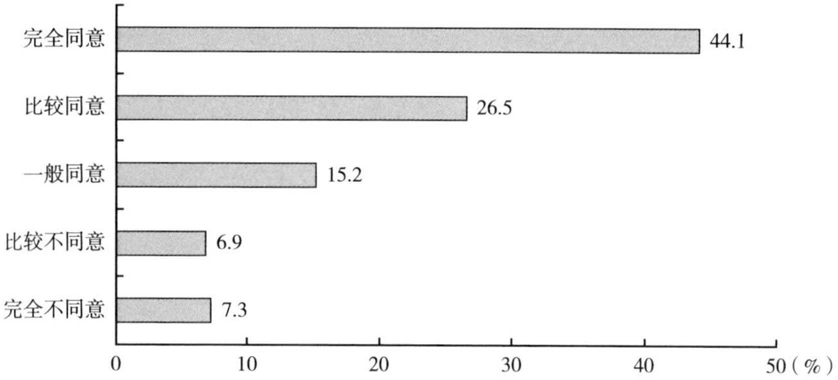

图6　赞助企业组织跑团、提供参赛名额会增加您对其的认知

6. 赞助企业邀请明星或企业代言人参与到赛事中会增加您对其的认知

针对这个观点，7.3%的被调查者表示完全不同意，7.4%表示比较不同意，16.7%表示一般同意，26.4%表示比较同意，42.1%表示完全同意。认为赞助企业邀请明星或企业代言人参与到赛事中会增加其对该企业认知的比例达到85.2%（见图7）。

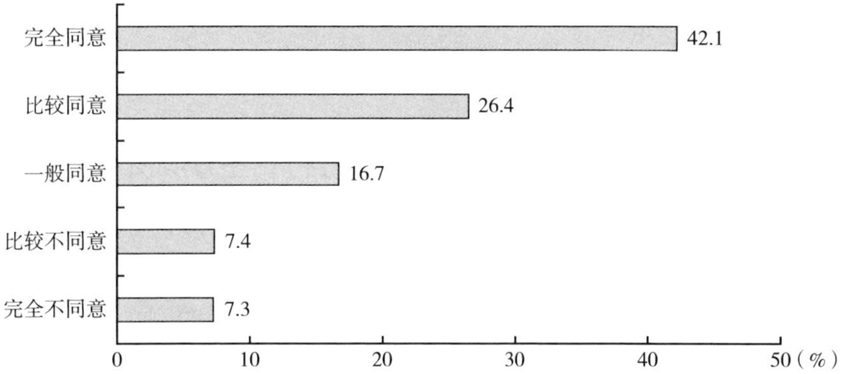

图7　赞助企业邀请明星或企业代言人参与到赛事中会增加您对其的认知

7. 赞助企业长期稳定赞助马拉松赛事会增加您对其的认知

针对这个观点，7.5%的被调查者表示完全不同意，6.3%表示比较不同意，14.8%表示一般同意，25.5%表示比较同意，46.0%表示完全同意。认为赞助商长期稳定赞助马拉松赛事会增加其对企业认知的比例达到86.3%（见图8）。

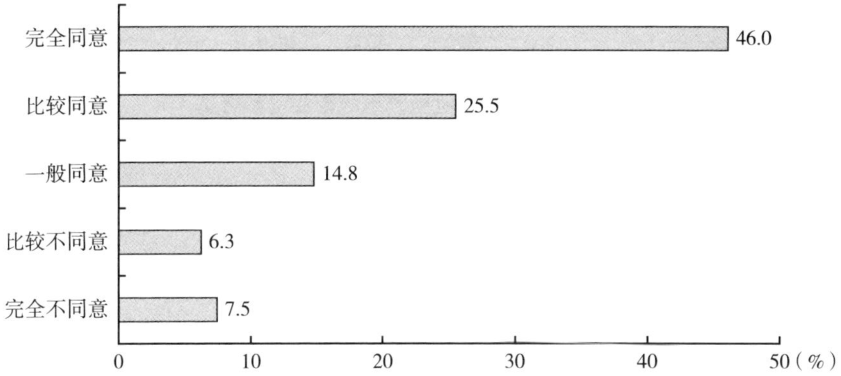

图8　赞助企业长期稳定赞助马拉松赛事会增加您对其的认知

从以上7个观点的反馈来看，绝大部分被调查者认为企业积极参与马拉松赛事赞助，并在赞助活动中主动友好地接触赛事参与人群会增加其对企业的认知。不过，依然有13%～18%的被调查者对以上7个观点不认同。我们认为，赞助商要想借助赛事赞助实现增加参与人群对企业认知的目的，需要注意以上7个方面，同时也要注意赞助匹配度。

三　关于赞助效果的调研分析：主观认知与实际赞助的差异

为了解释赞助匹配度的重要性，我们根据问卷反馈的信息，分别整理了参赛选手和志愿者认为最有可能赞助马拉松赛事的企业，详见图9和图10。

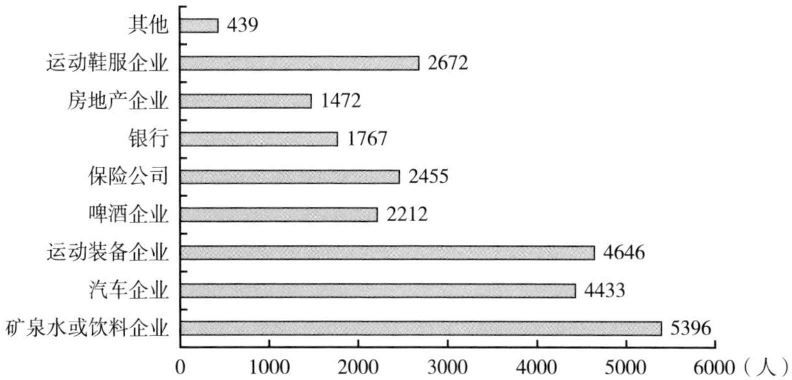

图9　最有可能赞助马拉松赛事的企业（参赛选手）

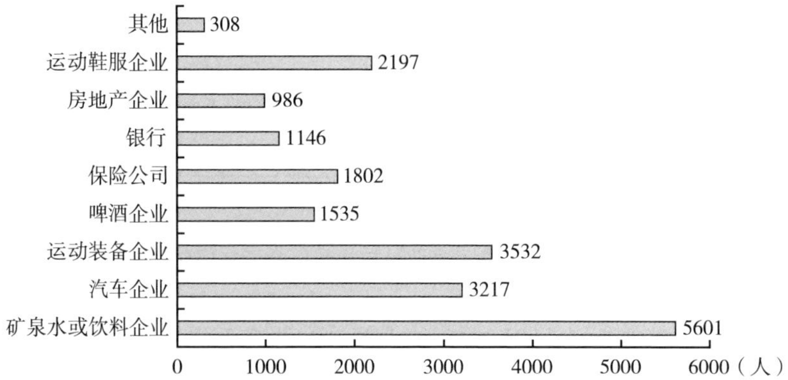

图10　最有可能赞助马拉松赛事的企业（志愿者）

无论是参赛选手还是志愿者，均认为最有可能赞助赛事的企业排名前四的是矿泉水或饮料企业、运动装备企业、汽车企业和运动鞋服企业。不难发现，这些企业的产品与马拉松的运动文化非常贴合，一场马拉松比赛中这四个元素是必不可少的。

事实上，结合我们之前的实地调查，位列马拉松赛事赞助商前两个等级的主要是房地产企业、银行、保险公司等，甚至长期赞助马拉松赛事的汽车企业在最近几年的主要赛事中也很少获得冠名权。通过整理相关资料，我们得到了各类企业在马拉松赛事上的赞助规模排名，详见表13。

表13　各类企业在马拉松赛事上的赞助排名

企业	被调查者主观排名	实际赞助规模排名
矿泉水或饮料企业	1	6
运动装备企业	2	7
汽车企业	3	3
运动鞋服企业	4	8
保险公司	5	4
啤酒企业	6	5
银行	7	2
房地产企业	8	1
其他	9	9

由此看出，被调查者对赛事赞助商的主观认知与实际赞助状况之间存在差异。这种差异反映出赞助商投入和取得赞助效果之间的资源错配。因此，进一步改善赞助措施，以尽可能少的投入获得尽可能好的赞助效果是赛事主办方和赛事赞助企业要重点考虑的问题。

参考文献

中国田径协会：《中国马拉松数据》，中国马拉松网，2019年12月26日，http：//www. runchina. org. cn/portal. php？ mod = score&ac = officialdata。

中国田径协会：《一图读懂 2018〈中国马拉松年度工作报告〉》，新华网，2019 年 3 月 11 日，http：//www. xinhuanet. com/sports/2019 -03/11/c_ 1124219528. htm。

杨建荣：《大型体育赛事对住房资产收益率的影响分析》，《北京体育大学学报》2014 年第 5 期，第 22 ~27 页。

袁卫、庞皓、贾俊平等：《统计学（第四版）》，高等教育出版社，2014。

B.7
我国马拉松赛事商业模式分析

吴　特*

摘　要： 本文主要基于“商业模式画布”的理论模型，着重从定位、服务、营销、成本、收入五个方面对我国马拉松赛事商业模式的主要特点与存在的问题进行分析，并对国内外马拉松赛事商业模式进行对比。研究发现，我国马拉松赛事商业模式整体还处于初级阶段，在精细化、高效化、差异化等方面还存在许多可以改进的空间。为此，本文从上述五个方面提出我国马拉松赛事商业模式创新建议：加强差异化定位和赛事特色的打造与培育；增加赛事内容的丰富性、娱乐性、参与性；重视赛事市场推广；调整和优化赛事成本结构，降低办赛成本；加大赛事盈利点和收入渠道的开发力度，改变收入结构和盈利模式较为单一的现状。

关键词： 马拉松赛事　商业模式　马拉松运动

一　引言

随着全民健身热潮兴起，以及赛事审批制度改革，我国马拉松赛事发展呈现迅猛之势，其背后的商业价值和商业运作也成为重要研究课题。马拉松运动不仅是一个简单的体育项目和一项体育赛事，而且有其内在的商业模式

---

* 吴特，管理学博士，北京体育大学体育商学院讲师，研究方向为体育产业、体育企业商业模式。

和商业生态，形成了完善成熟的马拉松经济。

关于商业模式的概念和理论模型说法各异，本文主要基于“商业模式画布”的理论模型，对其构成模块和要素进行简化，以便对我国马拉松赛事商业模式进行分析。

奥斯特瓦德等提出商业模式由9个基本模块构成，即价值主张、客户细分、客户关系、渠道通路、核心资源、关键业务、重要合作、收入来源和成本结构。不同的商业模式是差异化的构造模块或者差异化的模块组合的结果。[①] 在这9个模块中，价值主张与企业的战略定位之间在内涵上有很大的关联性；客户细分、客户关系、渠道通路往往是营销管理的重要关注点；核心资源、关键业务、重要合作则是企业生产并提供产品与服务的基础。因此，本文对这9大模块做一定的简化，从定位、服务、营销、成本、收入5个主要部分出发，描述和分析商业模式，考察其主要发展特点与存在的问题。

基于这一简化的分析框架，本文对我国马拉松赛事商业模式进行考察，从发展现状、主要问题和创新建议三个方面展开分析。

二　我国马拉松赛事商业模式发展现状

（一）定位

根据《2018中国马拉松年度报告》，2018年我国马拉松及相关赛事共举办1581场，其中田协认证赛事达到339场；参赛人次达583万。[②] 在赛事定位上，通过对国内城市马拉松赛事概况和规划的调研分析，研究者发现，我国马拉松赛事定位主要反映在项目设置、参赛规模、冠军奖金、主办和承

---

① 〔瑞士〕亚历山大·奥斯特瓦德、〔比利时〕伊夫·皮尼厄：《商业模式新生代》，王帅、毛心宇、严威译，机械工业出版社，2011。

② 《2018中国马拉松年度报告：马拉松产业总产出达746亿》，搜狐网，2019年3月12日，https：//www.sohu.com/a/300597739_505583。

办单位、5 年规划等要素中。[①] 本文通过对国内 8 个一、二线城市以及 7 个三、四线城市马拉松赛事的相关要素进行分析，找出其特点及存在的主要问题，发现一、二线城市和三、四线城市在马拉松赛事定位上的异同。相关要素数据统计情况如表 1 所示。

表 1　部分国内城市马拉松赛事定位概况

城市级别	赛事样本数	项目设置				参赛规模（人）			冠军奖金（美元）		主办单位	承办单位			
		全程	半程	迷你跑	其他	2 万以下	2 万～4 万	4 万以上	2 万以下	2 万～4 万	政府	体育局独家	公司独家	体育局＋公司	体育局＋其他政府机构
一、二线	8	8	7	4	3	2	4	2	3	5	8	1	3	1	3
三、四线	7	4	6	5	4	4	3	0	3	4	7	3	0	0	4
合计	15	12	13	9	7	6	7	2	6	9	15	4	3	1	7

资料来源：石春健、魏香明、郑振国《我国城市马拉松赛事定位研究》，《北京体育大学学报》2016 年第 10 期。

可以看出，在项目设置方面呈现如下特点。第一，绝大多数马拉松赛事设有全程项目，尤其是一、二线城市马拉松赛事，全程项目是“标配”，而三、四线城市只有过半数设置了全程项目。在赛事正规性、专业性的定位方面，一、二线城市和三、四线城市有明显的差异。第二，绝大多数赛事设有半程项目，在这方面一、二线城市和三、四线城市没有太大差异。第三，迷你跑项目设置上，三、四线城市比一、二线城市多。这一方面体现出三、四线城市在举办全程项目方面尚缺乏足够支撑，另一方面体现出三、四线城市更倾向于将赛事定位于群众性、高参与性的活动。总之，从项目设置上看，我国城市马拉松赛事在城市等级的维度上有一定的区分度，体现出不同的定位差异。

在参赛规模方面，一、二线城市马拉松赛事普遍大于三、四线城市，大多

① 石春健、魏香明、郑振国：《我国城市马拉松赛事定位研究》，《北京体育大学学报》2016 年第 10 期。本文关于赛事定位相关要素的原始数据亦源于此文，并依研究需要进行了重新统计分析。

数在2万人以上，而三、四线城市超过一半的赛事少于2万人。在这方面，不同城市等级之间再次出现差异，这主要是因为赛事的资源支撑、组织能力和等级不同，但也从客观上反映出三、四线城市马拉松赛事定位中小型化的趋势。

在冠军奖金方面，城市等级的差异很小。不论在2万美元以下这一档，还是2万~4万美元这一档，三、四线城市比一、二线城市都不落下风。可见三、四线城市虽然在项目设置和参赛规模方面与一、二线城市有较大差异，但在奖金设置上向一、二线城市看齐，不愿拉开较大差距，两者之间存在不匹配的现象。这一方面可能是因为三、四线城市出于增加赛事吸引力、影响力的考虑，另一方面可能反映出三、四线城市在定位上的差异化、独特性还不够，因此需要通过提高奖金来增强竞争力。

在主办单位方面，研究选取的15个赛事没有差异，都是由政府主办。在承办单位方面，15个赛事体现出较大的差异性。一、二线城市马拉松赛事市场化程度更高，由公司独家承办和“体育局+公司”联合承办的比例更高，占50%；而在三、四线城市，则没有公司独家或参与承办，主要是由体育局独家或体育局和其他政府机构承办。这说明三、四线城市举办马拉松赛事未能引入更多市场化元素，目前还无法实现商业化。这一方面反映出一、二线城市马拉松赛事市场价值更高、盈利能力更强，能吸引公司来承办；另一方面也从客观上反映出三、四线城市马拉松赛事在市场化、商业化定位与经营方面面临重要挑战。

从赛事的5年规划情况来看，在一、二线城市和三、四线城市之间有较为明显的定位分化（见表2）。第一，在打造标牌赛事方面，几乎所有三、四线城市赛事都提出了这个规划目标，而一、二线城市很多马拉松赛事已经具备足够的等级，因此未将重点放在这上面。这表明在当前赛事等级的定位上，一、二线城市和三、四线城市之间是有一定的差异的，但差异可能会逐步缩小，实现趋同。第二，在国际化方面，一、二线城市表现得更加积极，而三、四线城市规划并不多。这表明在这方面，一、二线城市具有较强的意识，而三、四线城市目前可能还不具备实现这一定位的客观条件，因此有意或无意地回避了这一定位。第三，在提升品牌和提升成绩方面，一、二线城市表现得更加积极，几乎一半的一、二线城市提出了这一战略目标，但三、四线城市没有一个有此表述。这表明一、二线城市马拉松赛事定位有走向高端化、精品化的趋势，而大部分三、四线城市目前还做不到这一点。第四，在带动体育等产业、促进全民健身方面，三、四线城市表现更加突出，更加注重赛事的带动作用和溢出效应，注重将赛事定位为推动地方经济社会发展的重要引擎和手段，相比之下，一、二线城市的定位比较弱化。这可能是因为一、二线城市经济社会发展水平更高，对通过马拉松赛事推动经济社会发展的迫切性没有三、四线城市强烈，加之一、二线城市的经济社会发展规模和体量巨大，马拉松赛事的带动作用和溢出效应也不如三、四线城市明显。第五，在打造标杆赛事、加强市场开发、提升服务方面，二者的差距不大，都需要弥补赛事组织管理和经营方面的不足。

表 2　部分国内城市马拉松赛事 5 年规划

城市级别	赛事样本数	5 年规划								
		打造标杆赛事	打造标牌赛事	国际化	提升品牌	提升服务	提升成绩	加强市场开发	带动体育等产业	促进全民健身
一、二线	8	1	1	3	4	5	3	1	0	0
三、四线	7	1	6	1	0	3	0	1	2	3
合计	15	2	7	4	4	8	3	2	2	3

资料来源：石春健、魏香明、郑振国《我国城市马拉松赛事定位研究》，《北京体育大学学报》2016 年第 10 期。

总结上述分析可以发现：我国一、二线城市和三、四线城市在马拉松赛事定位上既有趋同之处，也有明显的差异。趋同之处主要反映在二者皆由政府主办，且定位上偏向成为高激励型的赛事。二者定位的差异主要体现在五个方面。一是前者更注重赛事专业性的定位，后者更注重群众参与性的定位；二是前者更注重赛事高端化的定位，后者更注重赛事大众化的定位；三是前者更注重赛事大型化的定位，后者更注重赛事中小型化的定位；四是前者赛事市场化程度高，后者赛事市场化程度低；五是前者赛事国际化程度高，后者赛事本土化程度高。当然，这些差异并非决然不同，而仅是相对而言。

赛事定位存在的问题主要表现在两个方面：一是有一定的同质化趋势，不仅是在一、二线城市和三、四线城市之间存在部分的定位趋同，而且一、二线城市内部和三、四线城市内部的定位也趋同，且内部趋同情况较不同城市级别之间的趋同情况更为突出；二是三、四线城市马拉松赛事定位的特色不足，可能会对未来发展、组织运作、商业化开发和可持续经营产生不利影响。

（二）服务

本文所分析的服务主要是指马拉松赛事提供的产品、服务和所开发的各项业务。马拉松赛事服务对象有参赛者、赞助商、转播商、合作机构、其他参与人群等。

第一，对参赛者提供的产品和服务。当前，我国部分城市将马拉松赛事视为城市营销的重要手段，力图打造新的城市形象和名片，政府高度重视，并有足够的资源投入，因此在对跑者的服务上，国内马拉松赛事虽然有不足之处，但总体处于较高水平。部分跑者在比较全球多个马拉松后认为，国内马拉松为参赛者提供的赛前、赛中、赛后服务都处于较高水平，尤其是几场大满贯赛事。以赛后美食为例，国内很多马拉松赛后提供免费特色美食、完赛补给包，而其他国家提供的类似服务以收费居多。总体而言，目前我国马拉松赛事还处于发展和推广期，部分赛事为了吸引更多的人参赛，在收取相对较低报名费的同时尽量为跑者提供更多优质服务。我国部分马拉松赛事提供的特色美食见表3。

表3　我国部分马拉松赛事提供的特色美食

赛事	部分特色美食
哈尔滨国际马拉松	红肠、格瓦斯、面包、豆腐脑
大连长山群岛马拉松	海鲜
蓬莱葡萄酒国际马拉松	葡萄酒、牛肉、鱿鱼丝、风味肠、火腿、炸鱼条
郑州炎黄国际马拉松	河南烩面
太原国际马拉松	沁州黄小米、太马小醋、太谷饼能量胶、啤酒、劲酒

资料来源：《郑州专属“郑马”11月3日开跑！跑友期待成绩，也期待一路美食》，东方资讯，2018年10月23日，http：//mini. eastday. com/a/181023145553973 - 3. html。

当然，从商业的角度而言，这种服务投入成本高，存在不可持续性问题。例如，上海马拉松的报名费是100元，不够买一件参赛T恤；北京马拉松报名费是200元，远低于跑者所得到的各种福利的价值；贵阳马拉松招标时，主办方要求报名费不得高于160元，参赛包价值不得低于200元。类似的服务某种意义上是跑友的福利。对于知名赛事而言，由于其收入来源较多，因此可以负担得起这样的成本，但对于不知名赛事而言，这种福利还能持续多久是一个问题。我国部分马拉松赛事报名费统计见表4。

表4　我国部分马拉松赛事报名费统计

单位：元，个

全马报名费	赛事数量	半马报名费	赛事数量
80	2	50	3
98	1	60	19
100	38	68	3
110	1	70	1
120	50	80	55
130	3	90	1
150	38	100	84
160	4	120	66
180	1	130	2
200	7	150	10
250	1	160	7
260	2	168	1

资料来源：中国田径协会《2018中国马拉松大数据分析报告》。

第二，对赞助商而言，目前国内马拉松赛事提供的服务参差不齐，头部赛事在这方面因为能为赞助商提供更好的展示机会而获得不少的赞助额；但许多中小型赛事往往因为影响力不足，难以为赞助商提供这样的平台，所以难以获得赞助商的青睐。

第三，对转播商而言，目前国内马拉松赛事能提供的服务相对有限，表现在国内基本没有马拉松赛事能卖出电视转播权，赛事主办方可能要“倒贴”转播商才有机会将比赛内容传播出去。

第四，对合作机构尤其是政府主办方而言，国内马拉松赛事提供的服务主要是为举办地提供城市营销的机会，甚至“体育搭台，经济唱戏”，推动区域经贸活跃发展。

第五，对其他参与人群而言，目前国内马拉松赛事能提供的服务相对较少，对相关赛事衍生品的开发较少。

（三）营销

一般而言，从赛事流程上看，马拉松赛事营销主要分为赛前、赛中和赛后三个环节。目前，我国马拉松市场化程度高的赛事相对而言较为注重赛事本身的营销推广，其他赛事更多依赖政府扶持运作，在作为城市营销和形象推广的载体方面取得了一定的成效，但在马拉松赛事本身的市场推广方面则有所不足。即便像上海马拉松这样的头部赛事，其在市场营销方面也存在一定的不足。有研究指出，上海马拉松赛事市场推广虽然在广告开发、路线设计和吉祥物纪念品开发方面表现比较突出，但在赞助商的开发及竞赛项目开发上还存在不足。[①] 这种市场推广的不足、商业开发的局限也对我国马拉松赛事未来的发展形成了一定的制约。

（四）成本

马拉松赛事涉及范围广，参赛规模大，赛事运营成本高，包括竞赛组织、后勤保障、宣传推广、市场开发、行政管理等。据报道，一场国际马拉松赛，根据赛事规模的不同，成本少则 300 万元、多则 3000 万元，其经费主要来自政府购买服务、品牌赞助和报名费等。[②] 2018 年我国马拉松赛事支出情况如图 1 所示。

在具体的成本构成上，有分析指出，我国马拉松赛事在电视直播、特邀

① 夏正清、杨扬：《上海国际马拉松赛市场推广研究》，《体育科技文献通报》2017 年第 7 期。

② 石念军：《马拉松跑全程是多少越来越火　一场马拉松是展示城市形象的窗口》，《齐鲁晚报》2016 年 5 月 20 日，http：//edu. qlwb. com. cn/0520/626653. shtml。

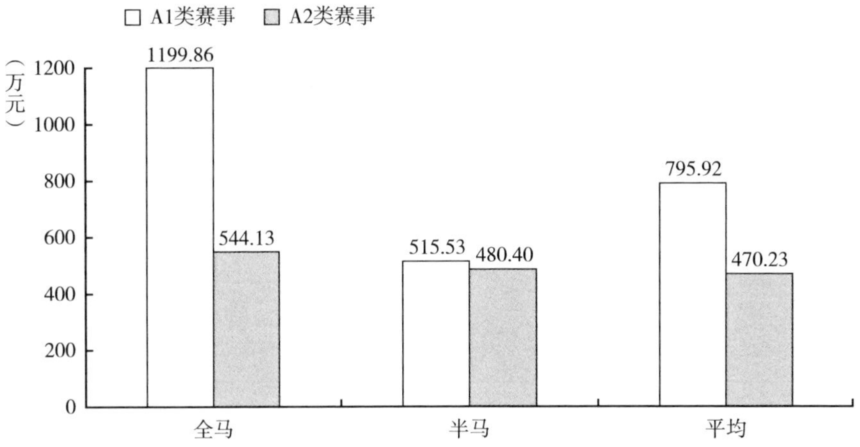

图1　2018年我国马拉松赛事支出情况

资料来源：中国田径协会《2018中国马拉松大数据分析报告》。

选手、奖金这三个领域花费了较多的资金，相对而言在选手服务保障、宣传推广领域则投入不足。[①] 从前述我国马拉松赛事奖金比较分析来看，不论是三、四线城市还是一、二线城市，都重视奖金对于赛事吸引力的作用，在这方面投入较多。

（五）收入

一般而言，马拉松赛事的收入由赞助费、报名费、媒体转播版权费、赛事衍生品现场销售收益、广告费等构成。有专业人士估算，2017年马拉松赛事运营的收入达到30亿元，带动相关行业收入超百亿元。[②] 目前我国城市马拉松赛事的收入结构较为单一，主要由赞助费和报名费组成。由于主办方一般为中国田径协会与当地市政府，所以赛事所有权归当地政府，赛事直播的版权归电视台。2018年我国马拉松赛事赞助费情况见图2。

① 崔英善：《你真的了解马拉松的生意经吗？来看看专业人士的9个问题》，搜狐网，2017年3月4日，http：//m. sohu. com/a/127865735_ 499976。

② 石念军：《马拉松跑全程是多少越来越火　一场马拉松是展示城市形象的窗口》，齐鲁晚报网站，2016年5月20日，http：//edu. qlwb. com. cn/0520/626653. shtml。

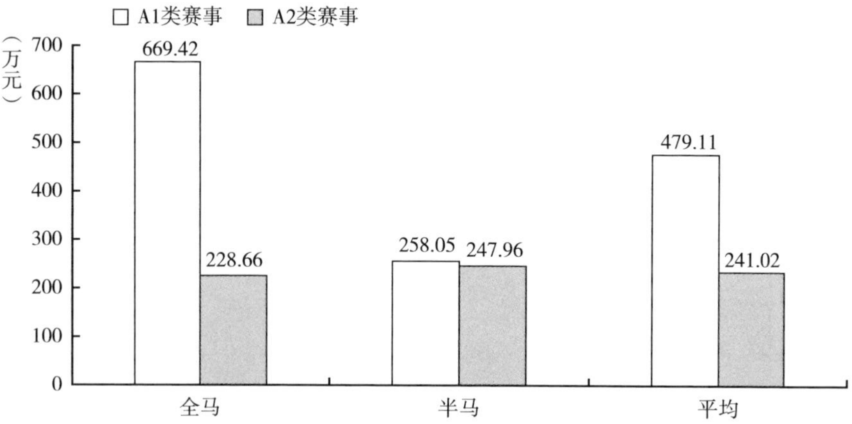

图 2　2018 年我国马拉松赛事赞助费情况

资料来源：中国田径协会《2018 中国马拉松大数据分析报告》。

马拉松赛事的群众参与性高、参赛范围广，因此也能带来城市营销收益，如参赛者和观众吃住行游购娱等消费方面的收益。例如，厦门国际马拉松赛主办方介绍，2015 年该赛事给厦门市带来直接经济效益 2.07 亿元，带动经济效益更是达到 2.55 亿元。① 2018 年我国马拉松赛事带动消费情况见图 3。

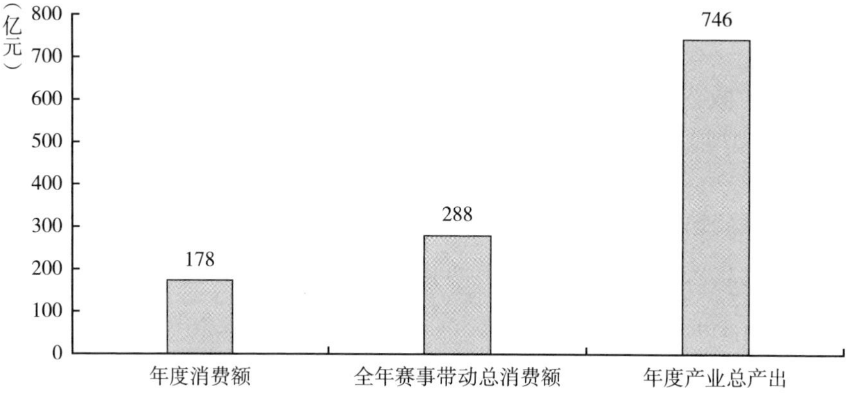

图 3　2018 年我国马拉松赛事带动消费情况

资料来源：中国田径协会《2018 中国马拉松大数据分析报告》。

① 石念军：《马拉松跑全程是多少越来越火　一场马拉松是展示城市形象的窗口》，《齐鲁晚报》2016 年 5 月 20 日，http://edu.qlwb.com.cn/0520/626653.shtml。

三　我国马拉松赛事商业模式主要问题

相比于欧美国家马拉松产业发展进入成熟阶段，我国马拉松产业发展处于初级阶段，商业模式的创新受到不少因素的制约，在定位、服务、营销、成本、收入方面面临一些问题，与国外高水平马拉松赛事还存在一定的差距。

从定位来看，我国马拉松赛事虽然具备一定的差异化和多样化特征，但差异化程度仍然不足，尤其是同一等级、同一城市级别赛事之间的定位差异化不足，且中小型、地方性马拉松赛事特色挖掘不足。而反观国外运作较为成熟的马拉松赛事，其在定位方面注重差异性，注重打造自身赛事特色。例如，美国有大量马拉松赛事，但只有三场申请了国际田联金标赛事，即波士顿马拉松、纽约马拉松和芝加哥马拉松。而像海军陆战队马拉松、夏威夷马拉松、迪士尼乐园马拉松、洛杉矶马拉松等赛事则另辟蹊径，错位竞争，突出赛事特色，也取得了良好的经营效果。

从服务来看，我国马拉松赛事总体表现良好，但服务于赞助商、转播商、其他参与人群方面则存在较多不足。这是因为我国马拉松赛事处于初级发展阶段，目前缺乏专业的运营人才和管理经验，在产品和服务方面还存在优化提升的空间。相比之下，国外成熟的马拉松赛事未必在服务参赛者方面投入更多的免费资源，但在服务的精细化、专业化方面优势明显。最重要的是，这些赛事在服务赞助商、转播商等方面积累了丰富经验。

从营销来看，我国马拉松赛事在赛事本身的市场推广方面较为薄弱，往往需要通过提高参赛福利、赛事奖金等手段开展营销，即“硬”营销居多，而“软”营销相对不足。这与国外成熟的马拉松赛事形成鲜明的对比，因为后者更注重软性的文化营销，而非金钱驱动的利益诱惑。

从成本来看，在成本承担主体上，除少数运营成熟的赛事外，我国绝大部分马拉松赛事由政府购买服务或以补助的方式承担相关费用。运营的市场化程度较低，对政府的依赖性较大，这都对马拉松赛事未来长远发展提出了挑战。而国外成熟的马拉松赛事则基本上是市场化运作，成本由赛事公司自主承担。此外，在成本结构上，我国也呈现出差异化，即在电视直播、特邀选手、奖金这三个领域花费了较多的资金，相对而言在选手服务保障、宣传推广领域则投入不足。

从收入来看，我国马拉松赛事收入结构较为单一，以赞助费、报名费为主。正如前文所述，为了吸引更多人参赛，我国马拉松赛事报名费相对较低，收入占比不高；媒体直播版权收入和衍生品销售收入几乎可以忽略不计。而这些都是国外成熟的马拉松赛事的重要盈利点。以国内头部赛事北京马拉松为例，该项赛事 2017 年主要收入来源中，近 90% 为赞助收入，报名费和衍生品销售收入占比极低（见图 4）。

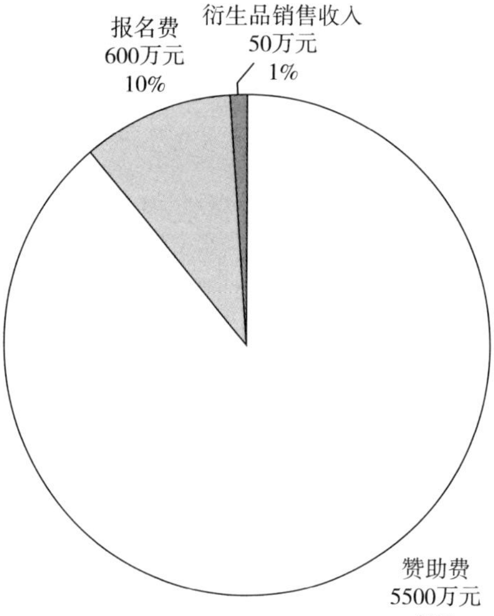

图 4　2017 年北京马拉松主要收入来源

资料来源：《三、四线城市为何热衷举办马拉松？以北马为例，算算这笔经济账》，北晚新视觉网，2019 年 10 月 9 日，http：//m. hao123. com/news/shoubaiDetail/998964385239114O156。

总之，从定位、服务、营销、成本、收入要素来看，我国马拉松赛事的商业运作处于初级阶段，市场化、专业化程度不够充分，在定位差异化、服务完善、营销创新、成本与收入结构优化方面存在许多可以改进的空间。

四　我国马拉松赛事商业模式创新建议

通过分析我国马拉松赛事商业模式发展现状与问题，以及对国内外马拉松赛事商业模式进行对比，我们发现，我国马拉松赛事商业模式在精细化、高效化、差异化等方面还有许多可以改进的空间。为此，本文提出我国马拉松赛事商业模式创新建议。

在定位方面，加强差异化定位和赛事特色的打造与培育。除部分头部赛事以外，无须一味角逐国际、国内等级认证，而可以另辟蹊径，包装赛事形象，培育赛事文化，实现“弯道超车”。

在服务方面，通过业务创新和服务创新，增加赛事内容的丰富性、娱乐性、参与性，以便更好地服务于赞助商、转播商和其他参与人群。

在营销方面，重视赛事市场推广，尤其是高度重视移动互联网和新媒体市场推广。在条件允许的情况下，尽量整合外部市场推广机构，利用其专业服务能力，提升赛事营销水平。

在成本方面，通过更加市场化的赛事运营手段和策略，调整和优化赛事成本结构，降低办赛成本。

在收入方面，加大赛事盈利点和收入渠道的开发力度，除赞助费、报名费之外，努力增加赛事衍生品现场销售收入、广告费等新型收入，改变收入结构和盈利模式较为单一的现状。

总体上看，我国马拉松赛事商业模式发展与赛事本身的发展阶段是相适应的，其特点与问题的形成皆有客观原因。未来，随着我国马拉松市场的不断繁荣发展和赛事间竞争的推动，马拉松运动将不断走向成熟，赛事商业模式创新时代必将到来。

参考文献

邓小玲、王艳：《马拉松比赛跑者对赛事服务的诉求》，《体育世界》（学术版）2018 年第 11 期，第 58 ~ 59 页。

赫立夫、张大超：《中国马拉松金牌赛事运营管理及对策》，《北京体育大学学报》2019 年第 3 期，第 88 ~ 100 页。

李栋、杨明进：《马拉松服务方案优化研究》，《体育科学》2008 年第 4 期，第 30 ~ 38 页。

史大军、过平江：《杭州国际马拉松赛事营销策略浅析》，《郑州航空工业管理学院学报》（社会科学版）2008 年第 3 期，第 196 ~ 198 页。

于奎龙：《我国马拉松比赛的商业运作模式研究》，《商场现代化》2008 年第 8 期，第 206 页。

石珂：《社交媒体时代我国马拉松赛事推广现状初探》，《中国报业》2018 年第 24 期，第 67 ~ 68 页。

熊锐：《基于供给侧改革视角的马拉松赛事营销策略研究——以滁州市马拉松为例》，《当代体育科技》2019 年第 11 期，第 180、182 页。

叶作龙：《城市马拉松运营的品牌策略研究》，《科技风》2019 年第 10 期，第 201 页。

郑军：《哈尔滨城市马拉松赛运营经验与优化策略》，《体育世界》（学术版）2018 年第 12 期，第 41 ~ 42 页。

B.8

社会学视角的中国马拉松赞助市场分析

张好雨 *

摘　要： 近年来，随着马拉松赛事的普及，越来越多的群众参与到马拉松赛事中。中国马拉松的运营方式逐渐从由政府主导转向由市场主导，更多的企业发现了马拉松赛事的这一特点，通过赞助马拉松赛事扩大社会影响，吸引顾客。在这一过程中，国家相关政府部门颁布了一系列的文件和政策，为城市马拉松的发展提供了更加便利的条件，期待马拉松在未来全民健身中可以发挥越来越重要的作用，马拉松赛事的产业链和评价体系可以更加完善，马拉松赛事可以健康发展。随着2015年体育赛事审批权的取消，马拉松赛事数量得到了爆发式的增长。面对这一新趋势，本文对中国马拉松赞助市场进行社会学分析，研究发现，马拉松赛事赞助主要集中于房地产、汽车、保险、体育用品、食品、旅游和医疗药品企业以及与马拉松直接相关的企业。

关键词： 马拉松　体育赛事　赞助市场

---

* 张好雨，博士，北京体育大学体育商学院讲师，研究方向为企业管理、组织行为、人力资源、体育产业管理。

一　马拉松赞助市场参与者分级

当下国内马拉松的赞助商通常分为4个层级：冠名赞助商、官方合作伙伴、官方赞助商和官方指定供应商。上海马拉松的赞助商层级分为：创始赞助商、至尊赞助商、荣耀赞助商、官方赞助商以及赛事支持商。名字虽略有差别，但大体一致。第一层级的赞助商赞助金额最多，赞助商主要来自金融（银行、保险等相关企业）、汽车和房地产企业，它们往往经济效益较好且预算较为充足。第二层级是官方合作伙伴，多为一些与马拉松关联性较强的企业，比如一些主营业务为销售体育装备、运动饮料的企业。这些企业的规模一般不如第一层级的企业大，但其与马拉松赛事较为契合。阿迪达斯就是2017年北京马拉松的顶级合作伙伴，从2010年起，该品牌已连续8年成为北京马拉松的官方合作伙伴。第三层级的赞助商一般是一些快消品公司。这一层级的赞助商最为集中也最重要。第四层级的赞助商主要是直接为跑者提供服务，一般由当地餐饮企业、食品企业等一些中小型快消品企业构成。

总的来看，赞助商的层级越高，通常财力越雄厚，知名度越高。第一层级的赞助商主要集中在汽车、房地产和金融三个行业，它们的赞助预算较为充足，盈利空间也较大，基本上垄断了较为重大的马拉松赛事。但它们与马拉松赛事关联度并不大。赞助商层级越低，通常与马拉松的直接关系越为密切。在一些三四线城市，赞助马拉松赛事的商业利润相对较低，参赛人数不是很多，赛事知名度相对不是较高，只有一些与马拉松直接相关的企业如运动饮料、中小型快消品牌企业愿意赞助马拉松赛事，获取适当的利润与宣传效果。

不同马拉松赛事对赞助商的分类见表1。

表1 不同马拉松赛事对赞助商的分类

马拉松赛事	赞助商层级
北京马拉松	冠名赞助商、顶级合作伙伴、官方合作伙伴、官方赞助商、赛事支持商
厦门马拉松	独家总冠名、顶级战略合作伙伴、荣耀赞助商、官方赞助商、赛事支持商
上海马拉松	创始赞助商、至尊赞助商、荣耀赞助商、官方赞助商、赛事支持商、独家合作媒体、合作媒体、合作自媒体、跑者线下服务供应商、跑者旅游合作伙伴、官方指定能量胶合作商、官方指定摄影服务商
兰州马拉松	冠名赞助商、顶级合作伙伴、战略合作伙伴、合作伙伴、赛事摄影服务商、官方合作跑步 App、合作媒体
重庆马拉松	总冠名商、战略合作伙伴、官方赞助商、合作伙伴、合作媒体
武汉马拉松	冠名赞助商、官方合作伙伴、官方赞助商、官方供应商、合作单位

二　马拉松赞助市场参与者特征

谁在赞助马拉松赛事？它们主要集中在哪些企业？为了回答这两个问题，我们从2019年中国最具赞助价值马拉松赛事的前100名中挑选排名第1～9位、第11位、第16位和第44位的马拉松赛事，对其赞助商进行分析后发现，马拉松赛事赞助商主要集中于房地产、汽车、保险、体育用品、食品、旅游、医疗药品企业以及与马拉松直接相关的企业（见表2）。

表2 各马拉松赛事具体赞助商

排名	马拉松赛事	赞助商
1	北京马拉松	华夏幸福、阿迪达斯、北京现代、中国平安、华夏基金、六福珠宝、COLMO、怡宝、北京和睦家医院、中国国贸、金风科技、KFC、Dole、Keep、YYsports、露露、COTY、康比特、京东、特仑苏、K COFFEE、康师傅
2	厦门马拉松	厦门建发集团、特步、东风日产、中国建设银行、青岛啤酒、怡宝、希尔顿、金龙客车、京东物流、阳光保险、康比特、松霖整装、悦跑圈、卡尔顿
3	上海马拉松	东丽、耐克、宝马、兴业银行、中国银联、汇添富基金、携程旅行、中国平安、安信信托、东方花旗、佳农、怡宝、魔力、KFC、Move Free、威斯汀酒店及度假村、京东、上海外服、六福珠宝、中国体育彩票

续表

排名	马拉松	赞助商
4	兰州马拉松	兰州银行、乔丹、奇正藏药、甘肃长城建设、怡宝、中国移动、兰州久和国际糖酒副食城、青岛啤酒、国芳百货、东乡贡羊、融创、康师傅、卡萨帝、膳择食记、露露、华龙证券、KFC、广东日升、时光医疗、益民出行、东游集、甘肃国际大酒店、芝华安方、跑能、正大食品、乌江、魔力舒
5	重庆马拉松	长安汽车、天友乳业、特步、美的空调、汇达柠檬、中国人保财险、中国移动、欧尚汽车、华帝、中国联通、重庆银行、兴业银行、怡宝、魔力、中国电信、京东体育、京东物流、康师傅、碧桂园、重庆万豪酒店、重庆三峡银行、莱佛士医院、招商银行、重庆安琪儿妇产医院、大连银行、庆铃汽车、撒隆巴斯、海悦荟、长安出行、华为、国瑞控股
6	武汉马拉松	东风雷诺、华侨城、特步、怡宝、美的无风感空调、中百罗森、阳光保险集团、六福珠宝、KFC、康师傅、京东物流、中国邮政、中国劲酒、欧亚达家居、武汉地铁、仟吉、Trek、康比特、精武路第一家
7	杭州马拉松	广汽、李宁、天猫、怡宝、KFC、中国人民保险、康师傅、Dole、艾菠玛、顺丰速运、南华期货、阳光城、乌江、哈尔斯、康比特、优酷体育、饿了么、口碑、大麦、支付宝、蚂蚁森林、飞猪、中国体育彩票、浙江卫视
8	广州马拉松	阿迪达斯、广汽丰田、美的无风感空调、农夫山泉、阳光保险集团、六福珠宝、KFC、战马能量型维生素饮料、易方达、Keep、京东、康师傅、正佳广场、敬修堂、K COFFE、康比特
9	大连马拉松	中国工商银行、匹克体育、BUICK、农夫山泉、阳光保险集团、卡塞帝、大连老虎滩海洋公园、京东物流、KFC、中国电信、中国联通、中国移动、Dole、獐子岛、Subway、露露、海昌海洋公园、海昌东方水城、康比特、中国石油、Crowne Plaza、第一防护、大麦体育
11	郑开马拉松	怡宝、贝隆、君乐宝、中国体彩、银联商务、康桥地产、阳光保险集团、中国移动、海南森堡中心、吉利汽车、特步、汉庭
16	太原马拉松	九牛牧业、特步、京东体育、怡宝、雪花、阳光保险集团、晋商银行、华为运动健康、中国光大银行、中国移动、露露、中国银联、KFC、中国劲酒、跑能、满心酒店、全季酒店、昊天视界、中国邮政、曹操出行、东风南方
44	黄河口（东营）国际马拉松	中国万达集团、咕咚、Do-win 多威、中国体育彩票、凯迪拉克、去哪儿、农夫山泉、中国体育彩票、阳光保险集团

资料来源：各马拉松赛事官网，中国田径协会。

（1）房地产企业和汽车企业

房地产企业和汽车企业是各个马拉松赛事赞助资金的主要来源。为了保证赞助活动的持续稳定，相关赛事在对赞助商提供权益的过程中十分重视赞助活动的排他性。赞助合同中的排他性条款源自现实的需要，首创于 1984

年奥林匹克运动的商业化运作。被赞助者拥有的特殊标志专有权是赞助中排他性条款的权利基础。因此被赞助者的特殊标志专有权的确权，是赞助行为创设法律关系的第一步，被赞助者保护其拥有的特殊标志专有权是履行赞助合同中排他性条款的前提。被赞助者和赞助商在合同中安排排他性条款，内容是被赞助者授予赞助商在特定的区域范围内和特定的期限内，在其特定的产品和服务上独家使用某种标志、称谓等进行市场开发、取得收益的权利，并有权禁止他人使用相同或类似的权利。排他性条款通常包括权利的确立、授权、排他性界定、赞助商权益、权利保留等，可以被视作赞助商通过赞助条款获得赞助市场的垄断地位。

而且，这种排他性条款往往是单向的，即为了保护赞助商的权益，被赞助者只能在相关行业中选择一个赞助伙伴，而对于赞助者则没有这样的要求，根据表2，不同马拉松赛事在选择矿泉水赞助商时，一般只会选择农夫山泉和怡宝中的一家，但是怡宝同时赞助了多家马拉松赛事，可见排他性是对被赞助者的约束。但是房地产企业和汽车企业赞助马拉松赛事时往往只会选择一个马拉松赛事，可见这体现出赞助者与被赞助者的双向排他性。

（2）运动品牌和金融企业

上述的双向排他性，运动品牌也有一定的体现，但是没有房地产企业和汽车企业明显。同时运动品牌的综合实力排名与马拉松赛事赞助价值排名较为匹配，即赞助的可能性大小与赞助商和被赞助者双方实力的均衡程度一致，如运动品牌阿迪达斯赞助排名第一的北京马拉松，耐克赞助排名第三的上海马拉松，而特步赞助的马拉松赛事在综合排名上相对靠后。虽然特步品牌知名度总体低于阿迪达斯与耐克，但是凭借自身为内地品牌，作为中国田径协会官方合作伙伴，其占据中国马拉松赛事的半壁江山，这与阿迪达斯和耐克走持续专一化道路、赞助一个马拉松赛事有所不同。

金融企业作为保障资产和自身安全的企业与马拉松赛事本身存在风险需要防范有很高的契合度，所以一些金融企业如招行和汇添富基金等通过赞助马拉松赛事强化在公众心中的存在感和联系感。银行一般选择对单一赛事进行冠名赞助，而在我们整理的 12 家马拉松赛事中阳光保险集团赞助了 7 家，同运动品牌一样有两种不同的赞助行为。

（3）食品、饮料等大型快消品企业

食品、饮料类企业的赞助以实物赞助为主。其中怡宝表现强劲，在整理的 12 个马拉松赛事中赞助了 9 个，康师傅和肯德基（KFC）在 12 个赛事中分别赞助了 6 个和 8 个。怡宝之所以可以在马拉松赞助市场中成为一枝独秀，与其对马拉松赞助活动的深度理解是密不可分的。2012～2017 年，怡宝六年累计赞助马拉松超过 1000 场，其中 2016 年赞助 176 场，2017 年赞助 271 场，《2016 全球品牌足迹报告》显示，其消费者触及率达到 30%，年增幅居第一名，为其与农夫山泉的竞争增加了筹码。①

（4）旅游、医疗、科技以及与马拉松直接相关的企业

随着马拉松产业的不断发展和完善，马拉松带来的人流推动了当地旅游业和医疗业的发展，相关企业往往以就近原则进行赞助。如北京和睦家医院赞助北京马拉松，威斯汀酒店及度假村赞助上海马拉松，甘肃国际大酒店赞助兰州马拉松等，这类企业受地域因素影响较大，同时赞助活动也存在一定的地域保护倾向，如 2019 年《兰州市卫生健康委员会关于购置马拉松赛事急救设备项目的招标公告》就明确要求投标单位法人必须是甘肃注册的企业独立法人。

与马拉松尤其是跑友直接相关的服务企业如康比特，在整理的 12 个马拉松赛事中赞助了 6 个，科技类企业 Keep 和悦跑圈通过赞助赛事直接为跑友提供相关服务，提高了消费者的接触率。

这类企业热衷于赞助马拉松赛事是因为马拉松赛事为其提供的赞助商权益可以让其指向对应品牌本身的明确市场。赛事参与者与赞助商主要目标人群的重合度越高，赞助商赞助的可能性越大。

---

① 《2016 全球品牌足迹报告》，搜狐网，2016 年 9 月 2 日，https：//www. sohu. com/a/113352407_ 474118。

（5）本地企业

除了上面提及的大公司、大企业，还有众多本地企业赞助马拉松赛事。这些企业的目标人群通常局限于某个城市或者某个地区，所以它们的赞助行为通常也局限于某个地区。例如，阿里巴巴旗下饿了么、口碑、大麦、支付宝、蚂蚁森林在整理的12个马拉松赛事中只赞助了杭州马拉松，但距离远近对这些品牌提供服务几乎没有影响，还有广州的丰田以及武汉的雷诺都是当地知名品牌。而赛事主办方在选择赞助商时也会倾向于选择当地优秀企业，通过马拉松赛事产生的消费来促进当地整体经济的发展。

（6）同一企业以不同名义对马拉松进行赞助

在整理的过程中，我们还发现，肯德基和其旗下K COFFEE同时对北京马拉松进行赞助，京东物流和京东体育同时对重庆马拉松进行赞助，阿里巴巴集团下不同品牌对杭州马拉松进行赞助。某些企业会用旗下某一个产品的名称或者分公司的名称赞助体育赛事，这类企业往往规模较大，企业内分化领域专业程度较高，有打造复合式企业的需求。

马拉松赛事的赞助商来源各异，行业众多，主要是规模较大的企业。我们取排名前5的马拉松赛事中赞助金额排名前3的企业，以实缴资本对其规模进行衡量，发现实缴资本全部在亿元级以上，均属于大型企业（见表3）。

表3　前5名马拉松赛事赞助金额排名前3的赞助商实际注册资本

马拉松赛事	赞助商	实际注册资本
北京马拉松	华夏幸福	26000万元
	阿迪达斯	11000万元
	北京现代	19300万美元
厦门马拉松	建发	20000万元
	特步	76196万元
	东风日产	1560000万元
上海马拉松	东丽	14793万美元
	耐克	48530万元
	宝马	2500万欧元

续表

马拉松赛事	赞助商	实际注册资本
兰州马拉松	兰州银行	257689 万元
	乔丹	45000 万元
	奇正藏药	40600 万元
重庆马拉松	长安汽车	480264 万元
	天友乳业	10000 万元
	特步	76196 万元

资料来源：各马拉松官网、赞助企业官网。

三 马拉松赞助商动机的社会学分析——它们为什么赞助马拉松赛事?

（1）吸引客户

马拉松赞助商的目标客户与马拉松的参与者之间存在一定的重合，赞助商意图通过赞助行为吸引潜在客户，维护现有客户。马拉松参赛人数和观众人数多，市场广阔，厂商赞助马拉松有利于将该公司的潜在客户变为现有客户。

（2）提高知名度

赞助马拉松可以使赞助商得到更多媒体的报道，并且有利于其营造积极正面的社会形象。

对于与马拉松相关性较弱的企业而言，与马拉松结合是一种正面的品牌宣传。首先，马拉松运动拥有与生俱来的健康、阳光、环保的形象，同时，又拥有坚韧不拔、永不放弃、挑战自我、积极向上的丰富内涵，企业与马拉松运动结合，有利于树立自身健康的形象，传达品牌内涵。因此，越来越多的企业加入了赞助马拉松的行列。其次，对这些企业来说，发掘其与马拉松的内在联系也对其自身品牌的树立有一定的益处。例如，宝马公司完美地贴上了马拉松的标签，与马拉松运动紧密地结合在了一起。

对于与马拉松赛事相关性较强的企业来说，赞助马拉松是锦上添花的事。例如，作为全世界两大知名运动品牌，阿迪达斯和耐克在马拉松赞助方面也是尽可能地宣传其品牌。2017 年，阿迪达斯和北京马拉松组委会共同举办了线上北京马拉松，参赛者在比赛期间（9 月 17 日 00：00～23：59）使用指定的 App 选择跑步，单次跑步完成所选项目的里程，上传跑步记录并点亮 2017 阿迪达斯线上北京马拉松电子勋章即为完赛，并获得线上北京马拉松的实体完赛奖牌。值得一提的是，参赛者还可以在本次活动中定制自己的虚拟号码布，获得专享的赛事体验。2016 年，耐克将全新升级的 Nike + 跑步应用软件融入赛事中，协助上海马拉松实现数字化国际马拉松的转型；2017 年，耐克又在参赛者服务方面找到了新的突破点，不仅为参赛者定制手环，还在比赛 T 恤的背后加上了一个数字栏供跑者进行个性化自制，例如在开跑前填写自己的上海马拉松目标成绩，或在完赛后填上最终成绩。马拉松赛场俨然成为赞助商竞争知名度的平台。

四　小结

通过以上分析，我们可以给马拉松赞助商画一幅简单的素描：它们主要来自房地产、汽车、保险、体育用品、食品、旅游和医疗药品企业以及与马拉松直接相关的企业。

这些企业关注马拉松赛事主要是因为马拉松参赛者与赞助商潜在消费者的重合度较高。马拉松赛事的参赛者大部分收入较高，购买力相对较强，赞助商通过赞助行为来提升自身在这部分群体中的品牌存在感，占取更多的市场份额。马拉松参赛者以 25～45 岁为主，是汽车企业和房地产企业的主要目标人群，所以这两类企业多会选择冠名赞助。饮食等快消品与运动关系密切的企业基本采用推广赞助的方式提高认可度。旅游和医疗企业的赞助对象基本为同一城市的马拉松赛事，因为这两类企业的潜在消费者以本地消费者为主，所以大多选择作为官方供应商去提供服务。

同时，马拉松赞助合同中的排他性条款成为马拉松赞助商与对手竞争的手段之一。马拉松赛事主办方通常会强调赞助的排他性。在排他性赞助这一零和博弈的前提下，厂商赞助马拉松既增加了自身的展示机会，又打压了竞争对手。

另外，这些赞助企业希冀通过赞助马拉松实现品牌好感度的提升和价值认同。马拉松赛事普遍倡导超越自我、勇敢突破，代表着积极向上的精神，赞助商赞助马拉松赛事，可以使马拉松赛事参赛者或者赛事关注者在潜移默化中将赛事的精神与企业品牌联系在一起，可以提升受众对企业品牌的好感度。

大型企业是马拉松赛事主要赞助商，它们成为赞助资金的主要来源，通常冠名支持大多数知名马拉松赛事。此外，赞助企业中也有一些小型的地方企业，它们倾向于赞助本地赛事。马拉松赛事带来的巨大人流可以促进一些城市旅游业的发展，因此旅游企业更倾向于赞助同城市马拉松赛事。

参考文献

黄宁：《我国马拉松赛事赞助商研究》，硕士学位论文，北京体育大学，2018，第23～33页。

范乾辉、段欢庆：《厦门马拉松赛运营经验探析》，《体育世界》（学术版）2019年第11期，第27～32页。

陈凌：《论赞助合同中排他性条款——以上海世博会为研究对象》，硕士学位论文，中国人民大学，2007。

华恒博瑞：《深度解读：马拉松何以成为赞助商的宠儿》，体育营销官公众号，2018年3月15日，https：//mp.weixin.qq.com/s/4T2Mt20ES9DVA1nzsQra－g。

张彬：《特步高增长背后：赞助143场马拉松能重塑品牌吗?》，新浪网，2019年5月2日，http：//finance.sina.com.cn/stock/relnews/hk/2019－05－02/doc－ihvhiqax6321014.shtml。

B.9
中国马拉松赞助市场的企业分析与比较

尤 双　杨建荣*

摘　要： 调查发现，中国马拉松赞助市场还有很大的市场潜力值得探索和挖掘，愿意通过马拉松赛事进行市场营销的企业也越来越多，但企业自身能从马拉松赛事中得到多少实际利益还需要科学评估。马拉松也吸引了与赛事相关性弱的企业参与赞助，如汽车企业、房地产企业、电器企业、珠宝企业、银行等。通过对“双金”马拉松赛事赞助商品牌进行统计，课题组发现，8 场马拉松赛事共得到121 家赞助企业的支持，涉及50 多个市场细分行业。赛事赞助商主要有矿泉水或饮料企业、汽车企业、运动装备企业、运动鞋服企业、啤酒企业、保险公司、银行、房地产企业、其他（包括食品、餐饮、通信企业等）。调查显示，选手对赞助企业认知度最高的前三类企业分别为矿泉水或饮料企业、运动装备企业和汽车企业。

关键词： 马拉松赛事　马拉松赞助市场　马拉松赞助企业

一　引言

2014 年 10 月 20 日，国务院下发《关于加快发展体育产业促进体育消

* 尤双，体育经济硕士，北京体育大学研究生院硕士研究生，研究方向为体育经济；杨建荣（通讯作者），经济学博士，北京体育大学体育商学院副教授，硕士生导师，中国体育科学学会会员，研究方向为体育经济、体育赛事、体育投融资。

费的若干意见》(以下简称《意见》),《意见》提出,把体育产业作为绿色产业、朝阳产业培育扶持,并将全民健身上升为国家战略,充分体现出国家对群众健身的重视程度。马拉松赛事作为参与性强、参赛规模大、社会资源丰富的群众性体育赛事之一,受到了社会各界的关注。因此,各行业的企业都愿意选择马拉松赛事进行赞助。

一般情况下,企业要提高知名度,就需要投入大量的广告费,但同样的广告费用于赞助大型体育赛事,可以明显提高企业的知名度。体育赛事本身竞技观赏性强,且其自带“永不言弃、追求卓越”等积极的价值观,对宣传企业可以起到不可估量的作用。

马拉松赛事与其他体育赛事不同之处在于,它不仅有国内外精英选手的加入,竞技观赏性较强,而且上万名大众选手直接参与带动了赛事的传播,可为赞助企业带来巨大的流量。根据中国田径协会统计,2018 年,我国参加马拉松及相关运动规模赛事累计达到 583 万人次,其中全程马拉松参赛规模 265.65 万人次,半程马拉松参赛规模 180.42 万人次。A 类赛事的平均赞助经费收入达 432.49 万元,其中 A1 类赛事 479.11 万元,占总体运营经费的 54.74%;A2 类赛事 241.02 万元,占赛事总体支出的 51.26%(见图 1)。

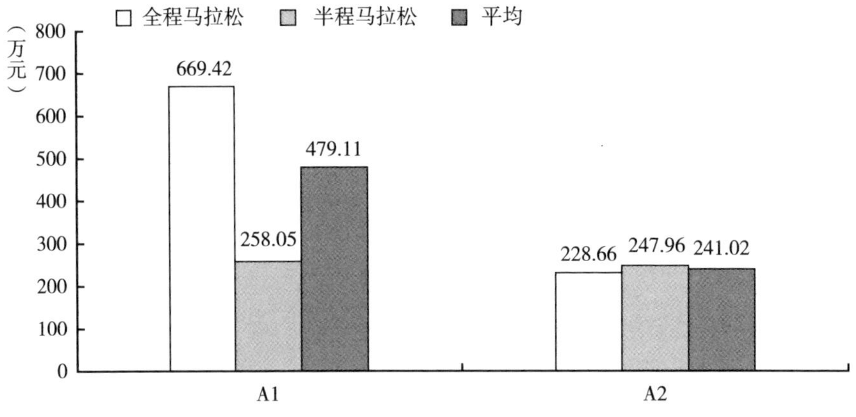

图 1　2018 年中国马拉松赛事赞助收入统计

资料来源:中国田径协会、前瞻产业研究院。

百万人次的参赛规模是其他同类赛事所无法达到的，这为马拉松赛事赞助市场的蓬勃发展带来了动力和机遇。

马拉松赛事的赞助企业分布行业可达50余个，不仅有体育垂直领域的企业，如运动装备企业、运动鞋服企业、矿泉水或饮料企业等，还有非垂直领域的企业，如汽车企业、房地产企业、电器企业、珠宝企业、银行等。

二 研究与分析

（一）调查对象情况

本文选取8场2019年中国马拉松“双金”赛事（即国际田联授予的金标赛事和中国田协认证的金牌赛事）的赞助商进行统计，从不同行业进行分析和比较。这8场赛事包括北京马拉松、上海马拉松、厦门马拉松、扬州鉴真国际半程马拉松、重庆马拉松、兰州马拉松、深圳马拉松、杭州马拉松（见表1～表8）。

表1 2019年国内部分“双金”赛事赞助商及行业：北京马拉松

赛事名称	官方称谓	赞助商名称	行业类别
北京马拉松	冠名赞助商	华夏幸福	房地产
	顶级合作伙伴	阿迪达斯	体育用品
		北京现代	汽车
	官方合作伙伴	中国平安	保险
	官方赞助商	华夏基金	金融
		六福珠宝	珠宝
		美的空调	家电
		怡宝	饮料
	赛事支持商	北京和睦家医院	医疗机构
		中国国贸	商贸
		金风科技	能源
		肯德基(KFC)	餐饮
		都乐(Dole)	食品
		Keep	运动科技

续表

赛事名称	官方称谓	赞助商名称	行业类别
北京马拉松	赛事支持商	YYsports	体育用品
		露露	饮料
		科蒂(COTY)	美妆
		康比特	运动营养
		京东	零售
		特仑苏	乳制品
		K COFFEE	饮料
		康师傅	食品

资料来源：赛事组委会官网。

表2　2019年国内部分“双金”赛事赞助商及行业：上海马拉松

赛事名称	官方称谓	赞助商名称	行业类别
上海马拉松	创始赞助商	东丽	科技
	至尊赞助商	耐克	体育用品
	荣耀赞助商	宝马	汽车
		兴业银行	银行
		中国银联	金融
	官方赞助商	汇添富基金	金融
		携程旅行	旅游
		安信信托	金融
		中国平安	保险
	赛事支持商	东方花旗	金融
		佳农	食品
		怡宝	饮料
		魔力	饮料
		肯德基(KFC)	餐饮
		Move Free	运动营养
		威斯汀酒店及度假村	酒店
		京东体育	零售
		京东物流	物流
		上海外服	咨询
		六福珠宝	珠宝
		中国体育彩票	博彩

资料来源：赛事组委会官网、媒体综合报道。

表3　2019年国内部分“双金”赛事赞助商及行业：厦门马拉松

赛事名称	官方称谓	赞助商名称	行业类别
厦门马拉松	独家总冠名	厦门建发集团	投资
	顶级战略合作伙伴	特步	体育用品
	荣耀赞助商	东风日产	汽车
	官方赞助商	中国建设银行	银行
		青岛啤酒	酒
		希尔顿	酒店
		怡宝	饮料
		金龙客车	汽车
	赛事支持商	京东物流	物流
		阳光保险	保险
		康比特	运动营养
		松霖整装	装修
		卡尔顿	食品
		悦跑圈	互联网

资料来源：赛事组委会官网、媒体综合报道。

表4　2019年国内部分“双金”赛事赞助商及行业：扬州鉴真国际半程马拉松

赛事名称	官方称谓	赞助商名称	行业类别
扬州鉴真国际半程马拉松	首席官方合作单位	华侨城集团	房地产
	官方战略合作伙伴	特步	体育用品
		扬体产业	主题公园
	特别赞助单位	福特	汽车
		怡宝	饮料
		魔力	饮料
		阳光保险	保险
		冶春	茶业
		华建地产	房地产
	赞助单位	扬州市双创办	政府部门
		咕咚	运动科技
		康比特	运动营养
		第一防护	运动防护
		威习防护喷雾	医疗用品
		九月森林	食品
		都乐（Dole）	食品

续表

赛事名称	官方称谓	赞助商名称	行业类别
扬州鉴真国际半程马拉松	赞助单位	海沃	机械制造
		五彩世界生活广场	房地产
		勇闯天涯	酒
		嘉誉风华	房地产
		天姿	美容
		枣林湾园博园	主题公园

资料来源：赛事组委会官网、媒体综合报道。

表 5　2019 年国内部分“双金”赛事赞助商及行业：重庆马拉松

赛事名称	官方称谓	赞助商名称	行业类别
重庆马拉松	总冠名商	长安汽车	汽车
	战略合作伙伴	天友乳业	乳制品
		特步	体育用品
		美的空调	家电
	官方赞助商	汇达柠檬	食品
		中国人保财险	保险
		中国移动	通信
		欧尚汽车	汽车
		华帝	家电
		中国联通	通信
		重庆银行	银行
		兴业银行	银行
		怡宝	饮料
		魔力	饮料
		中国电信	通信
		京东体育	零售
		京东物流	物流
		康师傅	食品
		碧桂园	房地产
		重庆万豪酒店	酒店
		重庆三峡银行	银行
		莱佛士医院	医疗机构
		招商银行	银行
		重庆安琪儿妇产医院	医疗机构
		大连银行	银行
		庆铃汽车	汽车
		撒隆巴斯	运动防护
		海悦荟	健身

续表

赛事名称	官方称谓	赞助商名称	行业类别
重庆马拉松	官方赞助商	长安出行	互联网
		华为	科技
		国瑞控股	金融

资料来源：赛事组委会官网、媒体综合报道。

表 6　2019 年国内部分“双金”赛事赞助商及行业：兰州马拉松

赛事名称	官方称谓	赞助商名称	行业类别
兰州马拉松	冠名赞助商	兰州银行	银行
	顶级合作伙伴	乔丹	体育用品
	战略合作伙伴	奇正藏药	药品
		甘肃长城建设	建筑
		怡宝	饮料
		魔力	饮料
		中国移动	通信
		兰州久和国际糖酒副食城	零售
		青岛啤酒	酒
		国芳百货	零售
		东乡贡羊	养殖
	合作伙伴	融创	房地产
		康师傅	食品
		卡萨帝	家电
		膳择食记	餐饮
		露露	饮料
		华龙证券	金融
		肯德基(KFC)	餐饮
		广东日升	文体
		时光医疗	医疗机构
		益民出行	互联网
		东游集	餐饮
		甘肃国际大酒店	酒店
		芝华安方	体育科技
		跑能	运动营养
		正大食品	食品
		乌江	食品
		魔力舒	运动防护

资料来源：赛事组委会官网、媒体综合报道。

表7 2019年国内部分“双金”赛事赞助商及行业：深圳马拉松

赛事名称	官方称谓	赞助商名称	行业类别
深圳马拉松	荣誉合伙人	特步	体育用品
	首席行业官	怡宝	饮料
		魔力	饮料
	赛事支持企业	跑能	运动营养
		梦航健身	健身
		万魔耳机	数码产品
		天智健康	健康
		医家人运动康复	医疗机构
		首旅如家	酒店
		可瑞乐	乳制品
		周大福	珠宝
		耀蓝科技	科技

资料来源：赛事组委会官网、媒体综合报道。

表8 2019年国内部分“双金”赛事赞助商及行业：杭州马拉松

赛事名称	官方称谓	赞助商名称	行业类别
杭州马拉松	冠名赞助商	广汽	汽车
	白金赞助商	李宁	体育用品
	高级合作伙伴	天猫	电子商务
	官方赞助商	怡宝	饮料
	赛事供应商	肯德基(KFC)	餐饮
		中国人民保险	保险
		康师傅	食品
		都乐(Dole)	食品
		艾菠玛	运动防护
		顺丰速运	物流
	支持单位	南华期货	金融
		阳光城	房地产
		乌江	食品
		哈尔斯	金属制品
		康比特	运动营养

资料来源：赛事组委会官网、媒体综合报道。

（二）分析与结论

1. 行业分布情况

我国“双金”赛事是中国马拉松的优质品牌赛事，在多年良好的运营下参赛规模稳中有升。对赛事组委会官网显示的赞助商品牌进行统计，我们发现，8 场马拉松赛事共得到 121 家赞助品牌的支持，其中 18 家企业赞助过 2 场及以上赛事，涉及 50 多个市场细分行业（见图 2）。

根据行业相关性，本文对赛事赞助商的行业类别进行合并，除图 2 中所示行业外，其他行业包括但不限于电子商务、茶业、建筑、机械制造、数码产品、装修、咨询等。各企业选择赞助马拉松赛事主要为了加大品牌宣传力度和增加产品销量等，但不同企业之间的利益诉求还有个性因素的存在。

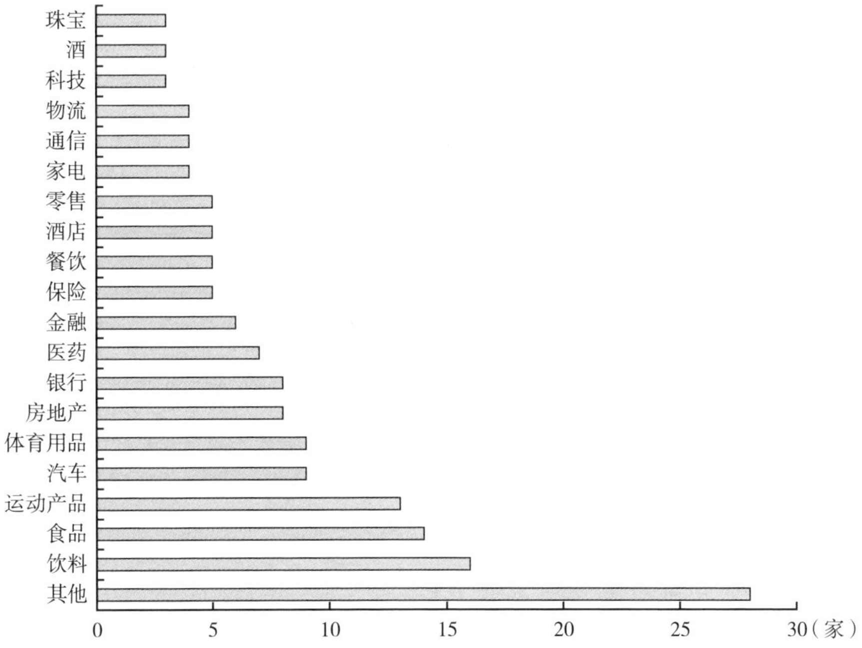

图 2　样本马拉松赛事赞助商行业分布

2. 赞助层级情况

虽然每个赛事组委会对赞助商的官方称谓不尽相同，但总体来看，我国马拉松赞助层级主要分为四个：冠名赞助商、合作伙伴、赛事赞助商、赛事供应商。组委会根据企业所属行业类别收取不同数额的赞助费，赞助包括三种方式：现金赞助、实物赞助、“现金＋实物”赞助。马拉松赛事赞助层级如表9所示。

表9　马拉松赛事赞助层级

赞助层级	官方称谓	赞助金额	企业类型
第一层级	冠名赞助商	1500万～2200万元	房地产、银行、汽车等
	合作伙伴	800万～1200万元	金融、汽车、体育用品等
	赛事赞助商	300万～500万元	饮料、运动产品、通信、家电、物流、零售等
	赛事供应商	100万～200万元	食品、餐饮、酒店、快消品、运动产品等
第二层级	冠名赞助商	1000万～1200万元	饮料、运动产品、通信、快消品、家电、物流、零售等
	合作伙伴	500万～800万元	运动产品、通信、快消品等
	赛事赞助商	200万～350万元	食品、餐饮、酒店、运动产品、保险等
	赛事供应商	50万～80万元	
第三层级	冠名赞助商	300万～500万元	
	合作伙伴	100万～150万元	
	赛事赞助商	50万～80万元	
	赛事供应商	10万～30万元	
第四层级	冠名赞助商	80万～100万元	
	合作伙伴	30万～50万元	
	赛事赞助商	5万～10万元	
	赛事供应商	5万元以下或仅提供实物	

资料来源：黄宁《中国马拉松赛事赞助商的研究》，硕士学位论文，北京体育大学，2018。

冠名赞助商在每场马拉松赛事中有且仅有一家，赞助企业多为汽车企业、银行等，如2019华夏幸福北京马拉松、2019建发厦门马拉松、华侨城·2019扬州马拉松、2019长安汽车重庆马拉松、“兰州银行杯”2019兰州马拉松等。冠名马拉松赛事的企业产品价值高，市场营销费用预算相对较高，有能力支付高额的赛事赞助费用，能通过此举获得独家冠名权，从而获得较高的媒体关注度和赞助权益。同时，一些地方性企业选择冠名本地赛事可以彰显企业雄厚的资金实力，得到更多受众的信任。对于企业来说，冠名马拉松赛事不仅可以得到选手的关注，同时因为马拉松赛事是政府部门支持的赛事，所以也可以为企业牵线搭桥创造与政府各部门沟通交流的机会。

合作伙伴在赛事中并不仅限于一家赞助企业，但可享受行业排他的权利，避免出现赞助商或供应商级别的同行竞争。不难发现，上述所有“双金”赛事的二级赞助商均有体育用品企业，如特步、李宁、乔丹、耐克、阿迪达斯，合作伙伴的赞助商地位仅低于冠名赞助商，赛事回报率高、运营公司配合力度大，对于体育用品企业来讲，通过赛事提高品牌知名度和销量是重要任务之一。马拉松赛事的参赛选手对于体育用品的选择有一定要求，企业通过马拉松赛事宣传产品更能刺激产品销量，用户体验感更强，企业与用户互动更为直接。

赛事赞助商数量较多，行业类别覆盖广泛，展示区域不如冠名赞助商和合作伙伴大，很难直接得到收益。赛事赞助商多为快消类产品如食品、饮料等生产商。马拉松赛事人均补给量有一定的标准，赛事组委会为降低补给品的成本会吸收一些食品、饮料类企业进行实物赞助，在赛道补给点为选手提供补给。“双金”赛事中，华润怡宝饮用水及其旗下运动饮料“魔力”成为所有赛事的“必备补给品”，在马拉松赞助企业中是出现频率最高的品牌。除快消品之外，保险企业也经常出现在赛事赞助商之中。所有马拉松赛事均需要为参赛选手和赛事工作人员上赛事保险，个人信息的录入为保险企业带来用户数据，保险企业并不需要过多的赛事展示权益，对应来讲也无须提供大额赞助金。

赛事供应商数量最多，不乏有一些与赛事相关度低的企业，如美妆、酒店、装修、咨询等，赛事供应商多采用实物或“现金 + 实物”赞助的方式为选手提供相关产品和服务。

（三）选手认知情况

马拉松赛事直接面对的庞大人群为参赛选手，每场“双金”马拉松赛事的所有组别参赛选手总数均超过 20000 人，类似马拉松赛事能同时段召集上万人的活动屈指可数，这对于赞助企业来讲是非常宝贵的宣传机会。

本次问卷采用现场纸质问卷与网络问卷相结合的方式发放。实际发放的纸质问卷和网络问卷超过 10000 份，回收马拉松参赛选手有效问卷 9321 份，调查样本量较大，覆盖地域广，涉及人群也具有较好的多元性。本报告采用 Excel 和 SPSS 软件进行数据整理、筛查、检验和统计分析。

被调查者来自 30 个省（自治区、直辖市）以及香港特别行政区和澳门特别行政区。参与调查的马拉松赛事有北京马拉松、厦门马拉松赛、上海马拉松赛、南京马拉松赛、武汉马拉松赛、广州马拉松、深圳马拉松、成都马拉松。

如图 3 所示，参赛选手对赞助企业认知程度最高的为矿泉水或饮料企业，各类饮料作为赛事必需品能够在赛事会场和赛道所有展示区域出现，帮助该类赞助企业加深选手对品牌、产品的印象。

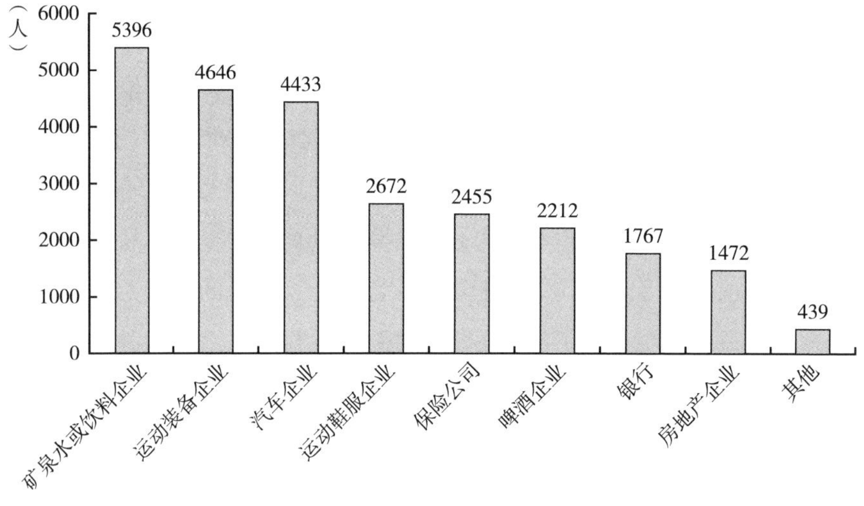

图 3　马拉松参赛选手对赞助企业的认知情况统计

运动装备和运动鞋服与赛事相关性极强，此两类赞助企业分别出现在选手认知第二位和第四位。对于这两类企业而言，马拉松赛事一方面能够帮助其在赛前领物和会场展位搭建过程中通过产品展示、体验、销售、与选手直接互动增加选手的认知，另一方面能够在赛事直播过程中通过对选手的装备进行展示提高选手对产品的好感度。

汽车企业能够排在第三位得益于其多作为一级或二级赞助商有较多的展示区，因而可以增加参赛选手对其的认知。

保险公司、啤酒企业、银行分别排在第五至第七位，这三类企业多处于三级和四级赞助商之间，与马拉松赛事的直接相关性弱于体育用品类企业，它们只能在赛事服务过程中或互动活动中增加选手对其的认知，如买赛事保险、赛后畅饮啤酒、办银行信用卡等。啤酒作为一种含有情感的饮品，时常会出现在某个值得记忆的时刻，有助于增加选手对饮品的认知。

参赛选手对房地产企业的认知情况与其多为冠名赞助商的地位不符，主要原因是全国千余场马拉松赛事中房地产企业冠名的赛事屈指可数，数量较少，这种情况下其直接辐射到选手的范围相对较小。

三　小结

总体来说，中国马拉松赞助市场还有很大的市场潜力值得探索和挖掘，愿意通过马拉松赛事进行市场营销的企业也越来越多，但企业自身能从马拉松赛事中得到多少实际利益还需要科学评估。赛事组织方与企业合作的目的在于双赢，其不仅需要企业赞助以减少运营成本，也需要破除困境，丰富推广形式，深挖合作价值，与企业实现长期合作共赢。

我国“双金”赛事是中国马拉松的优质品牌赛事，对赛事组委会官网显示的赞助商品牌进行统计，课题组发现，8 场马拉松赛事共得到 121 家赞助企业的支持，涉及 50 多个市场细分行业。马拉松也吸引了与赛事相关性弱的企业参与赞助，如汽车企业、房地产企业、电器企业、珠宝企业、银行等。赛事赞助商主要有矿泉水或饮料企业（饮用水、果蔬饮料、运动饮料）、汽车企业（传统汽车、新能源汽车等）、运动装备企业（可穿戴设备、运动配件等企业）、运动鞋服企业、啤酒企业、保险公司、银行、房地产企业、其他（包括食品、餐饮、通信企业等）。

调查显示，参赛选手对赞助企业认知度最高的前三类企业为饮料或矿泉水企业、运动装备企业和汽车企业。

参考文献

中国田径协会：《中国马拉松数据》，中国马拉松网，2019 年 12 月 26 日，http：//www. runchina. org. cn/portal. php？ mod = score&ac = officialdata。

中国田径协会：《一图读懂 2018〈中国马拉松年度工作报告〉》，新华网，2019 年 3 月 11 日，http：//www. xinhuanet. com/sports/2019 - 03/11/c_ 1124219528. htm。

袁卫、庞皓、贾俊平等：《统计学（第四版）》，高等教育出版社，2014。

案例及借鉴篇

Case Studies

B.10

北京马拉松赛事赞助市场分析

王　盼*

摘　要： 北京马拉松于1981年开始举办，已发展成为具有国际影响力的体育赛事之一。本文采用文献资料法、问卷调查法和数理统计分析法对北京马拉松赛事赞助市场进行研究，研究发现：马拉松赛事参赛选手的年龄在40岁及以下的人数占绝大多数，40岁以上的人数较少；参赛选手多热衷于全程和半程马拉松赛事，短距离如10公里跑、迷你跑或其他组别的热度相对较低；在文化程度方面，参赛选手的文化程度以高中和本科学历居多，而初中及以下和研究生学历的人数相对较少；在参赛动机方面，参赛选手多数是为了挑战自我、检验能力而参加比赛；在参赛选手的职业方面，

* 王盼，博士，北京体育大学体育商学院副教授，研究方向为体育统计分析、数学建模、体育风险管理、体育模型分析等。

企事业/公司中高层管理人员占比最高；从参加马拉松赛事次数而言，参加过2次马拉松赛事的人数占比最高；从参赛选手的收入来看，月收入在5001～8000元的人数占比最高。北京马拉松赛事参赛选手认为赞助商多数分布于矿泉水或饮料企业、汽车企业、运动装备企业、保险公司和运动鞋服企业等与赛事密切相关的企业。80%以上的参赛选手认为企业采取某些措施能够增加其对该企业的认知。北京马拉松赛事志愿者的年龄主要分布在18～30岁，占比69.40%；志愿者的职业主要是在校学生、私营业主、公务员，这些人自由支配时间的可能性较大，符合志愿者的服务要求。

关键词： 北京马拉松　赞助市场　权益回报

2014年10月，《国务院关于加快发展体育产业促进体育消费的若干意见》（国发〔2014〕46号）发布，宣布取消商业性和群众性体育赛事活动审批，放宽赛事转播权限制，此举极大地激发了社会组织举办体育活动的积极性。2017年1月，《国务院关于印发“十三五”卫生与健康规划的通知》（国发〔2016〕77号）发布，提出广泛组织开展全民健身运动，大力发展群众健身休闲项目，此举进一步推动了马拉松赛事的发展。2017年7月，《关于印发〈支持社会力量举办马拉松、自行车等大型群众性体育赛事行动方案（2017年）〉的通知》（发改社会〔2017〕1294号）发布，表示支持社会力量举办大型群众性体育赛事，为马拉松赛事的发展营造了良好的社会环境。2018年1月，国家体育总局、国家发改委等11部委联合印发《马拉松运动产业发展规划》，提出制定可操作的马拉松赛事评价体系，科学评定赛事等级与规模，并定期向公众发布，激发运营者的积极性，提高其服务管理水平。2018 年 12 月，国务院办公厅印发《关于加快发展体育竞赛表演产业的指导意见》，提出要引导扶持业余精品赛事，鼓励各地加强体育赛事品牌创新，培育一批社会影响力大、知名度高的业余精品赛事。在国家政府部门的引导下，我国体育事业得到大力发展，马拉松赛事辐射效应增强，成为促进全民健身的有效方式。

马拉松赛事的赞助价值可以从赛事构成、赛事内容、赛事传播三个维度进行衡量。马拉松赛事构成的四大要素是人力、物力、财力、技术。人力要素主要包括赛事组织方、工作团队、媒体、竞赛直接参与者、观众、赞助商和经费提供者。物力要素主要包括交通运输设施、竞赛场地场馆及设施、安全保卫设施、餐饮住宿设施、媒体传播设施和设备。财力要素主要包括赞助资金和非赞助资金。技术要素主要包括网络、通信和相关软件等。马拉松赛事分为全程马拉松、半程马拉松和四分马拉松三种，以全程马拉松最为普及，一般提及马拉松，即指全程马拉松。国内的马拉松赛事等级评定者是中国田径协会（CAA）和国际田径联合会（IAAF）。中国田径协会的赛事评定分为金牌、银牌和铜牌三个等级。国际田径联合会的赛事评定，根据赛事的组织水平分为金标、银标和铜标三个等级。中国田径协会从 2017 年开始不再对赛事进行注册，而是实行 A 类和 B 类两级认证。A 类认证赛事的主办方是中国田径协会，此类赛事要求赛道、兴奋剂检测、裁判、计时等管理工作全部达到中国田径协会成绩认证标准。A 类赛事可分为 A1 类和 A2 类。B 类认证赛事的主办方不是中国田径协会，需要按照田协赛事组织相关标准进行组织，其管理工作必须达到该赛事的选手之间公平竞赛的基本标准。赛事传播主要通过合作媒体的数量、合作媒体的等级、媒体价值三个方面体现。其中媒体价值可以从媒体规模、媒体经营合规性、媒体广告信用、媒体品牌声誉四个维度进行综合评价。

北京马拉松是首个在中央电视台直播的赛事，具有巨大的商业价值和较高的关注量。2018 年，北京马拉松赛事的合作媒体有 14 家，包括战略合作媒体、官方合作媒体、支持媒体。其中，战略合作媒体有人民体育、微博跑步、新浪体育，官方合作媒体有北京体育广播、凤凰网体育、腾讯跑步、网易新闻、领跑者，支持媒体有今日头条、爱燃烧、光明乐跑、新华体育、闻视频、Young Images。2018 年北京马拉松赛事的推广平台完备，有官方微博、官方网站和官方微信公众号等。

如今，赛事赞助已经成为企业品牌营销中的重要组成部分。赞助企业品牌与赛事品牌资产存在着显著的正相关关系，即赞助企业品牌的忠诚度、美誉度、知名度、形象等与赛事品牌资产存在着同增同减的关系。在众多体育赛事中，媒体宣传报道较多，拥有广泛的受众群体、较高的赞助回报收益和较大的影响力的体育赛事，成为众多赞助商的首选。

一　北京马拉松赛事发展和赞助市场现状分析

北京马拉松赛事的赛事价值可以从 9 个指标体现，分别是参赛体验、赛事的报名情况、赛事赞助商的赞助历史和品质、赛事举办地居民观赛的热情、赛事举办地居民参赛的热情、赛事赞助商的数量、合作媒体的总数、合作媒体的等级以及媒体的价值。2018 年，北京共举办马拉松赛事 114 场，其中举办认证赛事 10 场。2018 年，中国共有 45 场马拉松金牌赛事，其中举办城市为北京的有 2 场，分别是北京马拉松赛事和北京半程马拉松赛事。在 2018 年最具影响力马拉松赛事排行榜中，北京马拉松赛事名列榜首，其专业度为 91.52%，媒体辨识度为 72.55%，公众认可度为 63.21%，赛事影响力为 75.44%。①

北京马拉松赛事在赛道设计、服务以及急救医疗等方面高于标准水平进行筹备和实施，如使用高科技的检录手段和智能手环，进行智能化管理，这些都极大地提高了参赛选手的参赛体验。

2016～2018 年北京马拉松赛事 A 类跑者中签率的变化（见图 1）及参与抽签情况反映出北京马拉松赛事的火爆程度。2018 年北京马拉松的

① 北京马拉松官网。

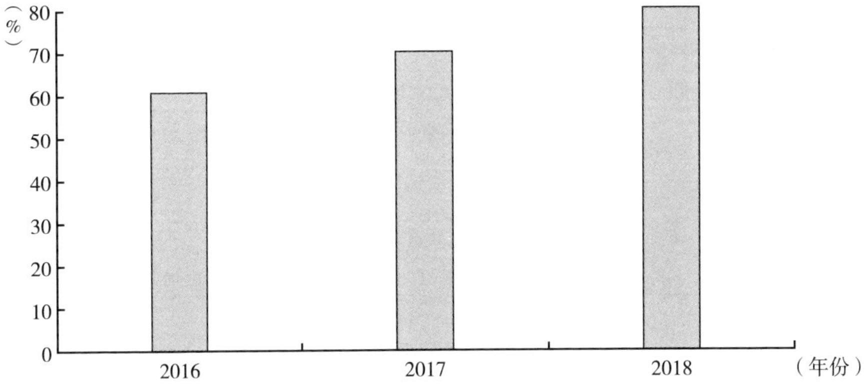

图1 2016~2018年北京马拉松赛事A类跑者中签率

资料来源：北京马拉松赛事官方网站，http：//www. beijing - marathon. com。

报名人数达到11万以上，中签率为36.5%，完赛选手中，北京地区选手占57%，其他地区的选手占半数以下，可见北京居民的参赛热情相对较高。

2017~2018赛季是中国马拉松大满贯开启的第一个全新赛季，创始成员赛事包括北京马拉松、广州马拉松赛、重庆马拉松赛、武汉马拉松。2018年北京马拉松赛事规模是30000人，报名人数是111793人，热度比是3.73，在全国马拉松赛事的热度比中排名第二（排名第一的是武汉马拉松赛事，热度比是5.68）。

从赛事的专业度、媒体辨识度、公众认可度、赛事影响力等方面对2018年全国马拉松赛事进行评估，排名前十的是北京、上海、兰州、广州、厦门、重庆、杭州、武汉、深圳和扬州。北京、上海、广州、厦门马拉松赛事具有极大的影响力，被业界称为“马拉松四大赛事”。影响力大必然吸引赞助商前来投资。马拉松赛事的赞助情况可以在一定程度上体现马拉松赛事的商业价值和市场价值。以下是2018年我国最具影响力马拉松赛事排行榜中前5名赞助情况（见表1）。

表1　2018 年我国最具影响力马拉松赛事前 5 名赞助情况

赛事名称	参赛服赞助商	其他赞助商
北京马拉松	阿迪达斯	华夏幸福、北京现代、中国平安、六福珠宝、SEIKO 精工等
上海马拉松	耐克	东丽、宝马、兴业银行、汇添富基金、携程旅行、中国平安、高夫、安信信托等
兰州马拉松	乔丹	兰州银行
广州马拉松	阿迪达斯	广汽丰田、美的空调
厦门马拉松	特步	厦门建发集团、中国建设银行、青岛啤酒、希尔顿、怡宝

资料来源：中国田径协会。

可见，“双金”赛事北京马拉松、上海马拉松和广州马拉松分别获得了国际一线体育品牌阿迪达斯和耐克的赞助。赞助商中金融、饮料以及汽车企业最多。另外，当地企业赞助的情况较多，如兰州银行赞助兰州马拉松赛事。那么，赞助商在选择马拉松赛事进行赞助时最看重的是什么？什么类型的马拉松赛事对赞助商的吸引力最大？据了解，马拉松赛事赞助情况受到口碑、举办城市、赛事规模等因素的影响。

二　北京马拉松赛事赞助市场特征分析

课题组共发放问卷 6500 份，回收问卷 6351 份，剔除无效问卷 202 份，得到有效问卷 6149 份。其中，参赛选手的问卷是 3280 份，志愿者的问卷是 2869 份。

1. 参赛选手情况分析

参赛选手中，年龄在 40 岁及以下的人数占绝大多数，40 岁以上的人数较少（见图 2）。

按照参赛组别进行分类，参赛选手中，参加全程马拉松（42.195 公里）的有 1655 人，占比 50.46%；参加半程马拉松（21.0975 公里）的有 1005 人，占比 30.64%；参加 10 公里跑的有 374 人，占比 11.40%；参加迷你跑（3～6 公里）的有 201 人，占比 6.13%；参加其他组别的有 45 人，占比 1.37%。由此可见，参赛者多数热衷于全程和半程马拉松赛事，短距离如

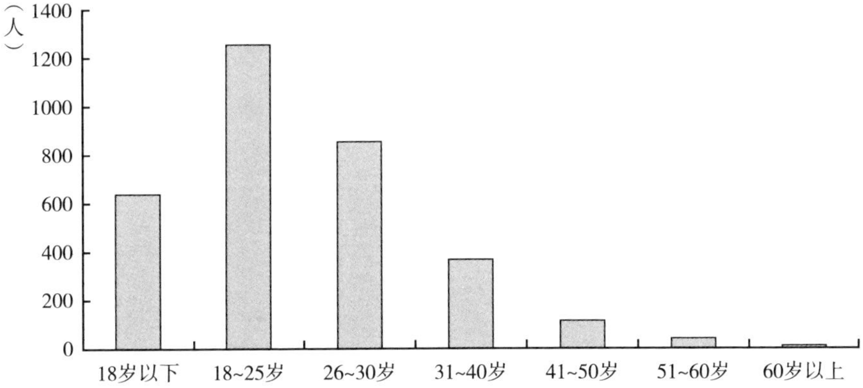

图2　北京马拉松赛事参赛选手的年龄分布

资料来源：北京体育大学马拉松蓝皮书研究组。

10公里跑、迷你跑或其他组别的热度相对较低。

在文化程度方面，参赛选手中初中及以下学历的人数是463人，高中学历的人数是900人，本科学历的人数是1543人，研究生学历的人数是374人。参赛选手的文化程度以高中和本科学历居多，而初中及以下和研究生学历的人数相对较少。

在参赛动机方面，参赛选手中有2340人选择“挑战自我”，有1917人选择“检验能力”，有1462人选择“体验比赛”，有1393人选择“获得荣誉”，有819人选择“旅游交友”。由此可见，多数选手是为了挑战自我、检验能力而参加比赛。

本次调查问卷中对被调查者的职业设置了27个选项：在校学生、企事业/公司中高层管理人员、企事业/公司基层管理人员、私营业主、公务员、医务人员、科研人员、军人、律师、教师、行政、财务、人事、技术、市场销售、文体、工人、司机、农民、临时工、保姆/家政服务人员、退休、家庭主妇/主夫、兼职人员（包括退休后在职）、自由职业者、无工作（失业、下岗、辞职期间）和其他。北京马拉松参赛选手中，企事业/公司中高层管理人员（22%）、公务员（15%）、在校学生（15%）最多。

调查结果显示，每年参加1次马拉松赛事的人数是947人，占比

28.87%；参加2次马拉松赛事的人数是1126人，占比34.33%；参加3次马拉松赛事的人数是649人，占比19.79%；参加4次马拉松赛事的人数是177人，占比5.40%；参加5次及以上马拉松赛事的人数是381人，占比11.62%（见图3）。

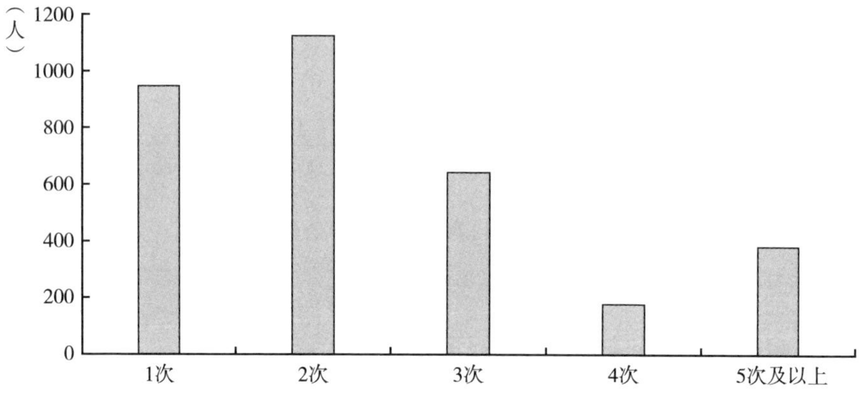

图3　北京马拉松参赛选手年参赛次数情况

资料来源：北京体育大学马拉松蓝皮书研究组。

调查显示，参赛选手的月收入在3000元及以下的有739人，占比22.53%；月收入在3001～5000元的有830人，占比25.30%；月收入在5001～8000元的有840人，占比25.61%；月收入在8001～10000元的有479人，占比14.60%；月收入在10001～20000元的有221人，占比6.74%；月收入在20000元以上的有171人，占比5.21%。参赛选手的月收入在8000元及以下的占比为73.44%，在8000元以上的占比为26.55%。

参赛选手对北京马拉松赛事赞助商的分布期望：选择矿泉水或饮料企业的有2308人，占比70.37%；选择汽车企业的有1778人，占比54.21%；选择运动装备企业的有1662人，占比50.67%；选择保险公司的有892人，占27.20%；选择运动鞋服企业的有871人，占比26.55%；选择啤酒企业的有810人，占24.70%；选择银行的有641人，占比19.54%；选择房地产企业的有522人，占比15.91%；选择其他的有115人，占比3.51%。由此可见，北京马拉松赛事的参赛选手更倾向于选择矿泉水或饮料企业、汽车企业、运动装备企业、保险公司和运动鞋服企业等与赛事密切相关的企业。80%以上的参赛选手认为企业采取某些措施，能够增加其对该企业的认知，具体包括赞助企业在现场设置推广体验活动，提供参赛物资和完赛纪念品，在线上与选手互动、举办线上活动，组织跑团、提供参赛名额，邀请明星或企业代言人参赛，以及长期稳定赞助马拉松赛事等。

2. 志愿者情况分析

志愿者中，男性有 2095 人，占比 73.02%；女性有 774 人，占比 26.98%。男性志愿者人数是女性志愿者人数的 2.7 倍。

年龄在 18 岁以下的志愿者人数是 491 人，占比 17.11%；年龄在 18 ~ 25 岁的志愿者人数是 1205 人，占比 42.00%；年龄在 26 ~ 30 岁的志愿者人数是 786 人，占比 27.40%；年龄在 31 ~ 40 岁的志愿者人数是 288 人，占比 10.04%；年龄在 41 ~ 50 岁的志愿者人数是 71 人，占比 2.47%；年龄在 51 ~ 60 岁的志愿者人数是 15 人，占比 0.52%；年龄在 60 岁以上的志愿者人数是 13 人，占比 0.45%（见图 4）。北京马拉松赛事志愿者的年龄在18 ~ 30 岁的占比 69.40%。

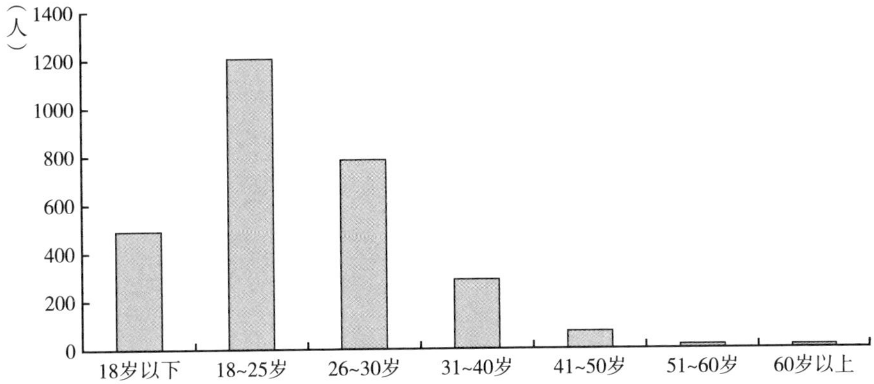

图 4　北京马拉松赛事志愿者的年龄分布

资料来源：北京体育大学马拉松蓝皮书研究组。

志愿者的职业主要是在校学生、私营业主、公务员，分别有 585 人、437 人、404 人（见图 5）。

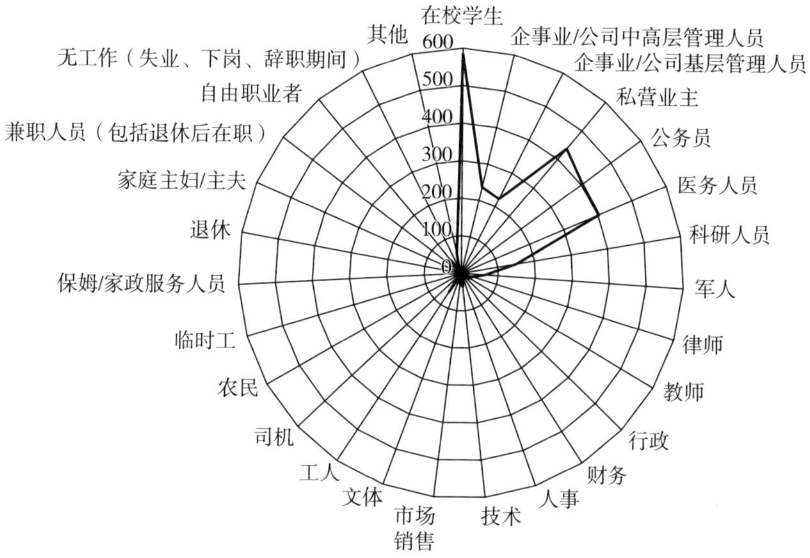

图 5　北京马拉松赛事志愿者的职业分布

资料来源：北京体育大学马拉松蓝皮书研究组。

91.15%的志愿者（2615 人）表示在赛前培训阶段参加过赛事赞助情况的培训。87.03%的志愿者（2497 人）表示在赛事服务阶段，会关注赞助商展区。95.05%的志愿者（2727 人）表示在服务工作结束后，会参与赞助商互动。87.84%的志愿者（2520 人）表示，在志愿者福利中有赞助商产品。70.23%的志愿者认为赞助商主要为矿泉水或饮料企业、运动装备企业、汽车企业、运动鞋服企业。

北京马拉松赛事赞助商的行业主要是一线品牌的体育用品、金融、汽车、食品和饮料等。北京马拉松赛事的冠名赞助商享有独有的冠名权，在任何场合企业名称都要和赛事名称捆绑在一起宣传，赞助效果最佳。冠名赞助商的赞助金额是最高的，所以企业必须有较强的实力。我国马拉松赛事的冠名赞助商主要包括房地产企业、汽车企业、矿泉水或饮料企业、银行和运动装备企业等。冠名赞助商长期冠名某一马拉松赛对赛事组织方和企业都将是双赢。2018 年北京马拉松赛事的冠名赞助商是华夏幸福。马拉松赛事的合作伙伴分为顶级合作伙伴和官方合作伙伴。由于体育用品与马拉松赛事的契合度最高，用户体验最直接，所以很多体育用品品牌商选择马拉松赛事作为合作伙伴。2018 年北京马拉松赛事的合作伙伴是阿迪达斯、北京现代和中国平安。马拉松赛事的官方赞助商涉及的范围较广，包括食品、饮料、金融、家电、保险等企业。由于官方赞助商的赞助费较低，企业获得的权益相对较少。因此，企业为了提高品牌知名度和美誉度，会以纯实物或现金加实物的方式进行赞助。例如，怡宝的主要赞助方式是为赛事提供饮用水。2018 年北京马拉松赛事的官方赞助商有华夏基金、六福珠宝、美的空调和怡宝。马拉松赛事的赛事支持商与赛事的相关度最低，但是涉及的范围最广，包括餐饮、酒店、日用品、医疗等企业。2018 年北京马拉松赛事的赛事支持商有北京和睦家医院、中国国贸、金风科技、肯德基（KFC）、都乐（Dole）、Keep、露露、科蒂（COTY）、康比特、京东、特仑苏、K COFFEE、康师傅（见表 2）。

表 2　2018 年北京马拉松赛事的赞助商类别

赞助商类别	赞助商名称
冠名赞助商	华夏幸福
顶级合作伙伴	阿迪达斯、北京现代
官方合作伙伴	中国平安
官方赞助商	华夏基金、六福珠宝、美的空调、怡宝
赛事支持商	北京和睦家医院、中国国贸、金风科技、肯德基（KFC）、都乐（Dole）、Keep、露露、科蒂（COTY）、康比特、京东、特仑苏、K COFFEE、康师傅

资料来源：北京马拉松赛事官方网站，http：//www. beijing - marathon. com。

三　北京马拉松赛事赞助市场问题分析

第一，赞助商偏向于用实物进行赞助，现金赞助的比例较低。三、四级赞助商面临招商困难以及实物赞助难以变现的困境。不同级别赞助商的权益回报差别较大。其中，一、二级赞助商赞助费用较高，权益回报率高；三、四级赞助商赞助费用较低，权益回报率也低。

第二，在赛事组织运营方面，北京马拉松赞助估值体系不完备，马拉松赛事的创新不足，同质化明显。

第三，在参赛选手和志愿者方面，参赛选手安全意识不强，志愿者多集中于 18～30 岁，其他年龄段占比较少。

第四，马拉松赛事的行业监管力度需要加强，监管的理念和方法需要创新，应以人为本、以服务为主，保障比赛期间食品药品安全和特种设备使用安全。

参考文献

《休闲服务：马拉松经济已经开启》，《股市动态分析》2016 年第 47 期，第 47 页。

《中国田协将全面取消马拉松赛事审批》，国家体育总局网站，2015 年 1 月 5 日，http：//www. sport. gov. cn/n16/n1152/n25184/6063400. html。

《国务院办公厅关于加快发展健身休闲产业的指导意见》，中央人民政府网站，2016 年 10 月 28 日，http：//www. gov. cn/zhengce/content/2016 - 10/28/content_ 5125475. htm。

黄海燕：《体育赛事综合影响的事前评估研究》，博士学位论文，上海体育学院，2009。

张登峰：《马拉松赛事对城市发展的影响》，《体育文化导刊》2011 年第 11 期，第 12～14、20 页。

Preuss，H.，"A Framework for Identifying the Legacies of a Mega Sport Event，" *Leisure Studies* 34，6（2015）：643 - 664.

De Nooij，M. and Marcel，V. D. B.，"The Bidding Paradox：Why Rational Politicians Still Want to Bid for Mega Sports Events，" Working Papers，2013.

黄宁：《中国马拉松赛事赞助商的研究》，硕士学位论文，北京体育大学，2018。

骆雷、黄海燕、张林：《体育赛事利益相关者的利益诉求与利益协调》，《体育文化导刊》2013 年第 2 期，第 10～13、20 页。

刘瑞明、赵仁杰：《国家高新区推动了地区经济发展吗？——基于双重差分方法的验证》，《管理世界》2015 年第 8 期，第 30～38 页。

罗秋菊、卢相宇：《大型体育事件游客消费经济影响实证研究——以第 16 届广州亚运会为例》，《体育科学》2011 年第 9 期，第 3～18、50 页。

孙克、刘伟、米婧：《大型体育赛事对城市经济增长的协整分析——以北京、济南和广州为例》,《北京体育大学学报》2013 年第 4 期,第 28 ~36 页。

李德辉:《赞助一场马拉松就算是体育营销吗?》,东方资讯网,2017 年 10 月 31 日,http://mini.eastday.com/a/171031092449759.html。

阮威:《大型体育赛事对城市体育旅游产业发展的影响》,《体育科技》2018 年第 4 期,第 87 ~91 页。

石春健、魏春明、郑振国:《我国城市马拉松赛事定位研究》,《北京体育大学学报》2016 年第 10 期,第 18 ~25 页。

王洪桥、袁家冬、孟祥君:《东北地区 A 级旅游景区空间分布特征及影响因素》,《地理科学》2017 年第 6 期,第 895 ~903 页。

B.11
上海马拉松赞助市场认知分析

尤 双　杨建荣*

摘　要： 本文以上海马拉松的参赛选手和志愿者为研究对象，以调查问卷数据为基础剖析上海马拉松的赞助市场情况。结果显示，参赛选手和志愿者的男女性别比例相似度高，平均为2.5∶1。年龄情况的调查中，18～30岁的人群占比最高，他们是主力消费群体。参赛选手学历调查中，本科及以上学历占比较高，说明上海马拉松参赛选手受教育程度较高。参赛选手主要是企事业/公司管理人员、自由职业者、公务员、教师，他们大多收入稳定，有时间参加体育运动和社交活动。不仅限于上述几种职业，参与调查的5000多人分布于各行各业，体现出马拉松赛事的包容性和广泛性，有助于赞助商扩大宣传范围。上海马拉松参赛选手和志愿者对赞助效果印象最深的前三类企业为矿泉水或饮料企业、汽车企业、运动装备企业，这与目前上海马拉松的赞助品牌较匹配。

关键词： 上海马拉松　赞助市场　赞助商

* 尤双，体育经济硕士，北京体育大学研究生院硕士研究生，研究方向为体育经济；杨建荣（通讯作者），经济学博士，北京体育大学体育商学院副教授，硕士生导师，中国体育科学学会会员，研究方向为体育经济、体育赛事、体育投融资。

一 基本情况说明

（一）参赛选手作为被调查者的情况

本次调查采用现场纸质问卷与网络问卷相结合的方式，共收到参赛选手有效问卷2875份，调查样本量大、代表性强、覆盖人群广泛、精准度高，有较高的分析价值。

1. 性别情况

参赛选手中，男性占比71.41%，女性占比28.59%，男女比例约为2.5∶1（见表1）。根据中国田径协会发布的数据，2018年，全国马拉松赛事男性跑者占比73.21%，女性跑者占比26.79%，女性跑者的占比低于上海马拉松女性跑者占比。

表1 上海马拉松参赛选手性别情况

单位：人，%

性别	人数	占比	累计百分比
男	2053	71.41	71.41
女	822	28.59	100.00
合计	2875	100.00	—

2. 年龄分布

上海马拉松参赛选手年龄多集中于18～30岁，合计占比72.14%，接近3/4。从表2看出，18～25岁的跑者占比最高，达36.63%，其次是26～30岁的跑者，占比35.51%，再次是31～40岁的跑者，占比15.17%，其他年龄段的跑者占比低于10%，60岁以上的跑者仅有8人，占比最低，仅有0.28%。

表 2　上海马拉松参赛选手年龄分布情况

单位：人，%

年龄	人数	占比	累计百分比
18 岁以下	212	7.37	7.37
18 ~ 25 岁	1053	36.63	44.00
26 ~ 30 岁	1021	35.51	79.51
31 ~ 40 岁	436	15.17	94.68
41 ~ 50 岁	118	4.10	98.78
51 ~ 60 岁	27	0.94	99.72
60 岁以上	8	0.28	100.00
合计	2875	100.00	—

3. 文化程度

上海马拉松参赛选手中，本科学历的选手占比最高，为 53.84%，其次为高中学历，占比 29.43%，再次是研究生学历，占比 9.91%，最后是初中及以下学历，占比 6.82%（见表 3）。上海马拉松本科学历的参赛选手占比高于全国 4.35 个百分点，研究生学历的参赛选手占比高于全国 1.26 个百分点，高中学历的参赛选手占比低于全国 2.34 个百分点，初中及以下学历的参赛选手占比低于全国 3.28 个百分点。这说明上海马拉松参赛选手的受教育水平整体高于全国平均水平。

表 3　上海马拉松参赛选手文化程度情况

单位：人，%

学历	人数	占比	累计百分比
初中及以下	196	6.82	6.82
高中	846	29.43	36.25
本科	1548	53.84	90.09
研究生	285	9.91	100.00
合计	2875	100.00	—

4. 职业分布

从表 4 可以看出，上海马拉松参赛选手的职业占比超过 10% 的是企事业/公司中高层管理人员（19.37%）、自由职业者（18.37%）、企事业/公司基层管理人员（13.32%）、公务员（11.65%）、教师（10.92%），人数是300~600人；参赛选手的职业占比为5%~10%的是在校学生（8.42%）和私营业主（7.72%），人数是200~300人；其他职业占比低于5%，且人数少于100人。

表4　上海马拉松参赛选手职业分布情况

单位：人，%

职业	人数	占比	累计百分比
在校学生	242	8.42	8.42
自由职业者	528	18.37	26.79
公务员	335	11.65	38.44
教师	314	10.92	49.36
企事业/公司中高层管理人员	557	19.37	68.73
企事业/公司基层管理人员	383	13.32	82.05
私营业主	222	7.72	89.77
医务人员	61	2.12	91.89
科研人员	27	0.94	92.83
军人	13	0.45	93.28
律师	8	0.28	93.56
行政	15	0.52	94.08
财务	10	0.35	94.43
人事	15	0.52	94.95
技术	27	0.94	95.89
市场销售	17	0.59	96.48
文体	4	0.14	96.62
工人	28	0.97	97.59
司机	7	0.24	97.83
农民	7	0.24	98.07
临时工	3	0.10	98.17
保姆/家政服务人员	3	0.10	98.27
退休	7	0.24	98.51
家庭主妇/主夫	5	0.20	98.71

续表

职业	人数	占比	累计百分比
兼职人员(包括退休后在职)	4	0.14	98.85
无工作(失业、下岗、辞职期间)	6	0.21	99.06
其他	27	0.94	100.00
合计	2875	100.00	—

5. 月收入情况

上海马拉松参赛选手月收入多集中在 3001 ~ 8000 元，共计占比 57.95%，超过半数，其中月收入为 5001 ~ 8000 元的参赛选手有近 1000 人。月收入为 8001 ~ 10000 元的参赛选手占比超过 15%，高于 3000 元及以下参赛选手的占比 12.66%。月收入为 10001 ~ 20000 元的参赛选手占比为 7.48%，月收入超过 20000 元的参赛选手占比最低，为 4.31%，但人数超过 100 人（见表 5）。总体来看，上海马拉松参赛选手月收入为 5000 元以上的各收入范围的占比均高于全国全程马拉松参赛选手占比。

表 5　上海马拉松参赛选手月收入情况

单位：人，%

月收入	人数	占比	累计百分比
3000 元及以下	364	12.66	12.66
3001 ~ 5000 元	723	25.15	37.81
5001 ~ 8000 元	943	32.80	70.61
8001 ~ 10000 元	506	17.60	88.21
10001 ~ 20000 元	215	7.48	95.69
20000 元以上	124	4.31	100.00
合计	2875	100.00	—

6. 参赛组别

如表 6 所示，上海马拉松全程马拉松参赛选手占比 32.94%，半程马拉松参赛选手占比 40.17%，累计占比 73.11%，全程马拉松参赛选手占比高于全国全程马拉松参赛选手占比 1.96 个百分点，半程马拉松参赛选手占比高于全国半程马拉松参赛选手占比 3.1 个百分点。上海马拉松 10 公里跑参赛选手占比为 18.37%，健身跑参赛选手占比为 8.52%（见表 6）。

表 6　上海马拉松参赛选手参赛组别情况

单位：人，%

参赛组别	人数	占比	累计百分比
全程马拉松	947	32.94	32.94
半程马拉松	1155	40.17	73.11
10 公里跑	528	18.37	91.48
健身跑	245	8.52	100.00
合计	2875	100.00	—

7. 参赛动机

参赛选手参赛动机调查为多项选择，如图 1 所示，上海马拉松参赛选手参赛动机最强的是检验能力，其后分别为挑战自我、获得荣誉、体验比赛、旅游交友。

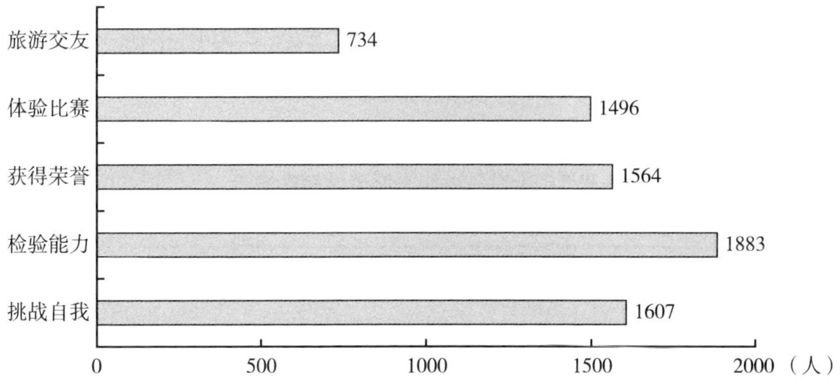

图 1　上海马拉松参赛选手参赛动机情况

8. 年参赛次数情况

调查对象中，每年参加 2 次马拉松赛事的选手占比最高，达 38.26%，每年参加 3 次的选手占比次之，为 27.93%，参加 2 ~ 3 次的选手占比接近

2/3，共计66.19%。参加1次的选手占比17.32%，参加5次及以上的选手占比9.74%，参加4次的选手占比6.75%（见表7）。

表7　上海马拉松参赛选手年参赛次数情况

单位：人，%

参赛次数	人数	占比	累计百分比
1次	498	17.32	17.32
2次	1100	38.26	55.58
3次	803	27.93	83.51
4次	194	6.75	90.26
5次及以上	280	9.74	100.00
合计	2875	100.00	—

（二）志愿者作为被调查者的情况

问卷采用网络问卷的形式进行发放，课题组共收到上海马拉松志愿者有效问卷2131份，以下从不同角度对其进行分析。

1. 性别情况

上海马拉松志愿者的性别占比与参赛选手性别占比相仿，男性占比71.42%，女性占比28.58%，男女比例约为2.5∶1（见表8）。

表8　上海马拉松志愿者性别情况

单位：人，%

性别	人数	占比	累计百分比
男	1522	71.42	71.42
女	609	28.58	100.00
合计	2131	100.00	—

2. 年龄分布

上海马拉松志愿者年龄多集中于18～30岁，18～25岁占比最高，达38.24%，其次为26～30岁，占比37.45%，两者合计为75.69%，这与参赛选手占比高度相似，其余年龄范围占比依次为31～40岁占比13.42%、

18 岁以下占比 7.13%、41～50 岁占比 2.77%、51～60 岁占比 0.66%、60 岁以上占比 0.33%（见表 9）。

表 9　上海马拉松志愿者年龄分布情况

单位：人，%

年龄	人数	占比	累计百分比
18 岁以下	152	7.13	7.13
18～25 岁	815	38.24	45.37
26～30 岁	798	37.45	82.82
31～40 岁	286	13.42	96.24
41～50 岁	59	2.77	99.01
51～60 岁	14	0.66	99.67
60 岁以上	7	0.33	100.00
合计	2131	100.00	—

3. 职业分布

调查结果显示，上海马拉松志愿者中教师占比最高，达 20.04%，占比为 10%～20% 的职业依次为企事业/公司中高层管理人员（17.50%）、企事业/公司基层管理人员（15.34%）、在校学生（10.09%），占比为 5%～10% 的职业依次为公务员（9.53%）、自由职业者（7.84%）、私营业主（5.96%），其余职业占比较低（见表 10）。上海马拉松志愿者的职业分布情况与参赛选手有一定差别，占比较高的职业相仿但具体占比不同。

表 10　上海马拉松志愿者职业分布情况

单位：人，%

职业	人数	占比	累计百分比
在校学生	215	10.09	10.09
自由职业者	167	7.84	17.93
公务员	203	9.53	27.46
教师	427	20.04	47.50
企事业/公司中高层管理人员	373	17.50	65.00
企事业/公司基层管理人员	327	15.34	80.34
私营业主	127	5.96	86.30

续表

职业	人数	占比	累计百分比
医务人员	50	2.35	88.65
科研人员	25	1.17	89.82
军人	15	0.70	90.52
律师	7	0.33	90.85
行政	10	0.47	91.32
财务	13	0.61	91.93
人事	20	0.94	92.87
技术	16	0.75	93.62
市场销售	3	0.14	93.76
文体	44	2.06	95.82
工人	5	0.23	96.05
司机	8	0.38	96.43
农民	2	0.09	96.52
临时工	2	0.09	96.61
保姆/家政服务人员	2	0.09	96.70
退休	3	0.14	96.84
家庭主妇/主夫	2	0.09	96.93
兼职人员(包括退休后在职)	35	1.64	98.57
无工作(失业、下岗、辞职期间)	6	0.28	98.85
其他	24	1.13	99.98
合计	2131	99.98	—

二　赞助效果分析

本节内容主要从参赛选手和志愿者的角度分析上海马拉松的赞助效果，以便赞助商了解以上人群对赞助品牌的主观认知情况，为调整赛事赞助策略提供参考，同时也有利于赛事主办方明确招商方向。

（一）参赛选手的赞助效果分析

1. 参赛选手对赞助企业的主观认知情况

如图 2 所示，汽车企业是参赛选手认知度最高的赞助企业，有 1715 人选择，其次是运动装备企业，有 1638 人选择，再次是矿泉水或饮料企业，有1568人选择，此后分别是啤酒企业（991人）、保险公司（963人）、运动鞋服企业（691人）、银行（686人）、房地产企业（538人），最后是其他（94人）。

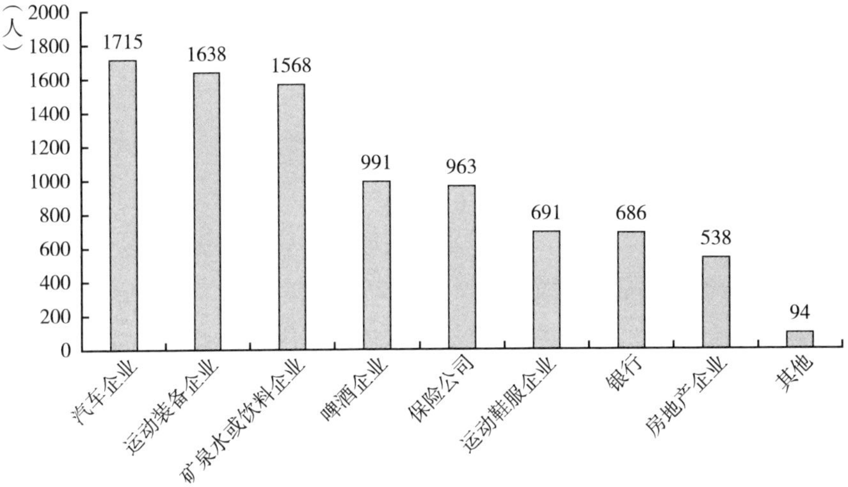

图2　上海马拉松参赛选手对赞助企业的主观认知情况

2. 参赛选手对赞助行为认知情况

本调查共设置7个观点，量表分别有完全同意、比较同意、一般同意、比较不同意、完全不同意五个级别，具体见表11。

表11　上海马拉松参赛选手对赞助行为认知情况

观点	完全同意	比较同意	一般同意	比较不同意	完全不同意
1. 赞助企业的赞助级别高会增加您对其的认知	1561人（54.30%）	610人（21.22%）	317人（11.03%）	144人（5.01%）	243人（8.45%）
2. 赞助企业在现场设置推广体验活动会增加您对其的认知	1436人（49.95%）	707人（24.59%）	365人（12.70%）	187人（6.50%）	180人（6.26%）
3. 赞助企业提供参赛物资和完赛纪念品会增加您对其的认知	1524人（53.01%）	688人（23.93%）	322人（11.20%）	164人（5.70%）	177人（6.16%）
4. 赞助企业在线上与选手互动、举办线上活动会增加您对其的认知	1465人（50.96%）	716人（24.90%）	355人（12.35%）	164人（5.70%）	175人（6.09%）

续表

观点	完全同意	比较同意	一般同意	比较不同意	完全不同意
5. 赞助企业组织跑团、提供参赛名额会增加您对其的认知	1490 人 (51.83%)	720 人 (25.04%)	340 人 (11.83%)	158 人 (5.50%)	167 人 (5.81%)
6. 赞助企业邀请明星或企业代言人参与到赛事中会增加您对其的认知	1428 人 (49.67%)	734 人 (25.53%)	377 人 (13.11%)	170 人 (5.91%)	166 人 (5.77%)
7. 赞助企业长期稳定赞助马拉松赛事会增加您对其的认知	1537 人 (53.46%)	666 人 (23.17%)	348 人 (12.10%)	141 人 (4.90%)	183 人 (6.37%)

第一题主要调查参赛选手对赞助企业的赞助级别的认可度。占比超过一半即 54.30% 的选手表示完全同意，21.22% 的选手表示比较同意，11.03% 的选手表示一般同意，5.01% 的选手表示比较不同意，8.45% 的选手表示完全不同意。一般同意及以上占比为 86.55%。

第二题主要调查参赛选手对赞助企业在现场设置推广体验活动的认可度。49.95% 的选手表示完全同意，24.59% 的选手表示比较同意，12.70% 的选手表示一般同意，6.50% 的选手表示比较不同意，6.26% 的选手表示完全不同意。一般同意及以上占比为 87.24%。

第三题主要调查参赛选手对赞助企业提供参赛物资和完赛纪念品的认可度。53.01% 的选手表示完全同意，23.93% 的选手表示比较同意，11.20% 的选手表示一般同意，5.70% 的选手表示比较不同意，6.16% 的选手表示完全不同意。一般同意及以上占比为 88.14%。

第四题主要调查参赛选手对赞助企业在线上与选手互动、举办线上活动的认可度。50.96% 的选手表示完全同意，24.90% 的选手表示比较同意，12.35% 的选手表示一般同意，5.70% 的选手表示比较不同意，6.09% 的选手表示完全不同意。一般同意及以上占比为 88.21%。

第五题主要调查参赛选手对赞助企业组织跑团、提供参赛名额的认可度。51.83% 的选手表示完全同意，25.04% 的选手表示比较同意，11.83% 的选手表示一般同意，5.50% 的选手表示比较不同意，5.81% 的选手表示完全不同意。一般同意及以上占比为 88.70%。

第六题主要调查参赛选手对赞助企业邀请明星或企业代言人参与到赛事中的认可度。49.67%的选手表示完全同意，25.53%的选手表示比较同意，13.11%的选手表示一般同意，5.91%的选手表示比较不同意，5.77%的选手表示完全不同意。一般同意及以上占比为88.31%。

第七题主要调查参赛选手对赞助企业长期赞助马拉松赛事的认可度。53.46%的选手表示完全同意，23.17%的选手表示比较同意，12.10%的选手表示一般同意，4.90%的选手表示比较不同意，6.37%的选手表示完全不同意。一般同意及以上占比为88.73%。

总体来看，7种赞助行为均得到86%以上选手的认可，表现为一般同意、比较同意、完全同意三个量级。

（二）志愿者的赞助效果分析

1. 赛前培训阶段，工作人员培训志愿者的情况

赛前，赛事组委会工作人员会对志愿者进行培训，91.18%的上海马拉松志愿者表示培训内容中有赞助商情况介绍，8.07%的志愿者表示不记得是否有赞助商情况介绍，0.75%的志愿者表示培训内容中没有赞助商情况介绍（见表12）。赛事组委会工作人员将赛事赞助商情况介绍加入志愿服务培训内容中，可以增加志愿者对赞助品牌的认知。

2. 赛事服务阶段，志愿者关注赞助商展区的情况

如表13所示，86.63%的志愿者表示会关注赞助商展区，12.25%的志愿者表示不一定会关注赞助商展区，1.13%的志愿者表示不会关注赞助商展区。

表12　上海马拉松志愿者培训情况

单位：人，%

培训情况	人数	占比	累计百分比
培训内容中有赞助商情况介绍	1943	91.18	91.18
不记得	172	8.07	99.25
培训内容中没有赞助商情况介绍	16	0.75	100.00
合计	2131	100.00	—

表 13　上海马拉松志愿者关注赞助商展区的情况

单位：人，%

关注情况	人数	占比	累计百分比
会关注赞助商展区	1846	86.63	86.63
不一定	261	12.25	98.88
不会关注赞助商展区	24	1.13	100.01
合计	2131	100.01	—

3. 服务工作结束后，志愿者参与赞助商互动的情况

服务工作结束后，94.98%的志愿者表示会参与赞助商互动，5.02%的志愿者表示不会参与赞助商互动（见表 14）。

表 14　上海马拉松志愿者参与赞助商互动情况

单位：人，%

互动情况	人数	占比	累计百分比
会参与赞助商互动	2024	94.98	94.98
不会参与赞助商互动	107	5.02	100.00
合计	2131	100.00	—

4. 志愿者福利中是否有赞助商产品

如表 15 所示，87.85%的志愿者表示福利中有赞助商产品，10.56%的志愿者表示不清楚有没有赞助商产品，1.60%的志愿者表示没有赞助商产品。

表 15　上海马拉松志愿者福利情况

单位：人，%

福利情况	人数	占比	累计百分比
有赞助商产品	1872	87.85	87.85
不清楚	225	10.56	98.41
没有赞助商产品	34	1.60	100.01
合计	2131	100.01	—

5. 志愿者对赞助企业认知情况

如图 3 所示，志愿者认知度最高的赞助企业是矿泉水或饮料企业，有 1696 人选择，其次是汽车企业，有 1259 人选择，再次是运动装备企业，有 1256 人选择。前三位认知度高的行业与参赛选手选择一致，但三者排序有所不同。此后分别为啤酒企业 773 人、保险公司 695 人、运动鞋服企业 560 人、银行 465 人、房地产企业 410 人以及其他 40 人。

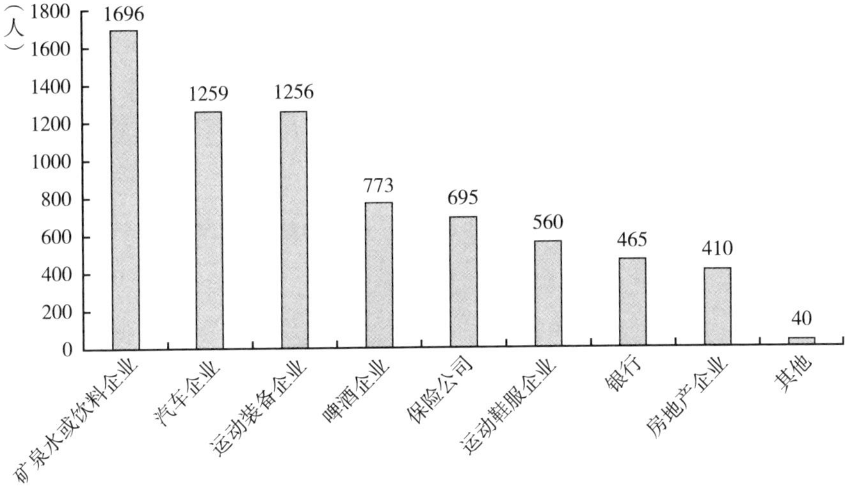

图 3　上海马拉松志愿者对赞助企业认知情况

三　总结与建议

2019 年是上海马拉松创赛的第 24 年，作为国内“双金”级别的大型马拉松赛事，这一年上海马拉松吸引了来自全球 85 个国家和地区的 38000 余名跑者共同领略上海这座国际化大都市的风采。24 年的办赛和组织经验使上海马拉松在广大跑者及群众中树立了良好的口碑。随着社交媒体的发展，赛事的每一个细节都成为赛后传播的亮点，从而提升了上海马拉松的商业价值，使其对赞助商更有吸引力。上海马拉松注重参赛选手的体验，不仅有同等级别的半程马拉松、10 公里跑，还有小型的亲子跑、公益跑等，既可以满足各类跑者的需求，又为赞助商开展宣传活动搭建了更多直面消费者的平台。

从本次调查的基本数据来看，参赛选手和志愿者的男女性别比例相似度高，平均为2.5∶1。年龄情况的调查中，18～40岁的人群占比最高，尤其是18～30岁的人群，他们大多对新鲜事物的接受能力强，愿意参与各类社交活动，购买能力较强；31～40岁的人群大多养成运动习惯，工作、生活普遍较为稳定，购买能力也较强。参赛选手学历调查中，本科及以上学历的占比最高。参赛选手主要是企事业/公司管理人员、自由职业者、公务员、教师，他们大多收入稳定，有时间参加体育运动和社交活动。调查结果显示，参与调查的5000多人来自各行各业，体现出马拉松赛事的包容性和广泛性，有助于赞助商扩大宣传范围。

上海马拉松参赛选手、志愿者对赞助效果印象最深的前三类企业为汽车企业、运动装备企业和矿泉水或饮料企业，这与2019年上海马拉松的赞助品牌较匹配：上海马拉松的赞助商中汽车品牌为宝马、体育品牌为著名国际运动品牌耐克、饮品品牌为怡宝和魔力。除此之外，上海马拉松的赞助商所属行业还包括旅游、金融、珠宝、酒店、营养品等（见图4），商业潜力有目共睹。

上海马拉松组委会将志愿者统称为“小马达”，多从高校统一招募，并根据志愿者表现情况设置光荣榜和奖励机制。志愿者作为继参赛选手之后第二大群体，不仅承担服务工作，也享有赛事带来的荣誉感和福利，使其在增强赛事信任感的同时也对赞助品牌的感知不断加深，有利于赞助企业扩大传播的圈层。

随着管办分离的政策落实，上海马拉松从由上海市体育局主办转变为由上海东浩兰生赛事管理有限公司运营，逐步实现市场化运作。赞助商对上海马拉松赛事运营能力的信任和资金支持，为其带来了相应的回报，通过赞助马拉松赛事，赞助商更好地宣传了品牌，提升了大众对品牌的关注度和好感度。

上海尼尔森市场研究有限公司于2019年下半年发布了《2018马拉松赛

图 4　2019 年上海国际马拉松赞助商

资料来源：上海马拉松官方网站。

事媒体曝光价值报告》，其中就有上海马拉松的媒体价值数据。[1] 上海马拉松在剔除 TVGI[2] 因素影响的情况下，以将近 1485 万的媒体曝光价值排名国内马拉松第一，在 3 小时的转播时间内，为各赞助品牌创造了累计时长超过 5 小时的展示时间，并按照严格的赞助等级体系回报赞助权益，通过视觉颜色的强烈对比对赞助商品牌标识进行展示。专业且严格的赞助等级体系和细节化的处理为上海马拉松赞助商带来了巨大的商业价值。

上海马拉松在我国马拉松赛事中具有举足轻重的地位，为正在发展的马拉松运动产业带来了活力，其虽为老牌赛事，但也在不断进步和创新。无论是跑者的体验方面、对志愿者的关怀方面，还是对赞助商的诚信、对观众与居民的责任和义务等，上海马拉松都体现出马拉松赛事运营的专业水准，在

① 《2018 马拉松赛事媒体曝光价值报告》，新浪微博，2019 年 6 月 27 日，https：//www. weibo. com/ttarticle/p/show？ id =2309404387772063471832#_ 0。

② TVGI 指屏显标识，即转播机构在电视转播画面中通过后期制作加入的图形、标识等。

竞赛组织和赛事管理工作方面也能够更用心、更精准地服务赞助品牌，为赞助商带来更广阔的市场空间。

参考文献

中国田径协会、上海市体育总会：《上海国际马拉松赛事专题》，上海马拉松官网，2019 年 12 月 26 日，http：//www. shmarathon. com/home. dhtml。

中国田径协会：《中国马拉松数据》，中国马拉松网，2019 年 12 月 26 日，http：//www. runchina. org. cn/portal. php？ mod = score&ac = officialdata。

中国田径协会：《一图读懂 2018〈中国马拉松年度工作报告〉》，新华网，2019 年 3 月 11 日，http：//www. xinhuanet. com/sports/2019 – 03/11/c_ 1124219528. htm。

袁卫、庞皓、贾俊平等：《统计学（第四版)》，高等教育出版社，2014。

B.12

广州马拉松赞助市场认知分析

冯晓雨　杨建荣*

摘　要： 赞助商是马拉松赛事中不可或缺的角色，从赞助回报的角度，本报告以广州马拉松参赛选手和志愿者为研究对象，对调查问卷得到的专业数据进行分析，从而阐述广州马拉松赞助市场的现状与问题。调查发现，广州马拉松赞助市场现状要好于全国平均水平。广州马拉松参与者特点有以男性为主导，女性成为新力量，她们年轻、学历高，工作相对稳定。广州马拉松参与人群认为最有可能赞助马拉松的企业与实际情况不一致。课题组提出以下建议：重视女性用户的需求，赞助的商品需精准对接女性跑者；赞助商品形象匹配要到位，更要做到功能匹配；年轻人是马拉松主力军，赞助营销也要年轻化；让赞助营销先“出圈”，再“圈粉”。

关键词： 广州马拉松　赞助市场　女性跑者

广州马拉松于2012年创办，为中国田协A类认证赛事。从2014年起，广州马拉松连续4年被评为中国田协金牌赛事，2018年被评为国际田联金标赛事。作为广州一年一度的国际体育盛会，广州马拉松在面向

* 冯晓雨，体育经济硕士，北京体育大学研究生院硕士研究生，研究方向为体育经济；杨建荣（通讯作者），经济学博士，北京体育大学体育商学院副教授，硕士生导师，中国体育科学学会会员，研究方向为体育经济、体育赛事、体育投融资。

全世界传播城市形象、城市文化、城市价值的同时，也在源源不断地吸引着赞助商的关注。

本次调查采用现场纸质问卷与网络问卷相结合的方式，分别回收1514份参赛选手、1278份志愿者的有效问卷。本报告采用Excel软件进行数据整理、筛查、检验和统计分析。

一 被调查者的基本情况

（一）参赛选手作为被调查者的情况

1. 性别情况

参赛选手中男性占比较高，达70.41%，女性占比29.59%，男女比例约为2.38∶1（见表1）。与本次调查的全国数据相比，广州马拉松女性参赛选手的占比更高。

表1 被调查者性别分布（参赛选手）

单位：人，%

性别	人数	占比	累计百分比
男	1066	70.41	70.41
女	448	29.59	100.00
合计	1514	100.00	—

2. 年龄分布

广州马拉松参赛选手年龄主要分布在18~40岁。如表2所示，18~25岁的参赛选手有557人，占比最高，为36.79%；其次是26~30岁的参赛选手，有506人，占比为33.42%；31~40岁和41~50岁的占比分别为14.99%和4.82%。与本次调查的全国数据相比，广州马拉松参赛选手年龄在18~30岁的占比更高，年龄在31岁及以上的占比更低。由此可见，广州马拉松更受年轻跑者的青睐。

表 2　被调查者年龄分布（参赛选手）

单位：人，%

年龄	人数	占比	累计百分比
18 岁以下	129	8.52	8.52
18～25 岁	557	36.79	45.31
26～30 岁	506	33.42	78.73
31～40 岁	227	14.99	93.72
41～50 岁	73	4.82	98.54
51～60 岁	18	1.19	99.73
60 岁以上	4	0.26	99.99
合计	1514	99.99	—

3. 文化程度

参与调查的广州马拉松参赛选手中，本科学历的选手所占比例最高，为 50.59%；其次高中学历的选手，占比 32.03%；研究生学历的选手占比 10.04%（见表 3）。与本次调查的全国数据相比，广州马拉松参赛选手初中及以下的占比更低，高中学历及以上的占比更高，说明广州马拉松参赛选手的受教育水平高于全国平均水平。

表 3　被调查者文化程度分布（参赛选手）

单位：人，%

学历	人数	占比	累计百分比
初中及以下	111	7.33	7.33
高中	485	32.03	39.36
本科	766	50.59	89.95
研究生	152	10.04	99.99
合计	1514	99.99	—

4. 职业分布

参与调查的广州马拉松参赛选手的职业主要是在校学生、自由职业者、公务员、教师、企事业/公司管理人员、私营业主。具体来看，1514名被调查者中，自由职业者有298人，所占比例最高，为19.68%；其次是企事业/公司中高层管理人员，有245人，占比16.18%；在校学生、自由职业者、公务员、教师、企事业/公司管理人员、私营业主合计占比为87.04%（见表4）。

表4　被调查者职业分布（参赛选手）

单位：人，%

职业	人数	占比	累计百分比
在校学生	169	11.16	11.16
自由职业者	298	19.68	30.84
公务员	161	10.63	41.47
教师	142	9.38	50.85
企事业/公司中高层管理人员	245	16.18	67.03
企事业/公司基层管理人员	189	12.48	79.51
私营业主	114	7.53	87.04
医务人员	37	2.44	89.48
科研人员	17	1.12	90.60
军人	11	0.73	91.33
律师	1	0.07	91.40
行政	6	0.40	91.80
财务	3	0.20	92.00
人事	5	0.33	92.33
技术	28	1.85	94.18
市场销售	14	0.92	95.10
文体	5	0.33	95.43
工人	16	1.06	96.49
司机	3	0.20	96.69
农民	6	0.40	97.09
临时工	3	0.20	97.29
保姆/家政服务人员	1	0.07	97.36
退休	5	0.33	97.69

续表

职业	人数	占比	累计百分比
家庭主妇/主夫	3	0.20	97.89
兼职人员(包括退休后在职)	6	0.40	98.29
无工作(失业、下岗、辞职期间)	5	0.33	98.62
其他	21	1.39	100.01
合计	1514	100.01	—

5. 月收入情况

参与调查的广州马拉松参赛选手月收入主要集中在3001～8000元，占比58.85%。其中，5001～8000元所占比例最高，为31.44%；其次是3001～5000元，占比27.41%；3000元及以下、8001～10000元占比分别为13.47%和15.85%（见表5）。

表5　被调查者月收入情况（参赛选手）

单位：人，%

月收入	人数	占比	累计百分比
3000元及以下	204	13.47	13.47
3001～5000元	415	27.41	40.88
5001～8000元	476	31.44	72.32
8001～10000元	240	15.85	88.17
10001～20000元	106	7.00	95.17
20000元以上	73	4.82	99.99
合计	1514	99.99	—

6. 参赛组别

参与调查的广州马拉松参赛选手参赛组别主要是半程马拉松和全程马拉松。其中，半程马拉松所占比例最高，为36.46%；其次是全程马拉松，占比为32.36%；10公里跑和迷你跑（3～6公里）占比分别为20.08%和

10.50%（见表6）。与本次调查的全国数据相比，广州马拉松参赛选手参加全程马拉松的比例更高，参加半程马拉松的比例更低。

表6　被调查者参赛组别分布

单位：人，%

参赛组别	人数	占比	累计百分比
全程马拉松	490	32.36	32.36
半程马拉松	552	36.46	68.82
10公里跑	304	20.08	88.90
迷你跑(3~6公里)	159	10.50	99.40
其他组别	9	0.59	99.99
合计	1514	99.99	—

7. 参赛动机

广州马拉松参赛选手的参赛动机前三项分别是检验能力、挑战自我和体验比赛（如图1）。其中66.25%的广州马拉松参赛选手选择了“检验能力”这一项，表明大部分广州马拉松参赛选手具备一定的实力、对待比赛态度认真，也从侧面反映出广州马拉松赛事水平相对较高。

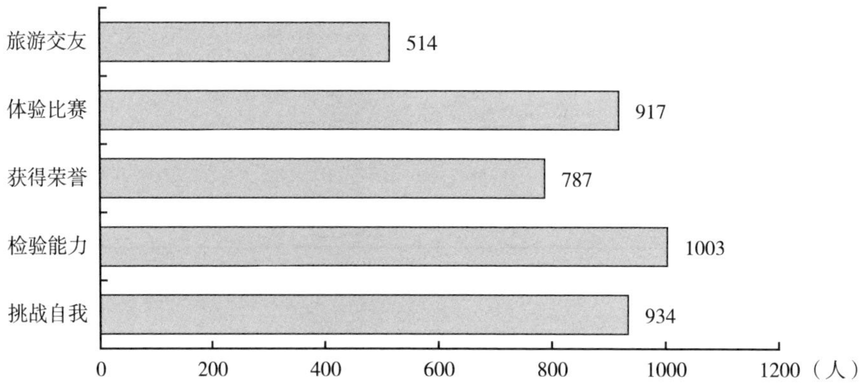

图1　被调查者参赛动机

8. 年参赛次数情况

调查对象中，每年参加 2 次马拉松赛事的选手所占比例最高，为 34.35%；其次是每年参加 3 次，所占比例为 27.28%；每年参加 1 次和 5 次及以上的选手占比分别为 18.96% 和 11.89%（见表 7）。每年参加 2 ~ 3 次马拉松赛事的广州马拉松跑者占到了总人数的六成。

表 7　被调查者年参赛次数情况

单位：人，%

参赛次数	人数	占比	累计百分比
1 次	287	18.96	18.96
2 次	520	34.35	53.31
3 次	413	27.28	80.59
4 次	114	7.53	88.12
5 次及以上	180	11.89	100.01
合计	1514	100.01	—

（二）志愿者作为被调查者的情况

1. 性别情况

参与调查的广州马拉松志愿者共有 1278 人，其中，男性占比较高，为 70.74%，女性占比 29.26%，男女比例约为 2.42∶1（见表 9）。这与参赛选手的性别情况相似。

表 8　被调查者性别分布（志愿者）

单位：人，%

性别	人数	占比	累计百分比
男	904	70.74	70.74
女	374	29.26	100.00
合计	1278	100.00	—

2. 年龄分布

广州马拉松志愿者年龄主要分布在 18 ~ 40 岁。其中，18 ~ 25 岁所占比例最高，为 39.91%；其次是 26～30 岁，占比为 32.47%；31～40 岁和 18 岁以下所占比例分别为 12.13% 和 11.42%。18～30 岁的被调查者占比为 83.80%（见表 9）。与本次调查的全国数据相比，18～25 岁的广州马拉松志愿者所占比例更低，26～30 岁的广州马拉松志愿者所占比例更高。26～30 岁的志愿者占比与参赛选手占比相似，但志愿者年龄在 18～25 岁所占比例比参赛选手高。

表 9　被调查者年龄分布（志愿者）

单位：人，%

年龄	人数	占比	累计百分比
18 岁以下	146	11.42	11.42
18～25 岁	510	39.91	51.33
26～30 岁	415	32.47	83.80
31～40 岁	155	12.13	95.93
41～50 岁	37	2.90	98.83
51～60 岁	7	0.55	99.38
60 岁以上	8	0.63	100.01
合计	1278	100.01	—

3. 职业分布

参与调查的广州马拉松志愿者的职业主要是在校学生、企事业/公司管理人员、教师、自由职业者、公务员、私营业主。其中，在校学生所占比例最高，为 16.20%；其次是企事业/公司基层管理人员，占比为 14.79%；在校学生、自由职业者、公务员、教师、企事业/公司管理人员、私营业主总计占近八成（见表 10）。这一数据与全国数据相若。与广州马拉松参赛选手的职业分布明显不同的是，志愿者中自由职业者所占比例较低：在参赛选手中，自由职业者所占比例最高，但是在志愿者中，自由职业者所占比例排在第 5 位。

表 10　被调查者职业分布（志愿者）

单位：人，%

职业	人数	占比	累计百分比
在校学生	207	16.20	16.20
自由职业者	91	7.12	23.32
公务员	89	6.96	30.28
教师	188	14.71	44.99
企事业/公司中高层管理人员	182	14.24	59.23
企事业/公司基层管理人员	189	14.79	74.02
私营业主	71	5.56	79.58
医务人员	47	3.68	83.26
科研人员	19	1.49	84.75
军人	10	0.78	85.53
律师	2	0.16	85.69
行政	5	0.39	86.08
财务	18	1.41	87.49
人事	23	1.80	89.29
技术	17	1.33	90.62
市场销售	6	0.47	91.09
文体	25	1.96	93.05
工人	7	0.55	93.60
司机	8	0.63	94.23
农民	3	0.23	94.46
临时工	3	0.23	94.69
保姆/家政服务人员	3	0.23	94.92
退休	5	0.39	95.31
家庭主妇/主夫	3	0.23	95.54
兼职人员(包括退休后在职)	27	2.11	97.65
无工作(失业、下岗、辞职期间)	8	0.63	98.28
其他	22	1.72	100.00
合计	1278	100.00	—

二 调查数据结果分析

（一）被调查者的主观认知情况

为了解广州马拉松参赛选手对赞助商赞助行为的主观认知情况，本报告就调查问卷中的7个观点进行分析。

1. 赞助企业的赞助级别高会增加您对其的认知

针对这一观点，8.98%的参赛选手者表示完全不同意，4.82%表示比较不同意，12.42%表示一般同意，21.00%表示比较同意，52.77%表示完全同意。认为企业赞助级别会正向影响其对企业认知的比例超过85%（见图2）。与本次调查的全国数据相比，广州马拉松参赛选手选择"完全同意"一项所占比例高近8个百分点。

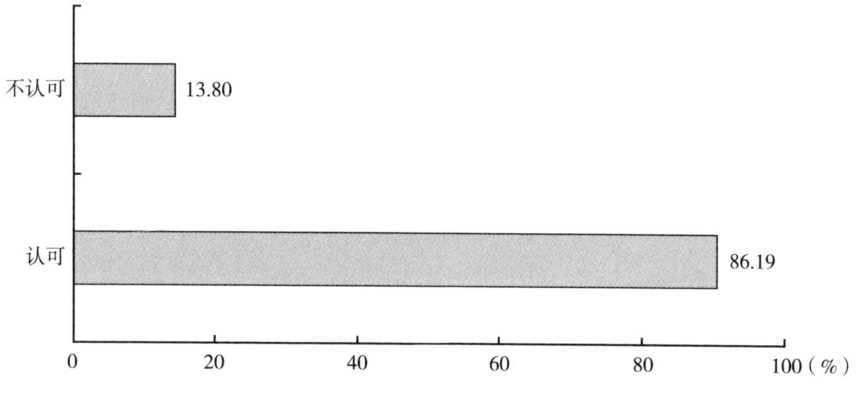

图2 赞助企业的赞助级别高会增加您对其的认知

2. 赞助企业在现场设置推广体验活动会增加您对其的认知

针对这一观点，在广州马拉松参赛选手中，6.41%表示完全不同意，7.13%表示比较不同意，14.60%表示一般同意，23.12%表示比较同意，48.75%表示完全同意。认为赞助企业在现场设置体验活动会增加其对企业认知的比例超过85%（见图3）。

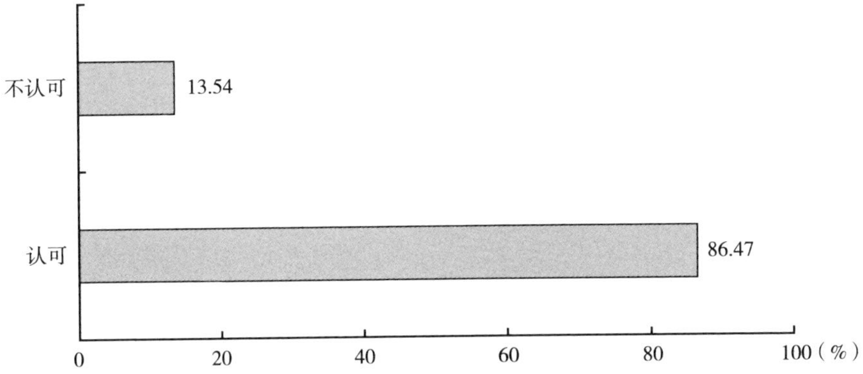

图3　赞助企业在现场设置推广体验活动会增加您对其的认知

3. 赞助企业提供参赛物资和完赛纪念品会增加您对其的认知

针对这一观点，广州马拉松参赛选手中，5.88% 表示完全不同意，7.00% 表示比较不同意，11.56% 表示一般同意，23.45% 表示比较同意，52.11% 表示完全同意。认为赞助企业为参赛选手提供参赛物资和完赛纪念品会增加其对企业认知的比例超过 85%（见图 4）。

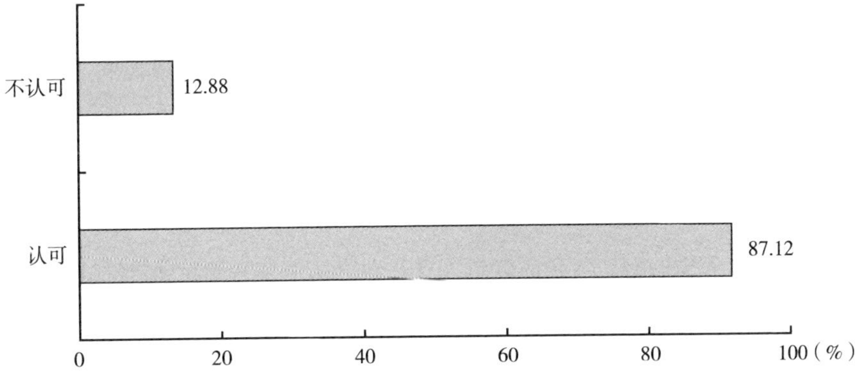

图4　赞助企业提供参赛物资和完赛纪念品会增加您对其的认知

4. 赞助企业在线上与选手互动、举办线上活动会增加您对其的认知

针对这一观点，6.41% 的参赛选手表示完全不同意，6.41% 表示比较不

同意，11.43%表示一般同意，26.29%表示比较同意，49.47%表示完全同意。认为赞助企业在线上与选手互动、举办线上活动会增加其对企业认知的比例超过85%（见图5）。与本次调查的全国数据相比，广州马拉松参赛选手选择“完全同意”一项所占比例高6个百分点。

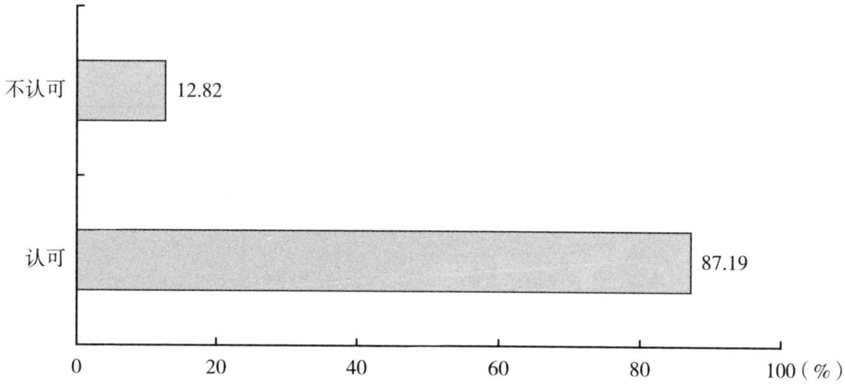

图5　赞助企业在线上与选手互动、举办线上活动会增加您对其的认知

5. 赞助企业组织跑团、提供参赛名额会增加您对其的认知

针对这一观点，5.88%的参赛选手表示完全不同意，6.14%表示比较不同意，13.08%表示一般同意，25.03%表示比较同意，49.87%表示完全同意。认为赞助企业在赛时组织跑团并为选手提供参赛名额会增加其对企业认知的比例超过85%（见图6）。

6. 赞助企业邀请明星或企业代言人参与到赛事中会增加您对其的认知

关于这一观点，5.61%的广州马拉松参赛选手表示完全不同意，7.27%表示比较不同意，12.22%表示一般同意，26.95%表示比较同意，47.95%表示完全同意。认为赞助企业邀请明星或企业代言人参与到赛事中会增加其对企业认知的比例超过85%（见图7）。

7. 赞助企业长期稳定赞助马拉松赛事会增加您对其的认知

针对这一观点，6.74%的参赛选手表示完全不同意，5.15%表示比较不

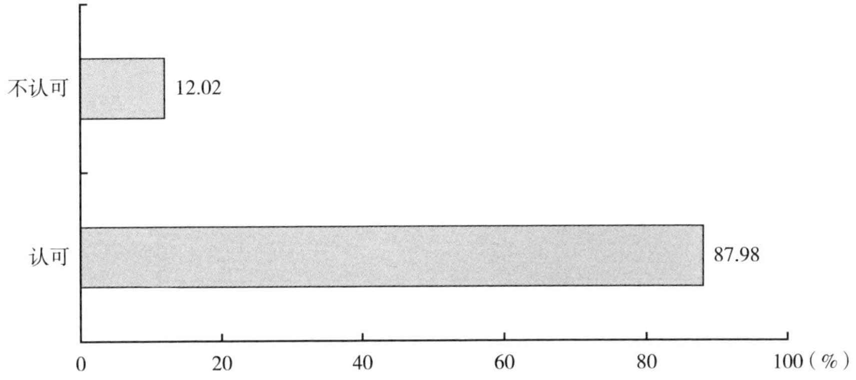

图6　赞助企业组织跑团、提供参赛名额会增加您对其的认知

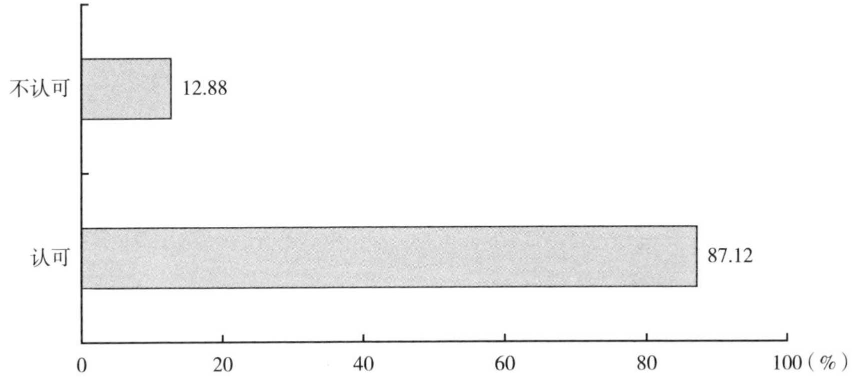

图7　赞助企业邀请明星或企业代言人参与到赛事中会增加您对其的认知

同意，13.01%表示一般同意，23.18%表示比较同意，51.92%表示完全同意。认为赞助企业长期稳定赞助马拉松赛事会增加其对企业认知的比例超过85%（见图8）。

从以上7组数据来看，超过85%的广州马拉松参赛选手认为企业积极参与马拉松赛事赞助，进行合理的赛事营销，比如在线上与选手互动、举办线上活动等，可以增加马拉松参赛选手对赛事赞助商的认知。与本次调查的全国数据相比，广州马拉松参赛选手对赛事赞助企业的认知更加乐观。但是

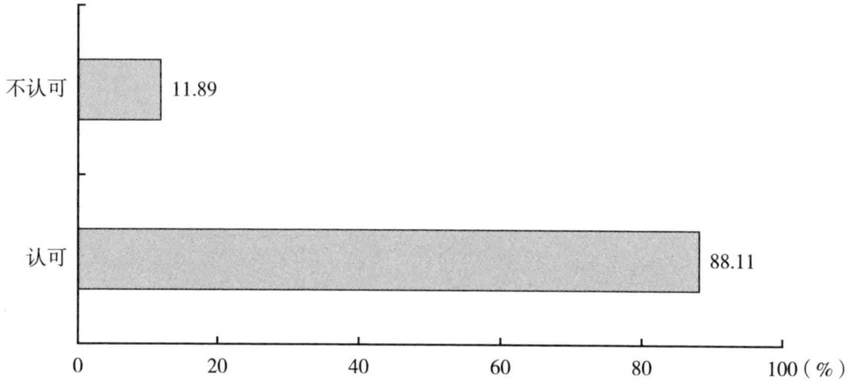

图8　赞助企业长期稳定赞助马拉松赛事增加您对其的认知

仍有11%～14%的参赛选手不认可以上7种赞助行为会增加其对企业的认知。

（二）被调查者的主观认知与实际赞助的差异

根据线上问卷反馈的信息，我们进一步整理了广州马拉松参赛选手和志愿者所认为最有可能赞助马拉松赛事的企业，如图9至图11所示。

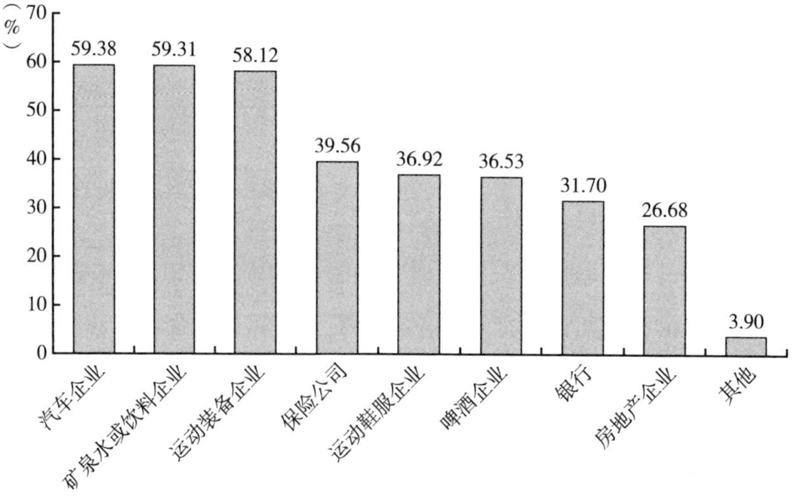

图9　最有可能赞助马拉松赛事的企业（参赛选手）

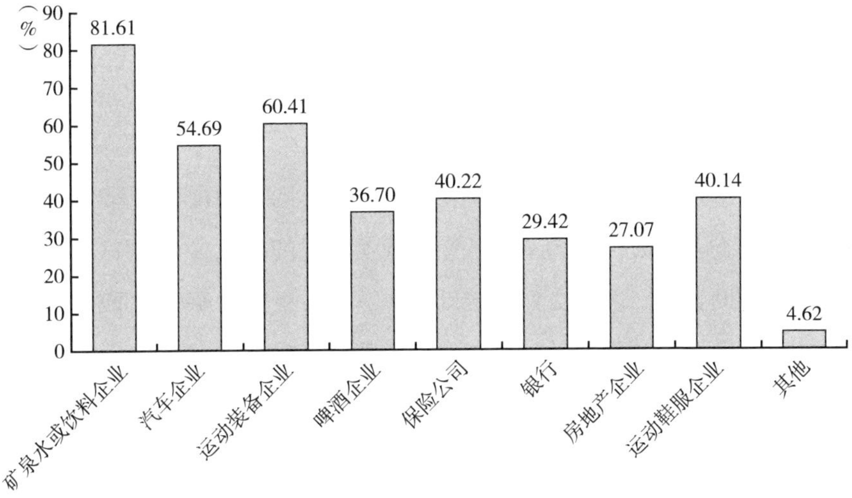

图 10　最有可能赞助马拉松赛事的企业（志愿者）

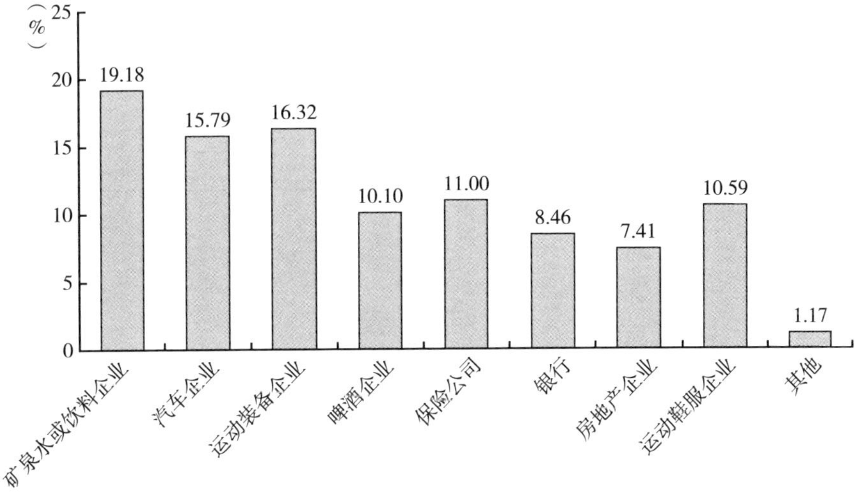

图 11　最有可能赞助马拉松赛事的企业（合计）

如图 11 所示，广州马拉松参赛选手和志愿者认为最有可能赞助赛事的企业排名前四分别是矿泉水或饮料企业、运动装备企业、汽车企业和保险公司。与本次调查的全国数据相比，广州马拉松的被调查者认为保险公司赞助马拉松赛事的可能性比运动鞋服企业更大。

然而通过对比各类企业在马拉松赛事上的实际赞助排名，可以发现广州马拉松被调查者对赞助商的主观认知与现实情况的差异（见表 11）。为了更好地实现赞助目标，获得更好的赞助效果，马拉松赞助商应当重视马拉松参与群体对赞助商的认知，及时调整自己的赞助策略与方案。

表 11　各类企业在马拉松赛事上的赞助排名

企业	主观排名	实际赞助规模排名
矿泉水或饮料企业	1	6
运动装备企业	2	7
汽车企业	3	3
保险公司	4	4
运动鞋服企业	5	8
啤酒企业	6	5
银行	7	2
房地产企业	8	1
其他	9	9

三　结论与建议

作为一线城市，广州举办国际马拉松比赛的时间相对较晚。但是，作为改革开放的前沿城市，广州有相对成熟的市场经济，服务型政府的运行机制较为健全，因而其举办马拉松赛事很快形成自身的发展模式并迅速步入正轨。广州市政府努力将赛事发展与人民的健康、城市的发展结合起来，提出以“名城、和谐、健康”为主题，以及“以城市为舞台”的理念，沿珠江两岸设计赛道路线，集中展示最具岭南特色的人文风情、最具代表性的羊城历史风景名胜和最具时尚气息的文化潮流。从2018年开始，中奥路跑（北京）体育管理有限公司接替智美体育集团获得之后五年广马赛事运营权。据广州马拉松官方统计，2018年广马参赛人数达到近10万人，共吸引了来自48个国家和地区的选手参赛。[①] 广州马拉松赛事定位准确清晰、赛事设计因地制宜，加上广州市政府积极协调和引导，运营商经营有方，因而该赛事后来居上，不断地吸引着赞助商的到来。2019年广州马拉松赛事赞助商见图12。

图12　2019年广州马拉松赛事赞助商

但是，目前来看，马拉松赞助商对于如何实现赞助目标以及如何进行赞助效果评估并没有清晰的认识。企业赞助马拉松赛事大多是为了推广品牌、提升企业品牌资产的价值，可只有当赞助商和被赞助赛事之间具有相关性时，赞助的传播和营销价值才能够显现出来，这种直接或间接的相关性也就是我们所说的赞助匹配度。因此，提高赞助商与被赞助赛事之间的匹配度是一种提高赞助效率的理想策略。当赞助商与马拉松赛事高度匹配时，两者在

① 资料来源：广州马拉松官网。

马拉松参与群体记忆中的联系会更加紧密，马拉松参与群体会感受到认知的一致性，进而对赞助品牌做出积极的反应，使企业创造出积极的品牌效应。

广州马拉松参与群体的特征明显，根据以上分析，课题组对广州马拉松赞助市场发展提出以下建议。

（一）重视女性用户的需求，赞助的商品需精准对接女性跑者

虽然马拉松赛事是由男性主导，但是投入这项挑战中的女性人数日益增多，“跑马”已经成为一种潮流，年轻女性成为参与马拉松赛事的新力量。本次调查数据显示，广州马拉松女性跑者的比例要高于全国整体比例。在广州马拉松赞助市场中，女性跑者的市场价值不容小觑。随着新媒体的兴起，参加马拉松赛事成为一种可以分享的社交方式。当下步入自媒体时代，相比于男性，女性更喜欢在微博和跑圈 App 上分享参赛过程，这样可以让赞助商获得更加广泛的传播力。赞助商提供针对女性跑者的赞助物品，或是开展相关线上、线下活动，都可以加深女性跑者对该赞助商的印象。虽然从 2018 年开始，广州马拉松的赞助商中出现了六福珠宝的身影，但是作为消费市场主要是女性群体的企业，六福珠宝仅仅是为所有广州马拉松完赛选手提供镶金奖牌，2019 年，也并未见到该企业为女性跑者提供有针对性的赞助物品。

（二）赞助商品形象匹配要到位，更要做到功能匹配

马拉松是一项群众参与性较强的运动，比赛时间长，参赛选手体力消耗大，对于食品补给、运动装备和鞋服、汽车、保险有较大的需求，但是与马拉松参与群体主观认知调查结果不同的是，房地产企业和银行才是赞助马拉松的两大主力。而与马拉松赛事直接相关的企业，其赞助规模的排名却靠后。赞助商在看中马拉松赛事参与人数多、宣传力度大的同时，更看中马拉松的精神——“坚持不懈，突破自我”，因为这种精神与其企业精神契合。2019 年广州马拉松的赞助商中就出现了来自房地产企业的正佳广场和来自金融企业的易方达的身影，虽然形象匹配了，但是功能却没有匹配，它们既

不是直接关联企业，也不是间接关联企业。从调查数据中我们也可以看到，在马拉松参与群体看来，较高的功能契合度更有利于马拉松赞助商提高其与赛事之间的黏性，获得更多的回报。从赞助匹配度这一角度来看，马拉松赞助市场要实现功能匹配还有很长的路要走。

（三）年轻人是马拉松主力军，赞助营销也要年轻化

调查显示，广州马拉松参赛选手和志愿者年龄占比最大的都是18～25岁。作为年轻一代，他们从小接触互联网，对于新鲜事物接受程度高，正逐步成长为消费新力量，有着强大的消费需求，但又体现出显著的差异化，比如在产品设计风格上更加注重个性化。2018年，阿迪达斯成为广州马拉松服装品牌赞助商，为参赛选手设计了独家的参赛服和完赛服，在一定程度上满足了马拉松参与人群的个性化需求。马拉松是年轻人的舞台，赞助商想要吸引到马拉松消费群体的目光，就一定要在“年轻”上下功夫。当下年轻人另一大特点是乐于互动。美的携手广州马拉松就是把目标瞄准年轻用户，通过举办线下博览会，准备供拍照留念的“美的小样”，提供拉伸服务的“美的健康”、补充能量的“美的小厨”、充电服务的“美的能量”等，在与马拉松参与群体互动的同时，向年轻人展现美的年轻、时尚的形象。

（四）让赞助营销先“出圈”，再“圈粉”

相比于本次调查的全国数据，广州马拉松参与群体对赞助行为的认可程度更高，反映出广州马拉松的赞助营销水平高于全国平均水平。让赞助营销“出圈”，指的是不仅要在马拉松赛场上吸引参与者的目光，还要在马拉松以外的生活中吸引大众的目光；不仅要让跑圈里人的了解企业产品，还要让跑圈外的人知道企业产品。赞助马拉松赛事和建立企业品牌一样，不是一朝一夕能完成的。广汽丰田连续七年冠名赞助广州马拉松，长期持久的合作，不但有利于广州马拉松赛事的可持续发展，对广汽丰田企业形象的宣传与推广也大有裨益。除了靠长期的合作，创新赞助实物，走心的营销活动更是让马拉松参与者转化成企业消费者的“圈粉”利器。在本次调查的主观题问

答中，针对提高赞助效果，广州马拉松参与者提出了一些建议，例如运动品牌企业可以与广州马拉松这一 IP 联名设计合作款，丰富参赛补给品，提供更加完善的赛事服务，通过提供独特的纪念品增强参与者的体验感和荣誉感，组建赞助企业员工代表跑团。

参考文献

中国田径协会、广州市人民政府：《广州马拉松赛事信息》，广州马拉松官网，2019 年 12 月 26 日，http：//www. guangzhou - marathon. com/。

中国田径协会：《中国马拉松数据》，中国马拉松网，2019 年 12 月 26 日，http：//www. runchina. org. cn/portal. php? mod = score&ac = officialdata。

中国田径协会：《一图读懂 2018〈中国马拉松年度工作报告〉》，新华网，2019 年 3 月 11 日，http：//www. xinhuanet. com/sports/2019 - 03/11/c_ 1124219528. htm。

杨建荣：《体育无形资产中冠名权的研究》，《体育文化导刊》2014 年第 7 期，第 102 ~ 105 页。

袁卫、庞皓、贾俊平等：《统计学（第四版）》，高等教育出版社，2014。

B.13

成都马拉松赞助市场认知分析

张馨月　杨建荣*

摘　要：　作为国内新兴马拉松赛事，成都马拉松以其独特的赛事特色、城市魅力和旅游文化资源吸引了国内外众多跑者参与。本报告以成都马拉松参赛选手和志愿者为研究对象，通过问卷调查和数据分析了解参与者的基本情况、其对赞助效果的主观认知，提出成都马拉松赞助市场发展建议。成都马拉松参与者对赞助商有较好的认知，但参与者对赞助效果的主观认知与实际情况存在差异，赞助商的实际投入与得到的赞助效果不匹配。赞助商需考虑赞助匹配度，并通过各种方式参与赛事，保障赞助效果最大化；赛事主办方应准确地评价赞助效果，保障赞助商的权益，根据实际赞助效果拓展赞助商来源，完善赞助层级，扩大赞助市场。

关键词：　成都马拉松　赞助市场　赞助效果

首届成都国际马拉松于2017年9月23日举行，这是国际马拉松参赛选手在成都城区主干道上第一次奔跑，也是西南规模最大的马拉松赛。

2019年成都国际马拉松于10月27日（星期日）上午7：30在成都举

* 张馨月，体育经济硕士，北京体育大学研究生院硕士研究生，研究方向为体育经济；杨建荣（通讯作者），经济学博士，北京体育大学体育商学院副教授，硕士生导师，中国体育科学学会会员，研究方向为体育经济、体育赛事、体育投融资。

行。指导单位引入了世界马拉松大满贯联盟，竞赛项目有马拉松（42.195公里）、半程马拉松（21.0975公里）、欢乐跑（6公里）、竞速轮椅马拉松（42.195公里）。

一 基本情况

（一）参赛选手作为被调查者的情况

课题组采用现场纸质问卷与网络问卷相结合的形式，以参加过成都马拉松的选手为调查对象，共收到有效问卷707份，回收样本量较大，覆盖人群精准、代表性强，有较高的分析价值。

1. 性别情况

调查问卷显示，707名成都马拉松参赛选手中，男性477人，占比67.47%，女性230人，占比32.53%，男女性别比约为2∶1（见表1）。根据中国田径协会发布的数据，2018年全国马拉松赛事男女跑者占比分别为73.21%和26.79%，可见成都马拉松女性跑者占比高于全国平均水平。

表1 成都马拉松参赛选手性别情况

单位：人，%

性别	人数	占比	累计百分比
男	477	67.47	67.47
女	230	32.53	100.00
合计	707	100.00	—

2. 年龄分布

超过半数的成都马拉松参赛选手年龄集中在30岁及以下，占比76.8%，40岁及以下的跑者占比达到92.36%。人数最多的组别是18~25岁，占比38.61%，其次是26~30岁，占比27.16%，31~40岁和18岁以下分别占比 15.56% 和 11.03%，其他年龄段的跑者占比均小于 10%，其中 60 岁以上的跑者仅有 5 人，占比不足 1%（见表 2）。

表 2　成都马拉松参赛选手年龄分布

单位：人，%

年龄	人数	占比	累计百分比
18 岁以下	78	11.03	11.03
18～25 岁	273	38.61	49.64
26～30 岁	192	27.16	76.80
31～40 岁	110	15.56	92.36
41～50 岁	34	4.81	97.17
51～60 岁	15	2.12	99.29
60 岁以上	5	0.71	100.00
合计	707	100.00	—

3. 文化程度

成都马拉松参赛选手中本科学历的人数最多，占比 46.96%，其次是高中学历，占比 30.41%，再次是研究生学历，占比 13.15%，初中及以下学历占比为 9.48%（见表 3）。与全国数据相比，成都马拉松参赛选手中本科学历占比低 2.53 个百分点，研究生学历占比高 4.5 个百分点，高中学历占比低 1.36 个百分点，初中及以下学历占比低 0.62 个百分点。

表 3　成都马拉松参赛选手文化程度

单位：人，%

学历	人数	占比	累计百分比
初中及以下	67	9.48	9.48
高中	215	30.41	39.89
本科	332	46.96	86.85
研究生	93	13.15	100.00
合计	707	100.00	—

4. 职业分布

对成都马拉松参赛选手的职业进行分析，如表 4 所示，占比超过 10% 的职业分别是自由职业者（23.48%）、企事业/公司中高层管理人员（16.12%）、在校学生（11.88%）、企事业/公司基层管理人员（10.04%）。占比在 5% ~10% 的职业有私营业主（8.06%）、公务员（7.21%）、教师（6.93%），其他职业跑者人数较少，合计占比约 16%。

表 4 成都马拉松参赛选手职业分布

单位：人，%

职业	人数	占比	累计百分比
在校学生	84	11.88	11.88
自由职业者	166	23.48	35.36
公务员	51	7.21	42.57
教师	49	6.93	49.50
企事业/公司中高层管理人员	114	16.12	65.62
企事业/公司基层管理人员	71	10.04	75.66
私营业主	57	8.06	83.72
医务人员	20	2.83	86.55
科研人员	10	1.41	87.96
军人	8	1.13	89.09
律师	1	0.14	89.23
行政	8	1.13	90.36
财务	4	0.57	90.93
人事	2	0.28	91.21
技术	6	0.85	92.06
市场销售	13	1.84	93.90
文体	2	0.28	94.18
工人	9	1.27	95.45
司机	0	0.00	95.45
农民	1	0.14	95.59
临时工	0	0.00	95.59

续表

职业	人数	占比	累计百分比
保姆/家政服务人员	1	0.14	95.73
退休	4	0.57	96.30
家庭主妇/主夫	1	0.14	96.44
兼职人员(包括退休后在职)	1	0.14	96.58
无工作(失业、下岗、辞职期间)	6	0.85	97.43
其他	18	2.55	99.98
合计	707	99.98	—

5. 月收入情况

参与调查的成都马拉松选手月收入多集中在 3001 ~ 8000 元，占比 54.03%。月收入在 5001 ~ 8000 元占比 27.72%，月收入在 3001 ~ 5000 元占比 26.31%，月收入在 3000 元及以下和 8001 ~ 10000 元占比分别是 15.98% 和 14.57%，月收入在 10001 ~ 20000 元占比 7.78%，月收入在 20000 元以上占比最低，为 7.64%。成都马拉松参赛选手月收入在 10000 元及以下各范围人数占比均低于全国平均水平，月收入在 10000 元以上人数占比高于全国平均水平。

表 5　成都马拉松参赛选手月收入情况

单位：人，%

月收入	人数	占比	累计百分比
3000 元及以下	113	15.98	15.98
3001 ~ 5000 元	186	26.31	42.29
5001 ~ 8000 元	196	27.72	70.01
8001 ~ 10000 元	103	14.57	84.58
10001 ~ 20000 元	55	7.78	92.36
20000 元以上	54	7.64	100.00
合计	707	100.00	—

6. 参赛组别

对成都马拉松跑者的参赛组别进行调查，结果如表 6 所示，全程马拉松选手占比 38.05%，比全国数据高 7.07 个百分点，半程马拉松选手占比 33.38%，比全国数据低 3.69 个百分点。成都马拉松累计共有 71.43% 的选手参加全程马拉松和半程马拉松，高于全国数据的占比 68.05%；成都马拉松迷你跑选手占比 11.88%，与全国数据基本持平。

表 6　成都马拉松参赛选手参赛组别情况

单位：人，%

参赛组别	人数	占比	累计百分比
全程马拉松	269	38.05	38.05
半程马拉松	236	33.38	71.43
10 公里跑	110	15.56	86.99
迷你跑(3～6 公里)	84	11.88	98.87
其他组别	8	1.13	100.00
合计	707	100.00	—

7. 参赛动机

如图 1 所示，成都马拉松选手的参赛动机中排名第一的是挑战自我（与全国数据结果相同），其后分别是检验能力、体验比赛、获得荣誉、旅游交友。

8. 年参赛次数情况

被调查的参赛选手中，每年参加 2 次马拉松赛事的选手最多，占比为 31.26%，其次是每年参加 1 次马拉松赛事的选手，占比 23.34%，每年参加 3 次马拉松赛事的选手占比为 21.92%，参加 1～3 次的选手占比共计 76.52%。参加 4 次的选手占比仅为 5.52%，参加 5 次及以上的选手占比为 17.96%（见表 7），明显高于全国数据的占比 8.28%。

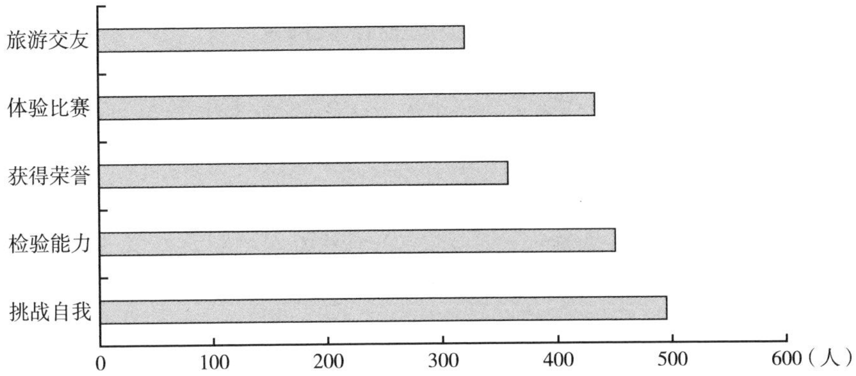

图1　成都马拉松参赛选手参赛动机情况

表7　成都马拉松参赛选手年参赛次数情况

单位：人，%

参赛次数	人数	占比	累计百分比
1 次	165	23.34	23.34
2 次	221	31.26	54.60
3 次	155	21.92	76.52
4 次	39	5.52	82.04
5 次及以上	127	17.96	100.00
合计	707	100.00	—

（二）志愿者作为被调查者的情况

课题组采用现场纸质问卷与网络问卷相结合的方式，以参加过成都马拉松的志愿者为调查对象，共收到有效问卷806份，回收样本量较大，覆盖人群精准、代表性强，有较高的分析价值。

1. 性别情况

成都马拉松志愿者中，男性占比59.31%，女性占比40.69%，男女比例约为1.46∶1，明显低于参赛选手男女比例（见表8）。

表8　成都马拉松志愿者性别情况

单位：人，%

性别	人数	占比	累计百分比
男	478	59.31	59.31
女	328	40.69	100.00
合计	806	100.00	—

2. 年龄分布

成都马拉松志愿者中，年龄在18～25岁的占比最高，达56.33%，其次是26～30岁，占比为20.22%，其余年龄范围占比分别为18岁以下占比11.41%、31～40岁占比8.93%、41～50岁占比2.48%、51～60岁占比0.12%、60岁以上占比0.50%（见表9）。

表9　成都马拉松志愿者年龄分布

单位：人，%

年龄	人数	占比	累计百分比
18岁以下	92	11.41	11.41
18～25岁	454	56.33	67.74
26～30岁	163	20.22	87.96
31～40岁	72	8.93	96.89
41～50岁	20	2.48	99.37
51～60岁	1	0.12	99.49
60岁以上	4	0.50	99.99
合计	806	99.99	—

3. 职业分布

如表10所示，成都马拉松志愿者中，在校学生人数占比最高，达到43.42%，成都马拉松志愿者大多来自高校，如成都大学、成都体育学院、四川师范大学、电子科技大学成都学院等；其次是私营业主，占比为10.42%；再次是企事业/公司基层管理人员和中高层管理人员，占比分别是8.93%和8.68%。成都马拉松志愿者的职业分布与参赛选手的职业分布有一定差别。

表10　成都马拉松志愿者职业分布

单位：人，%

职业	人数	占比	累计百分比
在校学生	350	43.42	43.42
私营业主	84	10.42	53.84
企事业/公司基层管理人员	72	8.93	62.77
企事业/公司中高层管理人员	70	8.68	71.45
行政	40	4.96	76.41
公务员	34	4.22	80.63
教师	32	3.97	84.60
自由职业者	27	3.35	87.95
医务人员	14	1.74	89.69
工人	13	1.61	91.30
其他	12	1.49	92.79
技术	10	1.24	94.03
人事	8	0.99	95.02
军人	6	0.74	95.76
市场销售	6	0.74	96.50
无工作（失业、下岗、辞职期间）	6	0.74	97.24
财务	5	0.62	97.86
科研人员	4	0.50	98.36
农民	3	0.37	98.73
保姆/家政服务人员	3	0.37	99.10
家庭主妇/主夫	2	0.25	99.35
兼职人员（包括退休后在职）	2	0.25	99.60
文体	1	0.12	99.72
司机	1	0.12	99.84
临时工	1	0.12	99.96
律师	0	0.00	99.96
退休	0	0.00	99.96
合计	806	99.96	—

二　赞助效果的调研分析：主观认知

本次问卷调查的重点是了解参赛选手、志愿者对赞助商参与马拉松赛事赞助活动的主观认知情况，以便赞助商进一步评估赞助效果，调整赞助策略，同时也便于马拉松赛事组委会开展招商工作。

（一）参赛选手对赞助效果的认知

1. 参赛选手对赞助商企业的认知

如图2所示，矿泉水或饮料企业是参赛选手认知度最高的赞助企业，有484人选择该类企业，另外有435人选择运动装备企业，420人选择汽车企业，338人选择运动鞋服企业，其后分别是保险公司（294人）、银行（253人）、房地产企业（252人）、啤酒企业（250人）、其他（49人）。

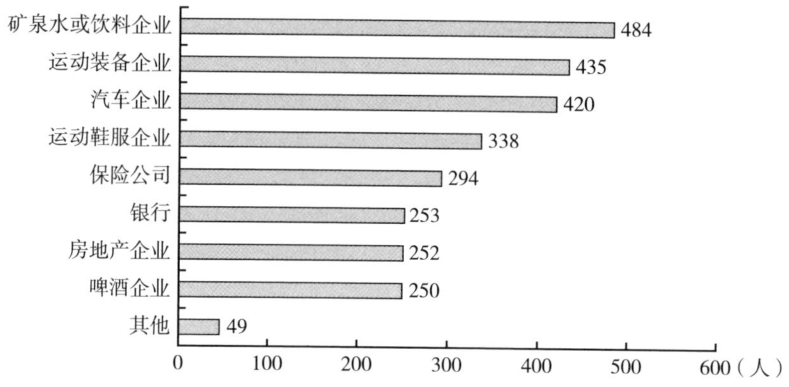

图2　成都马拉松参赛选手对赞助企业的认知

2. 参赛选手对赞助商品牌的认知

对参赛选手是否记得赞助商品牌进行调查，结果显示，记得冠名赞助商品牌的选手有596人，占比84.30%，记得主要赞助商品牌的选手有457人，占比64.64%（见图3）。大多数选手能在赛后记得主要赞助商的品牌，对冠名赞助商的印象更加深刻，也从侧面说明赞助级别越高，越能给参赛者留下深刻印象。

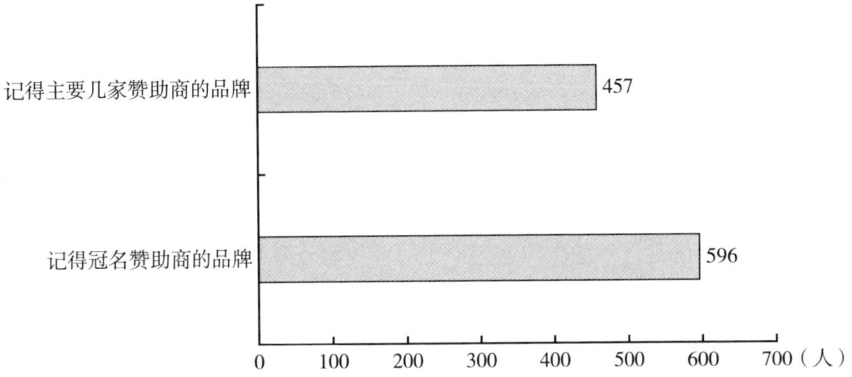

图3　成都马拉松参赛选手对赞助商品牌的认知

3. 参赛选手对赞助行为的认知

本部分采用五级量表对参赛选手对赞助行为的认知进行分析，量表选项有完全同意、比较同意、一般同意、比较不同意、完全不同意，具体如下。

（1）赞助企业的赞助级别高会增加您对其的认知

针对这个观点，86.27%的选手表示同意，13.72%的选手表示不同意（见图4）。具体数据显示，超过半数的选手（52.19%）表示完全同意，20.93%的选手表示比较同意，13.15%的选手表示一般同意，4.81%的选手表示比较不同意，8.91%的选手表示完全不同意。

（2）赞助企业在现场设置推广体验活动会增加您对其的认知

如图5所示，对于这个观点，88.11%的选手表示认可，11.88%的选手表示不认可。具体数据中，约半数（49.5%）的选手表示完全同意，24.61%的选手表示比较同意，14.00%的选手表示一般同意。但也有5.52%的选手比较不同意此观点，6.36%的选手完全不同意。

（3）赞助企业提供参赛物资和完赛纪念品会增加您对其的认知

对于赞助企业为选手提供参赛物资和完赛纪念品，88.40%的选手认为

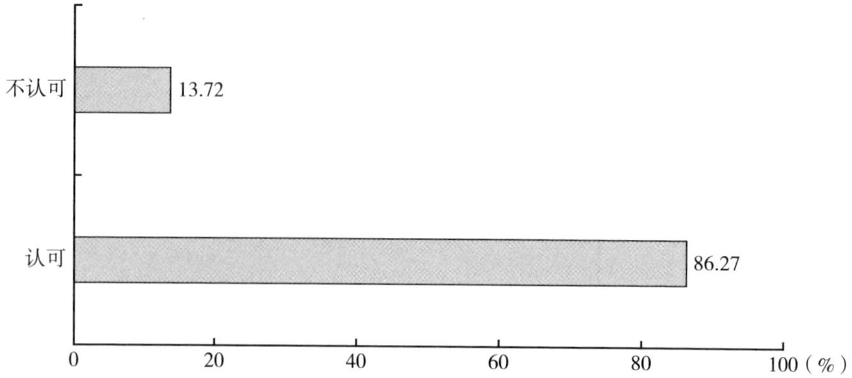

图4　赞助企业的赞助级别高会增加您对其的认知

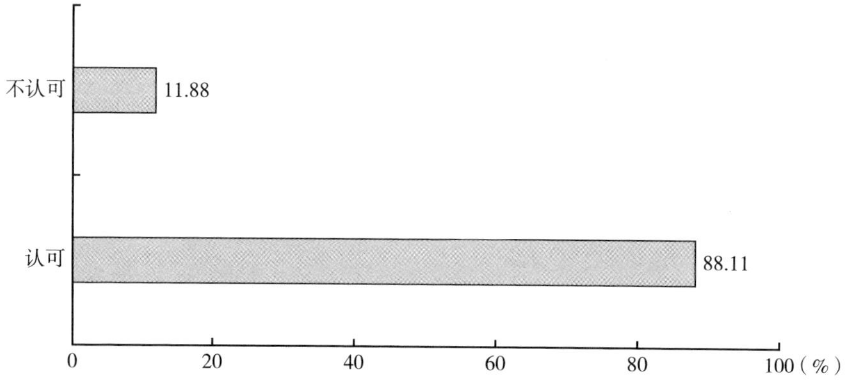

图5　赞助企业在现场设置推广体验活动会增加您对其的认知

此举可以增加其对企业的认知（见图6）。具体数据中，53.04%的选手表示完全同意，20.79%的选手表示比较同意，14.57%的选手表示一般同意。但不认可此观点的选手占比11.60%，其中4.81%的选手表示比较不同意，6.79%的选手表示完全不同意。

（4）赞助企业在线上与选手互动、举办线上活动会增加您对其的认知

对于赞助企业在线上与选手互动、举办线上活动，87.56%的选手认为此举能增加其对企业的认知，也有12.44%的选手持反对意见（见图7）。具体数据中，完全同意此观点的选手占比50.92%，比较同意的选手占比

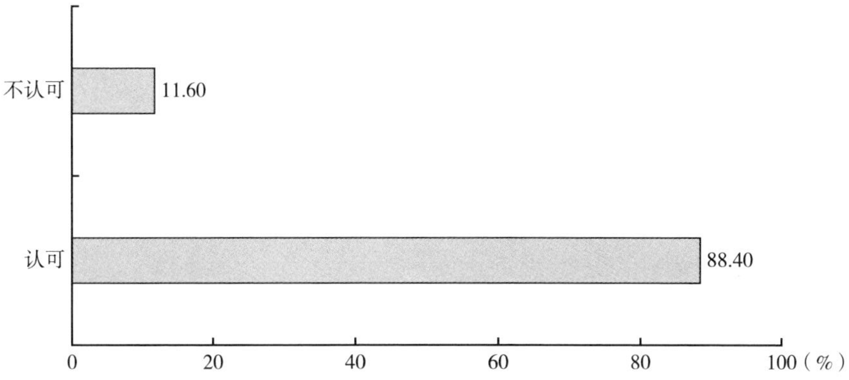

图 6　赞助企业提供参赛物资和完赛纪念品会增加您对其的认知

23.34%，一般同意的选手占比 13.30%，比较不同意的选手占比 5.23%，完全不同意的选手占比 7.21%。

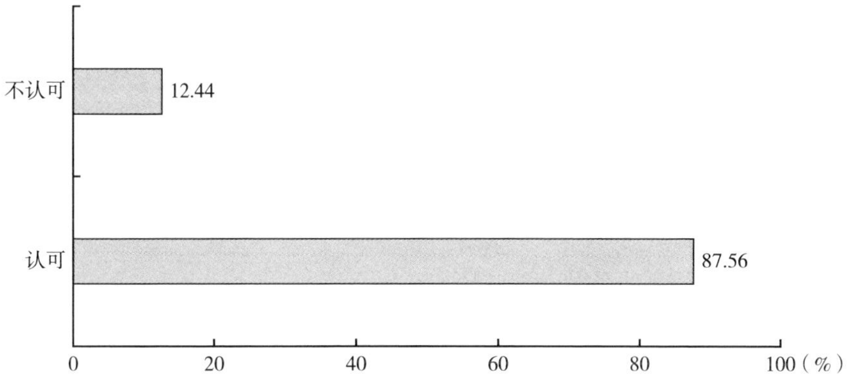

图 7　赞助企业在线上与选手互动、举办线上活动会增加您对其的认知

（5）赞助企业组织跑团、提供参赛名额会增加您对其的认知

调查显示，88.69%的参赛选手认为此举可以增加其对赞助企业的认知。具体数据中，完全同意此观点的选手占比 51.63%，比较同意的选手占比 25.18%，一般同意的选手占比 11.88%。11.32%的选手持反对意见，其中 4.53%的选手表示比较不同意，6.79%的选手表示完全不同意（见图 8）。

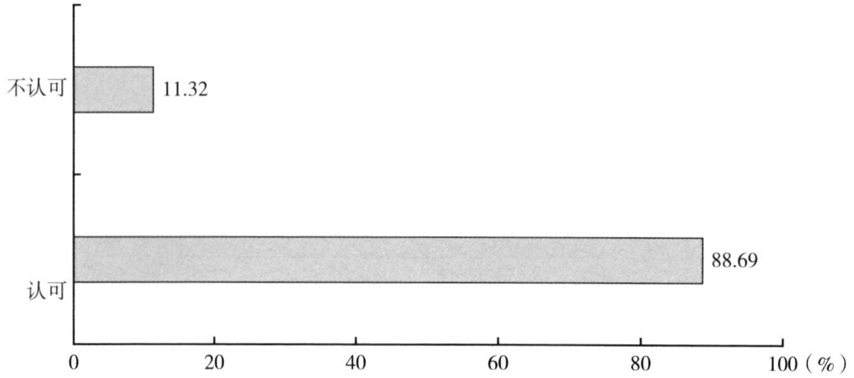

图8　赞助企业组织跑团、提供参赛名额会增加您对其的认知

（6）赞助企业邀请明星或者企业代言人参与到赛事中会增加您对其的认知

赞助企业邀请明星或企业代言人参与到赛事中，这种行为得到87.70%的选手支持，其中49.79%的选手表示完全同意，24.33%的选手表示比较同意，13.58%的选手表示一般同意。此外还有12.31%的选手持反对意见，其中5.66%的选手表示比较不同意，6.65%的选手表示完全不同意（见图9）。

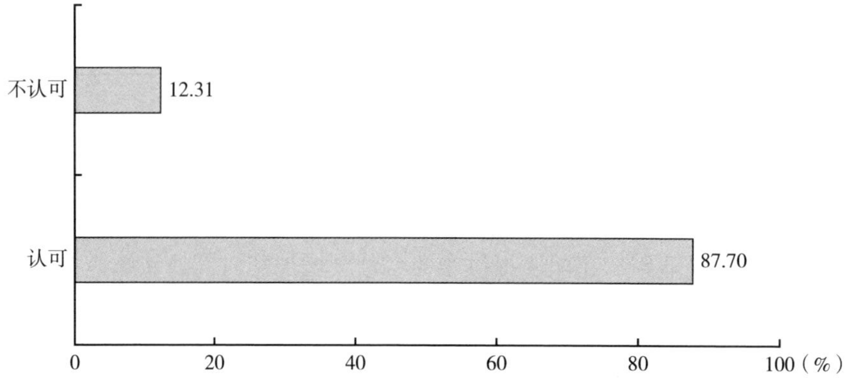

图9　赞助企业邀请明星或企业代言人参与到赛事中会增加您对其的认知

（7）赞助企业长期稳定赞助马拉松赛事会增加您对其的认知

针对这一观点，如图 10 所示，87.55%的选手表示认可，仅有 12.45%的选手表示不认可。具体数据中，51.20%的选手表示完全同意，23.76%的选手表示比较同意，12.59%的选手表示一般同意，4.53%的选手表示比较不同意，7.92%的选手表示完全不同意。

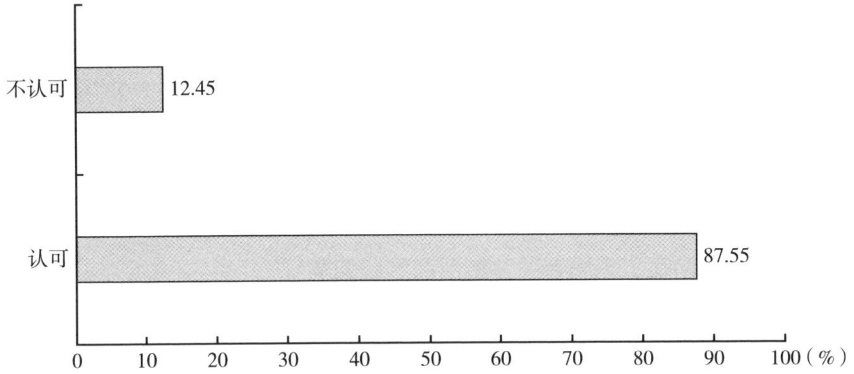

图 10　赞助企业长期稳定赞助马拉松赛事会增加您对其的认知

综合以上 7 个观点的具体数据，可以发现，绝大部分参赛选手认为赞助企业积极参与赛事、在赛事筹备过程中和现场主动与参与人群互动交流，通过多种方式提升跑者用户体验等能有效增加其对赞助企业的认知。此外，11%～14%的参赛选手不认可以上 7 个观点。因此，企业在赞助马拉松赛事时，既要考虑企业与马拉松赛事的匹配度，也要站在参赛选手的角度，通过采用不同的赞助形式实现赞助效果最大化。

（二）志愿者对赞助效果的认知

1. 赛前培训阶段，工作人员培训志愿者的情况

赛前，赛事组委会工作人员会对志愿者进行培训，绝大部分（84.37%）成都马拉松志愿者表示培训内容中有赞助商情况介绍，12.66%的志愿者表示不记得是否有赞助商情况介绍，2.98%的志愿者表示培训内容中没有赞助

商情况介绍（见表11）。赛事组委会工作人员应在志愿者培训内容中注重对赞助商情况的介绍和传达，增加志愿者对企业的品牌认知。

表11　成都马拉松志愿者培训情况

单位：人，%

培训情况	人数	占比	累计百分比
培训内容中有赞助商情况介绍	680	84.37	84.37
不记得	102	12.66	97.03
培训内容中没有赞助情况介绍	24	2.98	100.01
合计	806	100.01	—

2. 赛事服务阶段，志愿者关注赞助商展区的情况

72.21%的成都马拉松志愿者表示会关注赞助商展区，26.43%的志愿者表示因为工作安排区域的不同，不一定会关注赞助商展区，还有1.36%的志愿者表示不会关注赞助商展区（见表12）。

表12　成都马拉松志愿者关注赞助商展区的情况

单位：人，%

关注情况	人数	占比	累计百分比
会关注赞助商展区	582	72.21	72.21
不一定	213	26.43	98.64
不会关注赞助商展区	11	1.36	100.00
合计	806	100.00	—

3. 服务工作结束后，志愿者参与赞助商互动的情况

82.75%的志愿者表示，赛事服务工作结束后会参与赞助商互动、领取小礼品等，17.25%的志愿者表示不会参与赞助商互动，这可能与志愿者工作安排区域有关系，赛道中部分志愿者不一定能关注赞助商展区，因此影响到与赞助商的互动（见表13）。

表 13　成都马拉松志愿者参与赞助商互动情况

单位：人，%

互动情况	人数	占比	累计百分比
会参与赞助商互动	667	82.75	82.75
不会参与赞助商互动	139	17.25	100.00
合计	806	100.00	—

4. 志愿者福利中是否有赞助商产品

如表 14 所示，89.21% 的志愿者表示福利中有赞助商产品，7.69% 的志愿者不清楚是否有赞助商产品，3.10% 的志愿者表示福利中没有赞助商产品。

表 14　成都马拉松志愿者福利情况

单位：人，%

福利情况	人数	占比	累计百分比
有赞助商产品	719	89.21	89.21
不清楚	62	7.69	96.90
没有赞助商产品	25	3.10	100.00
合计	806	100.00	—

5. 志愿者对赞助企业认知情况

如图 11 所示，成都马拉松志愿者认知度最高的赞助企业是矿泉水或饮料企业，有 686 人，其次是运动装备企业，有 552 人，该结果与参赛选手对赞助企业的认知相同。排名第三的是运动鞋服企业，有 491 人，第四是汽车企业，这与参赛选手对赞助企业认知第三、第四名排序不同。其后分别是保险公司（301 人）、银行（211 人）、房地产企业（208 人）、啤酒企业（208 人）、其他（48 人），这与参赛选手对赞助行业的认知排序基本相同。

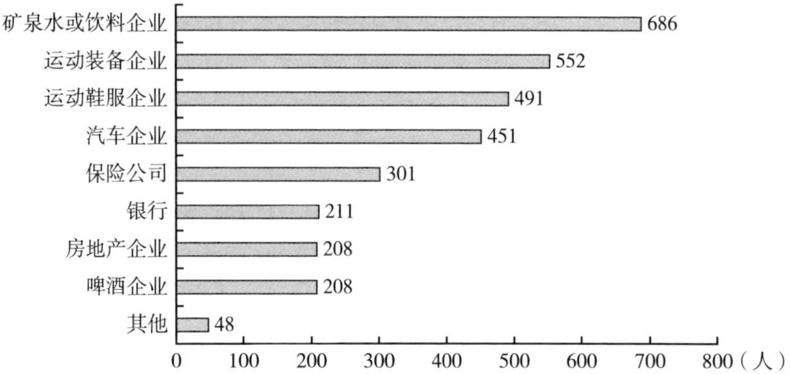

图 11　成都马拉松志愿者对赞助企业的认知

三　关于赞助效果的分析与建议

1. 成都马拉松赞助商情况

成都马拉松办赛历史不长，2019 年是开跑第三年，但发展迅速，是中国田径协会认证的银牌赛事，于 2019 年 5 月成为中国首个被提名为世界马拉松大满贯赛事的候选赛事，将有机会在几年后正式成为世界马拉松大满贯的一员，这将对中国马拉松整体发展格局产生重要影响，也将为成都马拉松赞助市场带来机遇和挑战。2017 年 10 月，成都马拉松第一次开跑就吸引了 2 万名跑友参与，2018 年参赛选手增至 2.8 万人，其较高的参赛门槛并没有阻止赛事规模进一步扩大，2019 年参赛选手增至 3 万人，这主要是因为成都马拉松赛事特色、城市文化特色突出，配套活动丰富，具有较强的吸引力。

本次调研结果显示，成都马拉松参赛选手、志愿者的男女性别比例均低于全国数据性别比，女性参与者较多。18～30 岁人群为主要参与人群，这部分人热爱运动，注重社交，消费观念超前，有一定的消费能力。参赛选手中，本科及以上学历人数较多，占比近五成，他们对新鲜事物接受度高。参赛选手主要来自自由职业者、企事业/公司管理人员、在校学生、私营业主、公务员、教师，这部分人有一定的经济基础，有时间参与体育运动。月收入调查结果显示，过半参赛选手月收入在 3001～8000 元，他们有较好的经济基础和较强的消费能力。整体而言，成都马拉松参与群体主要是年轻人，他们收入稳定、受教育程度高，来自各行各业，这有利于赛事组织方开展赞助招商工作，赛事与企业品牌具有较高的赞助匹配度。

2017～2019 年成都马拉松赞助合作企业明细见表 15、表 16，赞助层级在 3 年中有所调整，2017 年的顶级合作伙伴和官方合作伙伴，到 2018 年发展为官方合作伙伴，来自汽车行业的东风日产连续 3 年成为冠名赞助商，是成都马拉松最高级别的赞助商，2018 年特步取代亚瑟士和太平洋保险成为官方合作伙伴，饮品类从 2017～2018 年的怡宝魔力变为 2019 年的百岁山，其他赞助商还涉及传媒、通信、物流、航空、银行、食品等行业，整体赞助商层次分明，赞助市场还有较大的增长潜力。

表 15　成都马拉松 2017 年赞助商情况

赞助类型	赞助商名称
冠名赞助商	东风日产
顶级合作伙伴	亚瑟士、太平洋保险
官方合作伙伴	怡宝魔力
官方赞助商	宜信
官方支持商	香天下、华为、京东物流、中国体育彩票、肯德基、爱康国宾健康体检、圣贝牙科、新希望、麦岁啤酒

数据来源：笔者根据成都马拉松官网整理。

表 16　成都马拉松 2018 年、2019 年赞助商情况

赞助类型	2018 年赞助商名称	2019 年赞助商名称
冠名赞助商	东风日产	东风日产
官方合作伙伴	特步	特步
官方赞助商	中国移动、万达广场、怡宝魔力、新潮传媒	中国移动、万达广场、百岁山
官方供应商	悦跑圈、京东物流、徐福记、四川航空、运动保	哈尔滨银行、希尔顿、佳得乐、京东物流、悦跑圈

数据来源：笔者根据成都马拉松官网整理。

2. 参与者对赞助主观认知与实际赞助的差异

通过调研结果不难发现，成都马拉松参与者对赞助效果的认知与实际赞助情况有差异。根据图 2 参赛选手对赞助企业的认知和图 11 志愿者对赞助企业的认知，成都马拉松参与者印象最深的赞助企业排名前四分别是矿泉水或饮料企业、运动装备企业、汽车企业、运动鞋服企业，但这与实际赞助企业有差异。如表 17 所示，成都马拉松实际赞助商等级和规模排名，第一是来自汽车企业的东风日产，第二是来自运动鞋服企业的特步，第三是矿泉水或饮料企业如怡宝魔力、百岁山，第四是运动装备企业。①

表 17　各行业赞助马拉松赛事的排名情况

行业	主观排名	实际赞助等级和规模排名
矿泉水或饮料企业	1	3
运动装备企业	2	4
汽车企业	3	1
运动鞋服企业	4	2

这说明成都马拉松赞助商实际投入与得到的赞助效果不匹配。赞助企业要想通过较少的赞助投入使赞助效果最大化，在选择赛事时就需要考虑赞助匹配度，并在赞助过程中通过各种方式参与赛事。同时，赛事举办方应尽可能准确地评价赞助效果，保障赞助商的权益，这样不仅能与企业开展长期稳定的合作，还能根据实际赞助效果拓展赞助商来源，完善赞助层级，扩大赞助市场。

3. 对成都马拉松赞助市场发展的建议

成都马拉松作为国内马拉松赛事中的新兴赛事，办赛时间不长，但参与人数多、规模大、赛事吸引力大、当地政府和群众支持力度大，加上成都旅游资源和文化资源丰富，成都马拉松依托地区优势和特色文化，将体育与旅游较好地结合起来，其品牌价值和开发潜力不可低估。赛事组织者应提高组

① 因成都马拉松赞助商并非每年涉及样本设置中的所有行业，此处仅选择排名靠前且参与者对赞助行业认知结果与实际赞助情况差异较大的行业进行对比。

织管理能力，提升赛事服务水平，学习其他赛事办赛经验，深挖赛事价值，打造成都特色体育品牌赛事。成都马拉松赛事价值得到提升后，将更有利于主办方招商引资，扩大赞助规模，实现更大的赞助目标。

参考文献

中国田径协会、成都市人民政府：《成都马拉松新闻公告》，成都马拉松官网，2019年12月26日，https：//chengdu－marathon. mararun. com/。

中国田径协会：《中国马拉松数据》，中国马拉松网，2019年12月26日，http：//www. runchina. org. cn/portal. php? mod = score&ac = officialdata。

中国田径协会：《一图读懂2018〈中国马拉松年度工作报告〉》，新华网，2019年3月11日，http：//www. xinhuanet. com/sports/2019－03/11/c_ 1124219528. htm。

袁卫、庞皓、贾俊平等：《统计学（第四版）》，高等教育出版社，2014。

B.14
武汉马拉松赞助市场认知分析

白子凡　杨建荣*

摘　要： 作为国内马拉松大满贯赛事之一，武汉马拉松从举办以来得到广大马拉松爱好者和业界的称赞，成为当下国内最有发展潜力的金牌路跑赛事。本文通过问卷调查了解武汉马拉松赛事参与人群对赞助商的认知状况，从而评价武汉马拉松赞助市场的价值。分析结果表明：武汉马拉松具有较好的发展前景，赞助商参与赞助活动可以取得良好的赞助效果。本文建议，赞助商要关注赞助认知的实际效果，改进原有的赞助方案和赞助行为，结合自身产品的实际情况增加被参与人群关注的机会，以收到更好的宣传效果。

关键词： 武汉马拉松　赞助市场　赞助价值

一　武汉马拉松现状

武汉马拉松由中国田协、湖北体育局和武汉市政府共同主办。自2016年首次举办以来，因其赏心悦目的赛道风景和高品质的赛事服务，武汉马拉松持续受到职业选手和马拉松爱好者的追捧，成为国内口碑良好的精品赛事

* 白子凡，体育经济硕士，北京体育大学研究生院硕士研究生，研究方向为体育经济；杨建荣（通讯作者），经济学博士，北京体育大学体育商学院副教授，硕士生导师，中国体育科学学会会员，研究方向为体育经济、体育赛事、体育投融资。

之一。从2017年举办第二届开始，武汉马拉松便跻身中国马拉松大满贯赛事的行列并于同年被中国田协认证为金牌赛事，在2018年年底又被国际田联授予路跑铜标赛事，成为国内马拉松赛事中举办时间最短、成长速度最快的大满贯赛事。对于国内马拉松赞助商来说，武汉马拉松作为一颗冉冉升起的新星存在巨大的商业价值，其赞助市场的价值也随着武汉马拉松赛事品质的提升水涨船高。接下来我们将从以下几个方面对武汉马拉松的发展潜力进行分析，希望能够为赛事主办方和赞助商提供些许借鉴。

评价一个大型马拉松赛事的品质需要关注赛事特色、赛事保障和赛事宣传这三个方面。在赛事特色方面，武汉马拉松的路线设计一直被媒体和参赛选手交口称赞，这得益于武汉独特的地理区位优势。作为“千湖之省”的省会，武汉被长江和汉江分为武昌、汉口、汉阳三个部分，其间散落着众多风景优美的大小湖泊，使其拥有丰富的水文景观。武汉自古以来就是我国南北交通的枢纽，厚重的历史积淀赋予了城市浓厚的人文气息。武汉马拉松比赛路线将市区内最著名的景点串联在一起，成为国内沿途风景优美的大型马拉松赛事。

武汉马拉松路线的核心可以概括为“一城两江三湖”，把市区内水文景观的精华呈现给参赛选手，同时路线经过的绿化地带大多是城市的旅游景点，其中最著名的当属屹立于长江岸边的黄鹤楼。组委会用心的路线设计为武汉马拉松赢得了“最美赛道”的赞誉，也成功地把大型马拉松赛事与一个城市的底蕴紧密地结合在一起。可以说，武汉马拉松的快速成长和超高的人气与沿途的风景密不可分。

武汉马拉松在赛事保障上也有许多可圈可点的地方。首先也是最重要的是安全保障，从起点到终点，平均每间隔2.5公里就有一个医疗点，并有专业的救护人员为参赛选手提供医疗保障。在志愿者的安排上，武汉马拉松在前半程每100米设置一名医疗服务志愿者，后半程调整为每50米设置一名。此外，还有机动的医疗救护车沿着选手行进的方向巡逻，保证突发安全事件可以在第一时间被发现并得到妥善处理。武汉马拉松自2016年至2019年已成功举办四届，其间一直保持“零负面新闻”，更没有发生过安全事故，这主要是因为组委会始终将选手的人身安全放在赛事组织管理的首位。

武汉马拉松在服务保障上贯彻以人为本的理念，充分照顾到选手的各种需求。选手的随身物品在赛前可交由组委会保管，在完赛后凭借号码布取回自己的物品；从第5公里处至终点，共设置18个服务站，选手可以在这些地方休息并获取饮料和食品。同时，武汉马拉松组委会还提供武汉本地特色美食为选手补充能量、安排冰池和按摩拉伸服务帮助选手快速从疲劳状态中恢复。武汉马拉松组委会在服务方面的各种举措使得赛事的品质不断提升，大部分参赛选手获得了极佳的参赛体验。每届武汉马拉松限额2万人参赛，但报名人数却高达5万人以上，中签率更是连年降低，这说明武汉马拉松在国内马拉松赛事的地位正不断上升。

在赛事宣传方面，湖北本地的媒体紧锣密鼓地配合赛事的举办，高密度地对武汉马拉松进行报道。以传统报纸为例，有关武汉马拉松的新闻在开赛前的5天就连续登上官方报纸和商业报纸的头条，并占据至少两个版面。在比赛当日，央视对武汉马拉松进行长达近3个小时的直播，湖北本地的电视台更是做到全程直播。同时，新浪、搜狐、腾讯、凤凰等知名门户网站的体育板块对武汉马拉松进行报道。此外，还有微博、公众号等新媒体对武汉马拉松进行宣传推广。可以说，传统媒体与新兴媒体的相互配合产生了立体的宣传效应，大大拓宽了武汉马拉松宣传的深度和广度。

赞助商参与体育赛事的赞助本质上是希望借这样一个平台使企业能够被更多的潜在消费者所知晓，扩大市场对企业产品服务的需求，提升企业的绩效，而大型马拉松比赛有其他体育赛事所不具备的优点。首先，办赛规模是其他体育赛事不能比拟的，赞助商很难找到这样的机会可以一次性在如此多的人面前展示自己。其次，路跑项目没有复杂的技术和规则，参赛和观赏的门槛很低，参与群体分布范围非常广泛，赞助商的宣传活动可以大面积地覆盖消费群体。赞助商赞助某个马拉松赛事时需要考虑赛事的品质和发展潜力以及媒体对比赛的报道力度，这些决定了马拉松赛事的吸引力，更决定了赞助商品牌的实际媒体报道量。通过前文的分析，武汉马拉松满足这三个条件，从理论上讲是一个具有较高赞助市场价值的赛事。

二 被调查者的基本情况

课题组采用现场纸质问卷与网络问卷相结合的形式，以参加过武汉马拉松的选手和志愿者为调查对象，共收到参赛选手有效问卷1604份，志愿者有效问卷1350份，具体情况如下。

（一）参赛选手作为被调查者的情况

1. 性别情况

参加过武汉马拉松的选手共计1604人，其中男性1110人，占比69.2%；女性494人，占比30.8%，男女比例大致为2.2∶1（见表1），女性占比高于中国田协发布的2018年马拉松比赛的参赛选手中女性占比26.79%。

表1 武汉马拉松参赛选手性别情况

单位：人，百分比

性别	人数	占比	累计百分比
男	1110	69.2	69.2
女	494	30.8	100.0
合计	1604	100.0	—

2. 年龄分布

武汉马拉松的参赛选手各个年龄段均有分布，其中人数最多的是18~30岁，占比71.4%，从中可以看出参加武汉马拉松的选手大部分是年轻人（见表2）。而从各年龄段的性别分布可以发现，年龄越小，男女性别比越大（见图1）。虽然整体上男性跑者多于女性，但随着年龄的增加，性别差距在不断缩小。我国男性和女性步入中老年后，在耐力运动的表现上开始趋同，可能的原因是男性工作压力大，步入中年之后体质下滑速度超过女性。

表 2　武汉马拉松参赛选手年龄分布

单位：人，%

年龄范围	人数	占比	累计百分比
18 岁以下	113	7.0	7.0
18～25 岁	581	36.2	43.2
26～30 岁	563	35.2	78.4
31～40 岁	260	16.2	94.6
41～50 岁	64	4.0	98.6
51～60 岁	18	1.1	99.7
60 岁以上	5	0.3	100.0
合计	1604	100.0	—

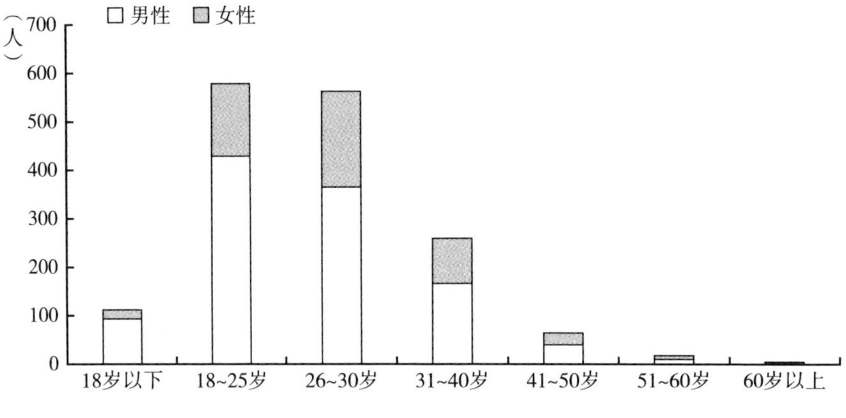

图 1　武汉马拉松各年龄段参赛选手性别分布

3. 文化程度

文化程度方面，在武汉马拉松的参赛选手中本科学历人数最多，占比 51.7%，其次是高中学历的选手，占比 30.9%，随后是研究生学历的选手，占比10.3%，初中及以下学历占比为7.1%（见表3）。由此可见，武汉马拉松参赛选手大部分学历处于高等水平。

表3　武汉马拉松参赛选手文化程度

单位：人，%

学历	人数	占比	累计百分比
初中及以下	114	7.1	7.1
高中	495	30.9	38.0
本科	830	51.7	89.7
研究生	165	10.3	100.0
合计	1604	100.0	—

4. 职业分布

在参加武汉马拉松的选手中，排名前四的职业分别是企事业/公司管理人员、自由职业者、公务员和教师，分别占比32.0%、19.2%、11.0%和10.0%，累计占比达到72.2%。排在其后的是在校学生和私营业主，分别占比8.7%和8.1%，其他职业人数相对较少，占比均不到2.5%（见表4）。

表4　武汉马拉松参赛选手职业分布

单位：人，%

职业	人数	占比	累计百分比
在校学生	139	8.7	8.7
自由职业者	308	19.2	27.9
公务员	177	11.0	38.9
教师	161	10.0	48.9
企事业/公司中高层管理人员	300	18.7	67.6
企事业/公司基层管理人员	213	13.3	80.9
私营业主	130	8.1	89.0
医务人员	37	2.3	91.3
科研人员	13	0.8	92.1
军人	11	0.7	92.8

续表

职业	人数	占比	累计百分比
律师	5	0.3	93.1
行政	9	0.6	93.7
财务	7	0.4	94.1
人事	13	0.8	94.9
技术	11	0.7	95.6
市场销售	16	1.0	96.6
文体	2	0.1	96.7
工人	14	0.9	97.6
司机	2	0.1	97.7
农民	3	0.2	97.9
临时工	1	0.1	98.0
保姆/家政服务人员	8	0.5	98.5
退休	3	0.2	98.7
家庭主妇/主夫	4	0.2	98.9
兼职人员(包括退休后在职)	4	0.2	99.1
无工作(失业、下岗、辞职期间)	13	0.8	99.9
其他	0	0	99.9
合计	1604	99.9	—

5. 月收入情况

参与调查的武汉马拉松选手月收入范围多集中在3001～8000元，占比58%，超过半数。月收入在5001～8000元的占比34.5%，月收入在3001～5000元的占比为23.5%，月收入在3000及以下和8001～10000元的占比分别是11.9%和18.3%，月收入在10001～20000元的选手占比8.0%，月收入在20000元以上的选手占比最低，仅为3.7%（见表5）。从分布形态上看，基本属于正态分布。

6. 参赛组别

如表6所示，40.7%的武汉马拉松选手参加半马，30.9%的选手参加全马，19.3%的选手参加10公里跑，剩下的组别合计占比不足10%。

表 5　武汉马拉松参赛选手月收入情况

单位：人，%

月收入	人数	占比	累计百分比
3000 元及以下	191	11.9	11.9
3001～5000 元	377	23.5	35.4
5001～8000 元	554	34.5	69.9
8001～10000 元	293	18.3	88.2
10001 元～20000 元	129	8.0	96.2
20000 元以上	60	3.7	99.9
合计	1604	99.9	—

表 6　武汉马拉松参赛选手参赛组别情况

单位：人，%

参赛组别	人数	占比	累计百分比
全程马拉松	496	30.9	30.9
半程马拉松	653	40.7	71.6
10 公里跑	309	19.3	90.9
迷你跑(3～6 公里)	130	8.1	99.0
其他组别	16	1.0	100.0
合计	1604	100.0	—

以每个年龄段为第一变量，以 5 个参赛组别为第二变量进一步分解后，我们发现，18 岁以下的人群喜欢全马多于半马，其他年龄段的人群更偏好半马。同时，随着年龄的增加，参赛选手对各组别的偏好差异逐渐缩小（见图 2）。

7. 参赛动机

当被问及参加马拉松赛事出于什么动机时，除了选择旅游交友的人数较少之外，其他四个选项的人数均较多，人数均超过 900 人（见图 3）。这说明大部分人参加马拉松比赛是想要证明自己。因为参赛选手大部分为年轻人，国内马拉松运动的快速推广为他们提供了一个展现青春活力和拼搏精神的舞台。

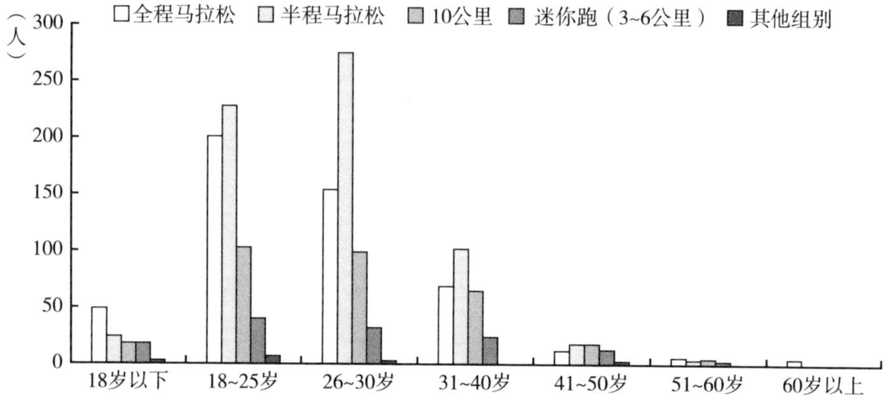

图2　武汉马拉松各年龄段人群参赛组别偏好分布

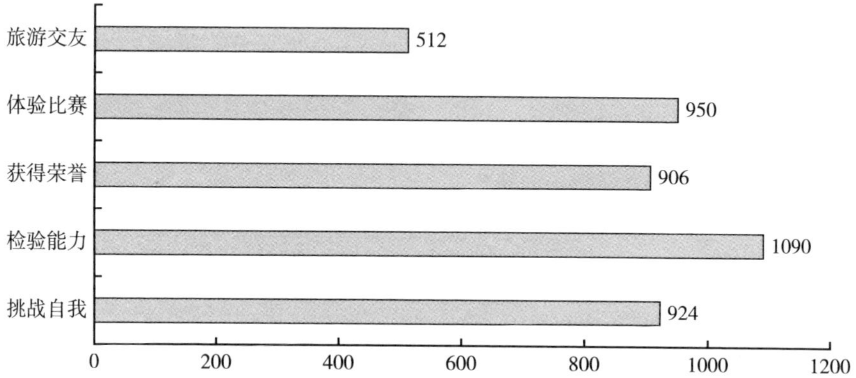

图3　武汉马拉松参赛选手参赛动机

8. 年参赛次数

如表7所示，在参加武汉马拉松的选手中，每年参加1～3次的选手占比超过80%，每年参加2次马拉松比赛的人数最多，占比接近36%。参加5次及以上的马拉松选手的比例并不是最低，说明武汉马拉松的参赛选手中有一部分为马拉松发烧友。由于采取分层抽签机制，很多渴望参加马拉松比赛的新人没有获得参赛机会，因而每年参加1次的选手占比不是很高。

表7 武汉马拉松参赛选手年参赛次数情况

单位：人，%

参赛次数	人数	占比	累计百分比
1 次	272	17.0	17.0
2 次	575	35.8	52.8
3 次	466	29.1	81.9
4 次	116	7.2	89.1
5 次及以上	175	10.9	100.0
合计	1604	100.0	—

（二）志愿者作为被调查者的情况

1. 性别情况

参与调查的武汉马拉松志愿者共计 1350 人，其中男性占比 71.5%，女性占比 28.5%，男女比例约为 2.5∶1，高于参赛选手男女比例。

表8 武汉马拉松志愿者性别情况

单位：人，%

性别	人数	比例	累计百分比
男	965	71.5	71.5
女	385	28.5	100.0
合计	1350	100.0	—

2. 年龄分布

武汉马拉松的志愿者在年龄的分布上大致呈现右偏态分布，大多是年轻人，这与志愿者服务的工作内容有很大关系。其中人数最多的是 18～25 岁和 26～30 岁，累计占比达到 70%（见表9），说明大部分志愿者来自在校学生和刚参加工作的年轻人。从性别的组成来看，在各个年龄段男性志愿者均显著多于女性志愿者（见图4）。

表9　武汉马拉松志愿者年龄分布

单位：人，%

年龄	人数	占比	累计百分比
18岁以下	87	6.4	6.4
18～25岁	483	35.8	42.2
26～30岁	462	34.2	76.4
31～40岁	182	13.5	89.9
41～50岁	121	9.0	98.9
51～60岁	8	0.6	99.5
60岁以上	7	0.5	100.0
合计	1350	100.0	—

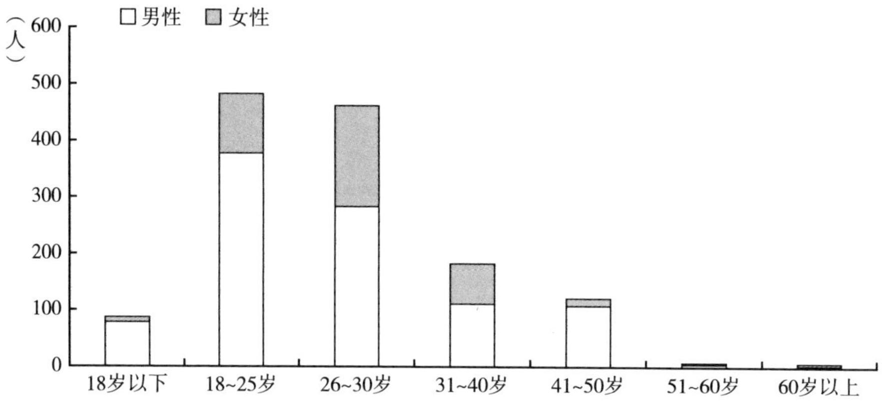

图4　武汉马拉松志愿者各年龄段性别分布

3. 职业分布

根据问卷调查的结果，武汉马拉松志愿者的职业占比排名前三依次是行政、企事业/公司中高层管理人员和公务员，而在校学生排第四，占比仅为10.7%（见表10），可以看出武汉马拉松的志愿者更多来自社会招募。志愿者的职业分布与参赛选手的职业分布有一定的差别。

表 10　武汉马拉松志愿者职业分布

单位：人，%

职业	人数	占比	累计百分比
在校学生	144	10.7	10.7
私营业主	95	7.0	17.7
企事业/公司基层管理人员	110	8.1	25.8
企事业/公司中高层管理人员	264	19.6	45.4
行政	280	20.7	66.1
公务员	201	14.9	81.0
教师	65	4.8	85.8
自由职业者	34	2.5	88.3
医务人员	7	0.5	88.8
工人	15	1.1	89.9
其他	3	0.2	90.1
技术	5	0.4	90.5
人事	9	0.7	91.2
军人	11	0.8	92.0
市场销售	15	1.1	93.1
无工作（失业、下岗、辞职期间）	5	0.4	93.5
财务	21	1.6	95.1
科研人员	3	0.2	95.3
农民	7	0.5	95.8
保姆/家政服务人员	1	0.1	95.9
家庭主妇/主夫	2	0.1	96.0
兼职人员（包括退休后在职）	3	0.2	96.2
文体	1	0.1	96.3
司机	1	0.1	96.4
临时工	23	1.7	98.1
律师	3	0.2	98.3
退休	22	1.6	99.9
合计	1350	99.9	—

三　赞助效果调研的主观认知分析

本问卷设计了针对性的问题来考察马拉松赛事参与人群对赞助企业、赞助商的品牌和赞助商行为的主观认知，从而帮助赞助商评价赞助效果，为以后的赞助决策提供依据。

（一）赛事参与人群对赞助企业的主观认知情况

结合之前的实地调研结果，对于赛事参与人群对赞助企业来源的主观认知情况，课题组提炼出 9 个选项，分别是矿泉水或饮料企业、运动鞋服企业、运动装备企业、汽车企业、啤酒企业、保险公司、银行、房地产企业及其他。题目的设计是让赛事参与人群按照自己的主观认知，选出最有可能赞助马拉松赛事的三类企业。武汉马拉松参赛选手和志愿者对赞助企业的主观认知如图 5 和图 6 所示。

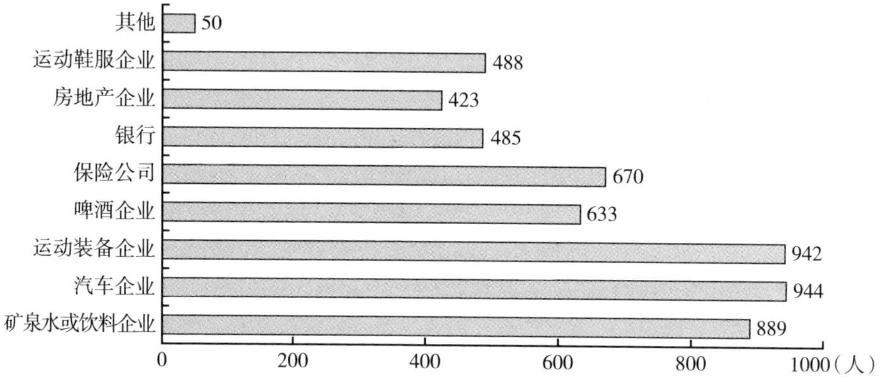

图 5　武汉马拉松参赛选手对赞助企业的主观认知

虽然两组受访者都认为最有可能赞助马拉松赛事的企业是汽车企业、运动装备企业和矿泉水或饮料企业，但参赛选手选择这三类企业的人数差异很小，且矿泉水或饮料企业排名第三，而志愿者选择矿泉水或饮料企业的人数排名第一，且显著高于另外两类企业。

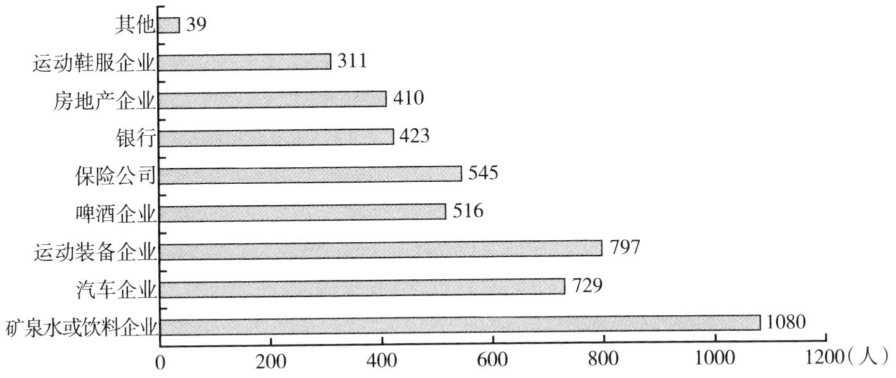

图 6　武汉马拉松志愿者对赞助企业的主观认知

（二）参赛选手对赞助商品牌的认知

本题主要针对参赛选手设置，询问他们在参加完比赛后是否能回想起赞助商的品牌。因为马拉松比赛是高强度的耐力运动，选手在参加比赛的过程中会把注意力集中在自己身体感觉的变化上，特别是在比赛的后半程。若在这种情况下选手仍能回想起赞助商的品牌，则说明赞助商的活动给他们留下了深刻印象，也从侧面说明赞助商取得了良好的赞助效果。

本题的反馈结果是令人振奋的，在被调查的参赛选手中，高达 86.3% 的受访者（1385 人）准确地回想起了冠名赞助商的品牌，同时有 62.0% 的人（995 人）能回想起除冠名商之外的其他主要赞助商的品牌（见图 7）。

（三）参赛选手对赞助行为的认知

这一部分是参赛选手问卷的重点，我们共设置了 7 个观点，涵盖赞助企业赞助马拉松赛事活动的几个主要方面，并采用 5 级量表的形式了解武汉马拉松受访参赛者所持有的态度。

（1）赞助企业的赞助级别高会增加您对其的认知

针对这个观点，7.11% 的武汉马拉松参赛者表示完全不同意，5.55% 表

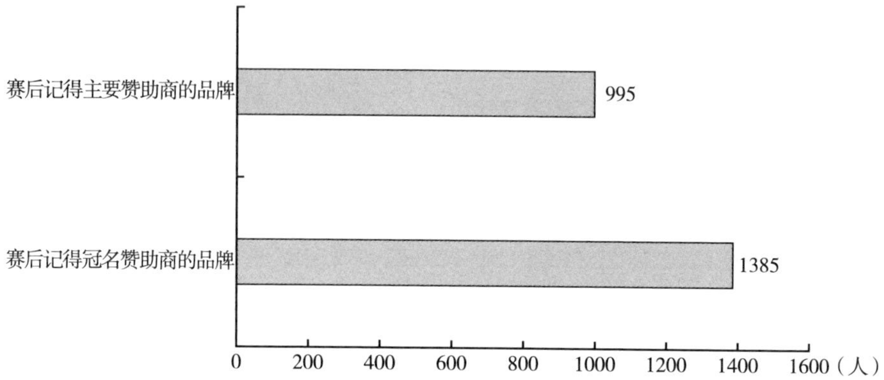

图7　武汉马拉松参赛选手对赞助商品牌的认知

示比较不同意，10.66%表示一般同意，20.82%表示比较同意，55.86%表示完全同意。认为企业赞助级别会正向影响其对企业认知的比例达到87.34%，具体数量关系的比较见图8。

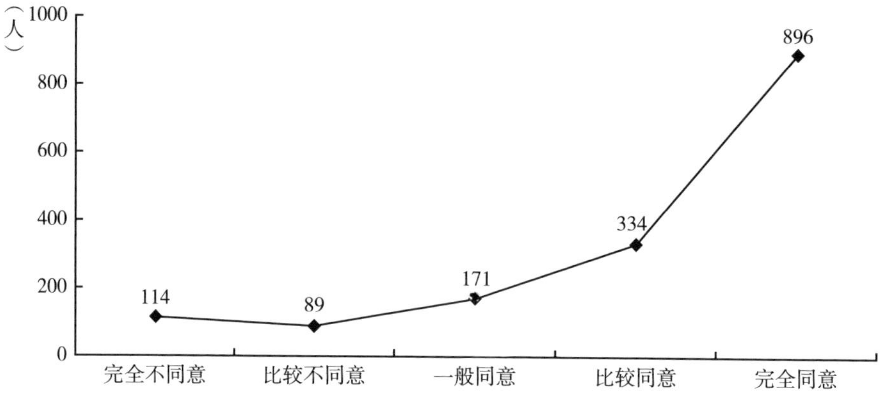

图8　赞助企业的赞助级别高会增加您对其的认知

（2）赞助企业在现场设置推广体验活动会增加您对其的认知

针对这个观点，5.17%的被调查者表示完全不同意，6.42%表示比较不同意，13.15%表示一般同意，23.94%表示比较同意，51.31%表示完全同意。认为赞助企业在现场设置推广体验活动会增加其对企业认知的比例达到88.40%，具体数量关系的比较见图9。

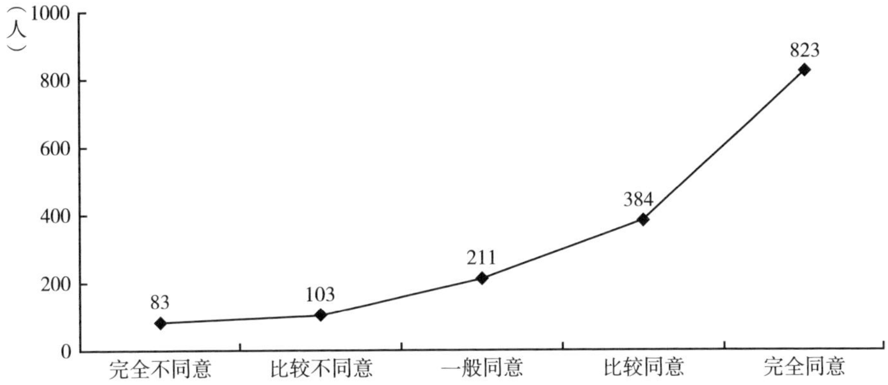

图 9　赞助企业在现场设置推广体验活动会增加您对其的认知

（3）赞助企业提供参赛物资和完赛纪念品会增加您对其的认知

针对这个观点，5.17%的被调查者表示完全不同意，6.30%表示比较不同意，10.85%表示一般同意，22.57%表示比较同意，55.11%完全同意。认为赞助企业为参赛选手提供参赛物资和完赛纪念品会增加其对企业认知的比例达到88.53%，具体数量关系的比较见图10。

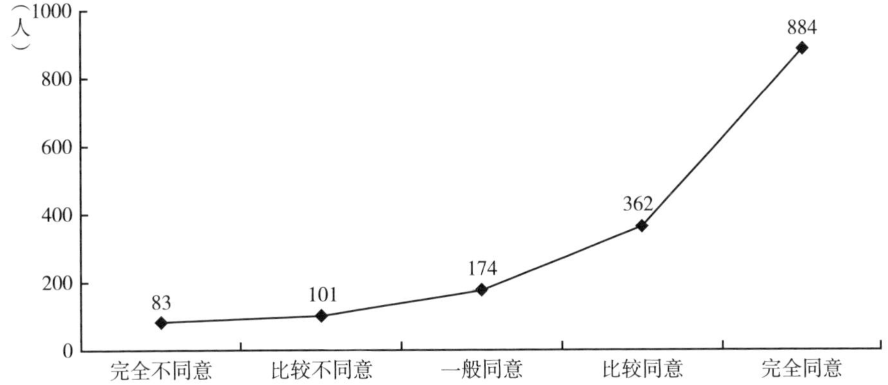

图 10　赞助企业提供参赛物资和完赛纪念品会增加您对其的认知

（4）赞助企业在线上与参赛选手互动、举办线上活动会增加您对其的认知

针对这个观点，5.17%的被调查者表示完全不同意，5.80%表示比较不

同意，12.78%表示一般同意，25.06%表示比较同意，51.18%表示完全同意。认为赞助企业在线上与参赛选手互动、举办线上活动会增加其对企业认知的比例达到89.02%，具体数量关系的比较见图11。

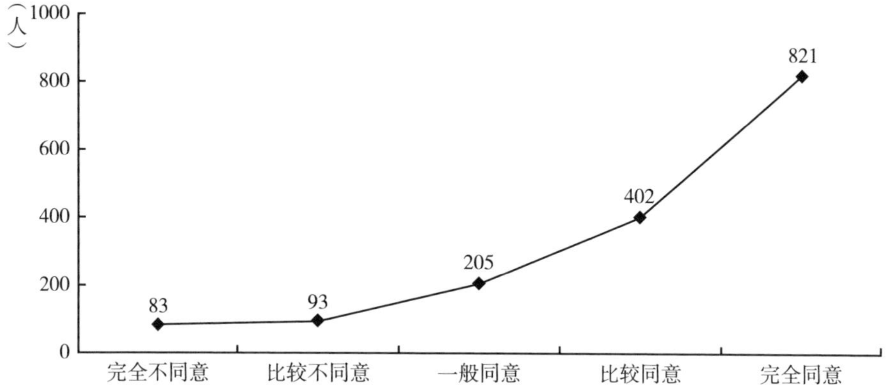

图11　赞助企业在线上与参赛选手互动、举办线上活动会增加您对其的认知

（5）赞助企业组织跑团、提供参赛名额会增加您对其的认知

针对这个观点，4.93%的被调查者表示完全不同意，5.67%表示比较不同意，12.34%表示一般同意，23.94%表示比较同意，53.12%表示完全同意。认为赞助企业组织跑团并为选手提供参赛名额会增加其对企业认知的比例达到89.4%，具体数量关系的比较见图12。

（6）赞助企业邀请明星或企业代言人参与到赛事中会增加您对其的认知

针对这个观点，4.68%的被调查者表示完全不同意，5.86%表示比较不同意，13.09%表示一般同意，25.12%表示比较同意，51.25%表示完全同意。认为赞助企业邀请明星或企业代言人参与到赛事中会增加其对企业认知的比例达到89.46%，具体数量关系的比较见图13。

（7）赞助企业长期稳定赞助马拉松赛事会增加您对其的认知

针对这个观点，5.42%的被调查者表示完全不同意，5.05%表示比较不同意，11.53%表示一般同意，23.82%表示比较同意，54.18%表示完全同意。认为赞助企业长期稳定赞助马拉松赛事会增加其对企业认知的到比例达

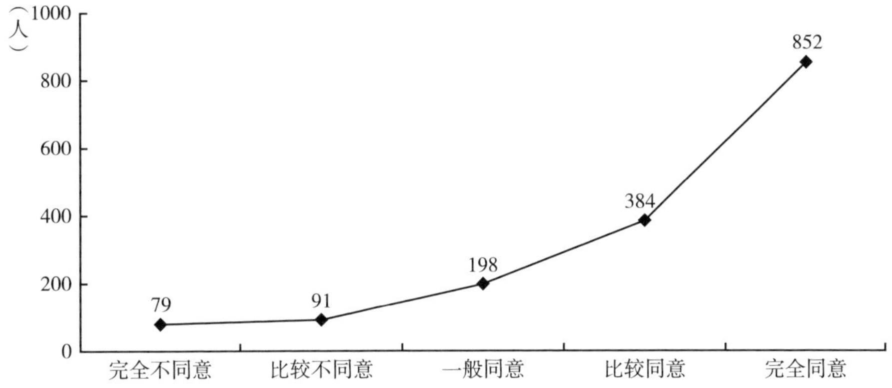

图 12　赞助企业组织跑团、提供参赛名额会增加您对其的认知

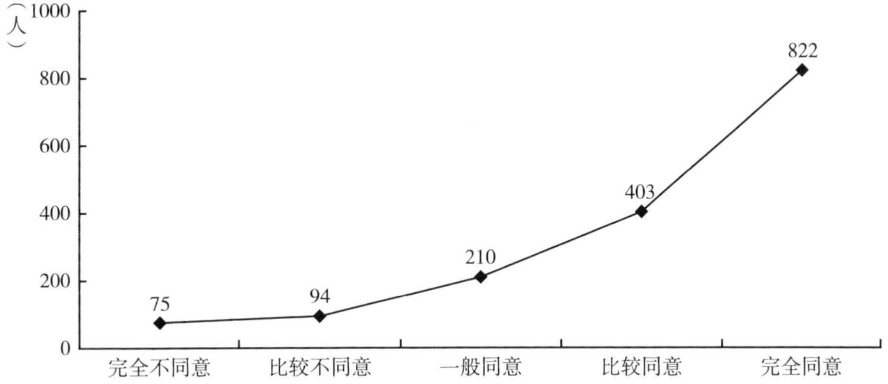

图 13　赞助企业邀请明星或企业代言人参与到赛事中会增加您对其的认知

到 89.53%，具体数量关系的比较见图 14。

从以上 7 个观点的反馈来看，绝大部分被调查者认可企业积极参与马拉松赛事赞助，并在赞助活动中主动友好地接触马拉松赛事的参赛选手会增加其对企业的认知。需要我们注意的是，武汉马拉松的参赛选手对 7 个观点持赞成态度的比例显著高于全国平均水平，特别是持完全同意观点的人数均超过了半数，也高于全国平均水平。由此可见，赞助商

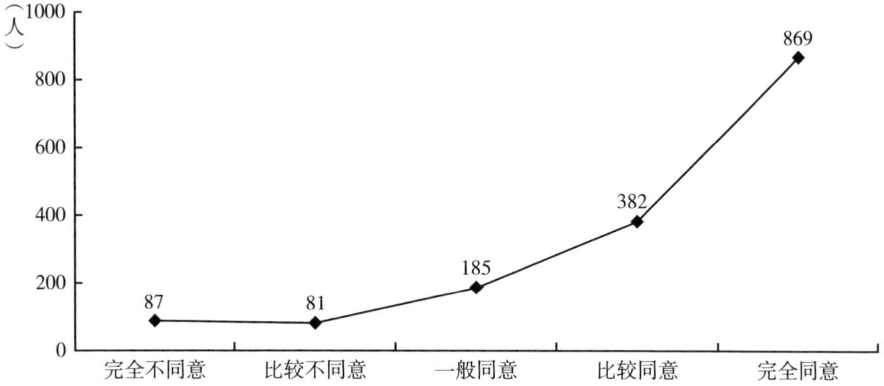

图 14　赞助企业长期稳定赞助马拉松赛事会增加您对其的认知

在武汉马拉松赞助活动中积极主动地宣传自身品牌将取得良好的赞助效益。不过，依然有约 10% 的被调查者对以上 7 个观点持不认同的看法。我们认为，赞助企业虽然在具体的赞助活动中做到上述的一个或多个方面，但是要想借助赛事赞助实现赛事参与人群对企业品牌的认可，还需要达到一定的边界条件。

（四）志愿者对赞助效果的认知

课题组通过向志愿者了解其对赞助活动的主观印象及对赞助活动所持有的态度来检验赞助行为的效果，详细分析如下。

1. 赛事服务阶段，志愿者关注赞助商展区的情况

88. 30% 的志愿者表示会关注赞助商展区，10. 96% 表示不一定，剩下的表示不会关注。具体数量关系见图 15。

2. 服务工作结束后，志愿者参与赞助商互动的情况

95. 46% 的志愿者表示，服务工作结束后会参与赞助商互动，仅 4. 54% 表示不会（见图 16）。

从调查结果可以看出，武汉马拉松志愿者在很大程度上有效获取了赞助商品牌的相关信息，并在这个过程中有机会充分了解赞助商的产品与服

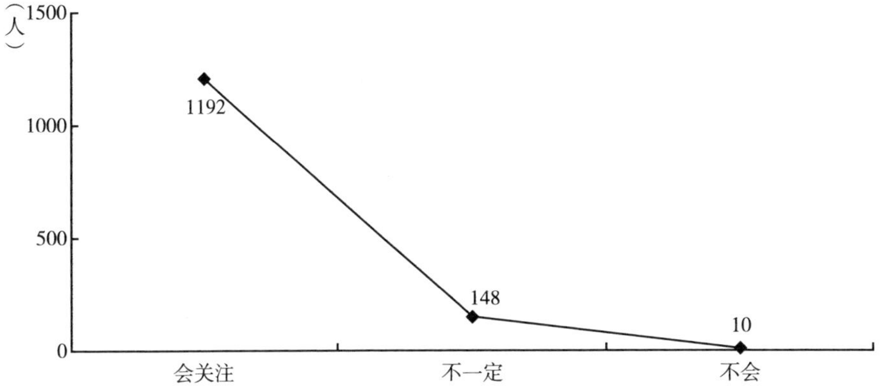

图 15　武汉马拉松志愿者关注赞助商展区的情况

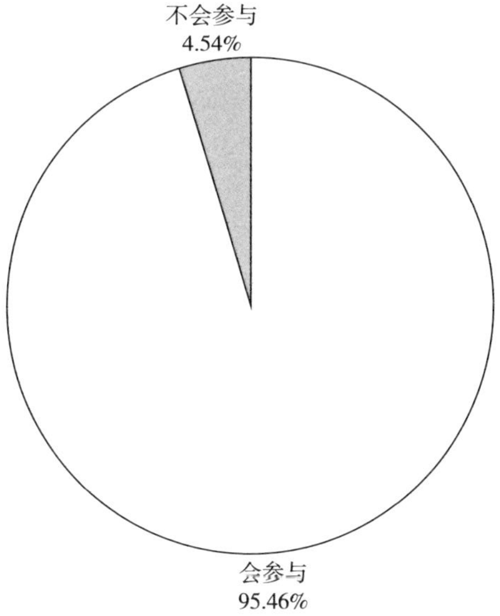

图 16　武汉马拉松志愿者参与赞助商互动的情况

务。另外，他们自身对马拉松赛事的赞助活动保持了较高的兴趣，因为大多数人表示只要条件允许就会主动参观赞助商的展区并参与赞助商的现场互动。

四　武汉马拉松赞助商现状

目前武汉马拉松赞助市场分为六个类别，前四个分别是冠名赞助商、官方合作伙伴、官方赞助商和官方供应商，此外还有两个较为特殊的类别：合作伙伴和官方指定能量补给品牌。整体来看，赞助商数量较多，所代表的行业也较多，包括汽车、食品、快餐、房地产、珠宝、物流等。其中，东风雷诺从第一届至第五届（筹备中）均为武汉马拉松的冠名赞助商（见表11）。

表11　武汉马拉松赞助商概况

赞助商类型	赞助商名称
冠名赞助商	东风雷诺
官方合作伙伴	华侨城、特步
官方赞助商	怡宝、中百罗森
官方供应商	阳光保险集团、六福珠宝、KFC、京东物流、咸伙计、欧亚达家居、杰士邦
合作单位	仟吉、精武路第一家
官方指定能量补给品牌	GU

五　结论和建议

武汉马拉松是武汉市政府打造的一场马拉松盛会，也是武汉向外界展示自身的重要窗口和名片。对于武汉而言，武汉马拉松不仅是一场大型体育赛事，更承担着构建城市形象的重要职能。可以预见，在当前我国各大城市着力吸引人才和招商引资以谋求更好发展的博弈中，作为中部唯一的副省级城市，武汉会更加重视这张名片并更好地发挥其价值，不断提升赛事的品质和影响力。因此，武汉马拉松可预期的赞助价值是不断上升的。只要赞助商的产品和服务满足赛事参与人群的实际需求，赞助商就可以通过赞助武汉马拉松获取可观的经济效益。

基于以上结论和前文的分析，我们提出以下建议。

首先，赞助商应认真考虑自身的产品和服务是否能满足赛事参与人群的实际需求。根据问卷反馈的结果，马拉松参与人群大多比较年轻，月收入为3001～8000元，学历层次高，大部分为在校学生和刚步入社会的青年。因此，赞助商应该仔细调研，充分了解这部分目标群体的真实需求。

其次，赞助商应更加积极主动地开展宣传活动。在今后的赞助活动中，要使宣传活动立体化、多样化，不论是在线宣传还是现场地推，树立活泼友善的企业形象都是必不可少的。

最后，赞助商的地推活动应向半马终点和健康跑终点倾斜。目前武汉马拉松的比赛项目分为全马、半马和健康跑（13公里），根据受访者的反馈，大部分人倾向于参加较短距离的半马和健康跑。因此，赞助商的地推活动可以向半马终点和健康跑终点倾斜，这样可以收到更好的宣传效果。

参考文献

中国田径协会、湖北省体育局、武汉市人民政府：《武汉马拉松赛事信息》，武汉马拉松官网，2019年12月26日，http：//www. wuhanmarathon. org/。

中国田径协会：《中国马拉松数据》，中国马拉松网，2019年12月26日，http：//www. runchina. org. cn/portal. php? mod = score&ac = officialdata。

中国田径协会：《一图读懂2018〈中国马拉松年度工作报告〉》，新华网，2019年3月11日，http：//www. xinhuanet. com/sports/2019 - 03/11/c_ 1124219528. htm。

袁卫、庞皓、贾俊平等：《统计学（第四版）》，高等教育出版社，2014。

附　录

Appendix

B.15 2018~2019年马拉松及赞助运营大事记（精选部分）

黄　宁 整理

1. 2018 年 4 月 18 日，阿里体育以超过 1 亿元的价格力压智美体育报价 8631 万元拿下杭州马拉松的运营权，服务期 4 年。

2. 2018 年 5 月 7 日，广州产权交易所公布了广马赛事运营合作方的评审结果。2018～2021 年广马的运营合作方候选公司为中奥路跑（北京）体育管理有限公司，且仅此一家。

3. 2018 年 7 月 20 日，万达体育成为 2018 年成都国际马拉松的独家运营和推广合作伙伴。

4. 2018 年 9 月 16 日，柏林马拉松，基普乔格（Eliud Kipchoge）以 2 小时 01 分 39 秒的成绩打破世界纪录，把前世界纪录 2 小时 02 分 57 秒提高了 1 分 18 秒。

5. 2018 年 10 月 5 日，《2019 年国际田联标牌路跑赛事规则》发布，2020 年增加铂金标赛事、5 公里赛事也可以申请田联标牌。截至目前，中国已经成为拥有国际田联最多的金标赛事国家。

6. 2018 年 12 月 25 日，北京市体育竞赛管理中心发布公告，中奥路跑（北京）体育管理有限公司成为 2019 ~2022 年北京国际长跑节 - 北京半程马拉松独家市场开发与赛事运营合作伙伴；12 月 26 号，北京马拉松将以“国马”品质携手北京半程马拉松，共同打造“国马系列赛”。

7. 2019 年 1 月 31 日，济南体育局发布《2019 济南国际马拉松赛事运营服务中标公告》，智美赛事营运管理（浙江）有限公司联合山东泰山健康科技有限公司、山东大众报业（集团）广告有限公司以 0 元中标。

8. 2019 年 3 月 10 日，名古屋女子马拉松，中国选手李芷萱跑出 2 小时 26 分 15 秒，在一众世界高手中排名第 13，成为奥运达标第一人，并创造中国选手近 7 年来的最好成绩。

9. 2019 年 3 月 24 日，徐州马拉松暨世锦赛马拉松选拔赛上，西藏名将多布杰以 2 小时 10 分 31 秒的惊人成绩夺得男子冠军，不仅创造中国男子马拉松近 12 年来的最好成绩，也成为中国中长跑队第一位达到东京奥运会参赛资格的男子运动员。

10. 2019 年 7 月 19 日，《中国马拉松管理文件汇编（2019 ~2020）》发布。

11. 2019 年 8 月 9 日，为进一步加强对马拉松及相关运动赛事的科学监管，调动省市体育局的积极性，完善赛事分级分类监管体制，中国田径协会确定安徽省、江苏省、广东省、陕西省、四川省、浙江省为首批马拉松及相关运动赛事分级分类管理试点单位。

12. 2019 年 10 月 12 日，奥地利维也纳的普拉特公园，来自肯尼亚的 34 岁马拉松跑者基普乔格（Eliud Kipchoge）创造了惊人的历史：以 1 小时 59 分 40 秒的成绩成为马拉松历史上首位在 2 小时内跑完全程的人。

13. 2019 年 10 月 13 日，芝加哥马拉松，肯尼亚选手科斯盖以 2 小时 14 分 04 秒获得女子组冠军，让英国名将拉德克里夫在 2003 年伦敦马拉松创造的世界纪录（2 小时 15 分 25 秒）作古，成绩提高了 1 分 21 秒。

14. 2019 年 12 月 17 日特步“国人竞速”运动员激励计划出台，主要是针对中国田协管理区域内的运动员设置“国人竞速”破纪录奖、“国人竞速”突破奖、“国人竞速”达标奖，其中需要重点介绍的是破纪录奖和突破奖。破纪录奖是指男、女选手只要破中国纪录，就奖励 100 万元人民币，每突破 1 秒增设奖励 1 万元人民币，以此类推；“国人竞速”突破奖是指男子跑进 2 小时 10 分钟以内（不含 2 小时 10 分钟）奖励 10 万元人民币，女子跑进 2 小时 26 分钟以内（不含 2 小时 26 分钟）奖励 10 万元人民币。

B.16
2017~2019年国内部分“双金”马拉松赛大事记

张银兵 整理

2019年

一 深圳马拉松

2019年12月15日8时，国际田联和中国田协“双金”赛事——2019深圳国际马拉松赛在市民中心南广场鸣枪起跑。来自世界各地的3万名参赛者踏上“魅力深马”的赛道快乐奔跑。本届赛事由中国田径协会、深圳市人民政府主办，设马拉松、半程马拉松两个项目，参赛选手各为15000人。本届深圳马拉松一大亮点是竞赛组织进一步优化。比赛首次进行分区起跑，助力选手创造好成绩。根据金标赛事要求，比赛共邀请来自8个国家的运动员29名，其中包括20名国际金标运动员、5名国际银标运动员、4名国际铜标运动员。组委会还招募58名官方配速员，带领参赛跑友刷新个人最好成绩。

二 上海马拉松

2019年11月17日，24岁的老牌马拉松赛事上海马拉松再次鸣枪起跑。3.8万名跑者延续其经典路线——从外滩金牛广场出发，沿着最精华的城市跑道路线跑向终点上海体育场。2019年，上海马拉松的赞助商矩阵分为四个等级。赞助商数量从2018年的18家提升至21家，规模达到历史新高，包含运动品牌、汽车、旅行和金融等不同领域的企业，商业前景向好。其中，最高层级是创始赞助商东丽和至尊赞助商耐克。第二层级是荣耀赞助商，包括兴业银行和宝马以及2019年新加入的中国银联。此外，上海马拉松还拥有4家官方赞助商和12家赛事支持商。从以往的情况看，上海马拉松的赞助商阵营较为稳定。在主办方可控赞助权益管理上，这项老牌赛事被视为一个成功案例。自1996年创办起至2013年，上海马拉松一直由上海体育局办赛。2014年，在上海国资国企改革的推动下，上海东浩兰生赛事管理有限公司挂牌成立，成为上海马拉松的独家运营承办方。赛事管办分离，为上海马拉松增添了不少活力，尤其在商业领域开拓了更多空间，赞助商数量逐渐增加。

三　北京马拉松

2019年11月3日上午7时30分，2019华夏幸福北京马拉松赛在天安门广场鸣枪起跑。作为国际田联认证的金牌赛事和国内历史最悠久、影响力最大的标杆赛事，北京马拉松吸引了3万名来自世界各地的长跑爱好者参与其中，享受奔跑带来的欢乐，也用运动的方式纪念新中国成立70周年。2019年北京马拉松赛得到了华夏幸福、阿迪达斯、北京现代、中国平安等23家企业的赞助和支持。据悉，一场北京马拉松的赛事收入为五六千万元，主要来自赞助收入、报名收入和衍生经济收入，其中赛事赞助收入占比约为九成。

四　杭州马拉松

11月3日，2019杭州马拉松赛在杭州黄龙体育中心鸣枪开跑。比赛设置马拉松、半程马拉松、迷你马拉松、情侣跑和家庭跑五个竞赛项目，吸引了来自58个国家和地区的超过3万名运动员参加。作为杭州马拉松连续五年冠名赞助商，广汽本田一路与杭州马拉松同行，不断挑战与超越自我，2019年更是收获了累计700万名用户，创新的产品技术以及年轻化的品牌形象使其赢得了市场和顾客的高度认可。2019年，广汽本田以更具年轻的形象、更节能环保的产品阵容助阵杭州马拉松，助力参赛者奔跑追梦。

五　成都马拉松

2019年10月27日，以“高标准筹备世大会，高质量建设赛事名城——运动新成都，跑向大满贯”为主题，2019 成都马拉松作为国内首个大满贯候选赛事，吸引了 3 万名国内外选手一同开跑，感受成都这座宜居公园城市的美景与运动激情。

六　兰州马拉松

2019 年 9 月 8 日 9 时，在兰州新区栖霞湖畔，2019 兰州新区半程马拉松赛暨“健康中国”马拉松系列赛兰州新区站暨兰州市第 47 届兰州新区第 7 届环城赛鸣枪开跑。该赛事由中国田径协会、甘肃省体育局、兰州新区管理委员会、人民网主办，兰州市体育局、兰州新区教育文化体育局承办，兰州新区公安局、兰州新区卫计和食药监督局、兰州新区商务和旅游局、兰州新区中川园区管委会、兰州新区秦川园区管委会、兰州新区西岔园区管委会、兰州新区市政管理投资集团有限公司、兰州新区科技文化旅游集团有限公司协办。

七　扬州鉴真国际半程马拉松

2019 年 4 月 21 日 8 时，国际田联金标赛事、中国田协金牌赛事——华侨城·2019 扬州鉴真国际半程马拉松赛在江苏扬州马拉松公园发令。开跑前，扬州华侨城项目小组持续一个月组织社区行活动，深入各个社区，以实际行动调动全民运动的积极性和高昂的情绪，为“扬马”赛事预热宣传。

八　重庆马拉松

2019 年 3 月 31 日，2019 重庆国际马拉松赛在美丽的重庆南滨路、巴滨路隆重开赛。作为中国田径协会授予的中国马拉松金牌赛事、国际田联授予的国际金标赛事、中国马拉松大满贯四大成员之一，该赛事共吸引了来自全球 50 多个国家和地区 487 个城市的 3 万余名马拉松选手和马拉松爱好者报名参赛。

九　厦门马拉松

2019 年 1 月 6 日，厦门马拉松赛开跑，28000 余名跑者参加了比赛。

在新闻发布会上，厦门马拉松运营机构厦门文广体育有限公司与厦门建发集团有限公司、特步（中国）有限公司举行五年战略合作签约仪式。此外，厦门马拉松组委会还为厦门建发集团有限公司、特步（中国）有限公司、中国建设银行股份有限公司厦门市分行、青岛啤酒股份有限公司、希尔顿酒店集团和希尔顿荣誉客会、华润怡宝饮料（中国）有限公司华南分公司、厦门金龙联合汽车工业有限公司、康师傅方便面投资（中国）有限公司、阳光保险集团、曹操专车、福建省工艺美术工业有限公司、中国外运、都乐（上海）水果蔬菜贸易有限公司、元秘－D、福建省卡尔顿食品有限公司等赞助商授牌，以感谢合作伙伴们的支持与陪伴。在合作过程中，厦门马拉松与赞助商始终秉承友谊、公平、诚信的原则，实现互惠共赢，携手共同成长。对于厦门马拉松而言，2019 年是其市场化运作的一个新起点，厦门马拉松将迈向新台阶。

2018年

一　深圳马拉松

2018 年 12 月 16 日 8 时，2018 深圳马拉松在深圳市民中心广场鸣枪起跑。2018 年深圳马拉松由中国田径协会、深圳市人民政府主办，深圳市文体旅游局、智美赛事营运管理（浙江）有限公司承办，福田区人民政府、罗湖区人民政府、南山区人民政府协办，智美体育集团推广。本届赛事共设置两个项目：马拉松（15000 人，含团体 600 组）和半程马拉松（15000 人），参赛人数比 2017 年各增加 3000 人。赛事以深南大道市民中心广场为起点，半程马拉松终点在深圳湾体育中心，马拉松终点在深圳市民中心广场。赛道沿深南大道、沙河西路、望海路部分滨海路线，途径市民中心、世界之窗、锦绣中华、华强北商业区、邓小平画像等多个知名地标，文化游览区和金融商业区，以及春茧、大运火炬塔、滨海休闲带，充分展现深圳改革开放先锋城市和国际化滨海城市的风貌。

二　上海马拉松

2018年11月18日，2018上海国际马拉松赛在金牛广场鸣枪开跑，来自国内外38000余名跑者齐聚上海，热情高涨，共同领略马拉松赛的非凡魅力。在2018年的赛场上，京东体育继续以“不为运动而运动”为主题，以丰富创新的体验营销圈粉无数。作为上海马拉松官方特许商品唯一线上售卖渠道，京东体育凭借其在电商平台、科技、商业开发、大数据等方面的优势，为2018上海国际马拉松全程助力。此次，京东体育还联合京东公益、京东物流，与上海马拉松公益一起发起上海马拉松官方公益项目——京东体育旧衣回收，在起点、沿途设置了收衣站，跑者可以携带闲置的衣物来到上海马拉松现场，赛前保暖，赛中捐出，深受大家的青睐。同时还有京东体育的公益跑团身着公益服，积极为公益发声。

三　杭州马拉松

2018年11月4日，2018杭州马拉松正式开跑，来自世界各地的3.5万名选手分别参加全程马拉松、半程马拉松等多项比赛。从11月1日起，参赛选手可以到设在黄龙体育中心篮球馆的杭州马拉松博览会现场领取参赛包。2018年首设的杭州马拉松博览会与“天猫双十一”狂欢深度结合，不仅把展览、展销、互动等元素包容进来，更把科技、电商融合在一起，让马博会成为路跑爱好者的盛大聚会和体育新零售的体验场景。在阿里巴巴家门口举行的杭州马拉松融入了大量科技和数字元素，如在马博会领物现场，跑者可以体会到人脸识别过安检的便利和高效，同时杭州马拉松为2000位跑者提供心率监测服务。截至11月1日，杭州马拉松线上赛报名人数超过1万，完赛用户可获得官方认证电子证书，付费参与的5000名用户完赛则可以获得杭州马拉松官方授予的圆形“杭马印”奖牌。另外在全国马拉松首创的杭州马拉松“大富翁”截至11月1日参赛人数达到330万。

四　成都马拉松

2018年10月27日，在2018东风日产成都国际马拉松比赛的赛道上，来自54个国家和地区的跑者一起体会了成都的城市风采。2018成都国际马拉松由成都市人民政府和中国田径协会联合主办，吸引了28000余名跑者参赛。本届成都国际马拉松设有马拉松、半程马拉松、欢乐跑三个比赛项目。2018成都国际马拉松的赛道又被称为“穿越千年的赛道”。它的起点设置在饱含古蜀文化元素的金沙遗址博物馆，沿途经过代表汉唐礼乐文化的成都琴台路和合江亭、元明清风貌的安顺廊桥和九眼桥，最后到达现代化的成都世纪城新国际会展中心，让跑者在运动的过程中感受成都千年历史文化。

五　北京马拉松

2018年9月16日，2018华夏幸福北京马拉松顺利鸣金收官。3万余名来自世界各地的跑者参加了比赛，来自埃塞俄比亚的名将德贝拉·贡法和肯尼亚女将艾亚贝分别夺得男子组和女子组全程马拉松冠军。李子成获得男子中国运动员的第一名。2018年是北京马拉松举办的第37个年头，北京马拉松逐渐成为中国最富有感召力的精英赛事。2018年也是华夏幸福基业股份有限公司赞助北京马拉松的第二年，阳光健康的生活方式一直是华夏幸福所追求的理念，这也正与北京马拉松这项老牌赛事所映射出的“挑战自我、超越极限、坚韧不拔、永不放弃”的向上精神以及其背后传递的全民健身理念相契合。

六　兰州马拉松

2018年6月10日清晨的兰州碧空万里，花香醉人。来自中国、埃塞俄比亚、法国、肯尼亚、美国、日本等28个国家和地区的42000多名马拉松选手和长跑爱好者相约2018兰州国际马拉松赛，从起点甘肃国际会展中心出发，在热情好客的兰州市民的加油与欢呼声中，沿着美丽的黄河风情线，展开了一场充满激情与毅力的奔跑。本届兰马由中国田径协会、甘肃省体育局、兰州市政府共同主办，是兰州市连续第8年举办。这也是继获得中国田径协会马拉松金牌赛事称号后，兰马首次以国际田联金标赛事身份开赛，成为全国6个国际田联金标赛事之一，跨入“双金”时代。

七　扬州鉴真国际半程马拉松

2018 扬州鉴真国际半程马拉松赛于 2018 年 4 月 22 日上午 8 时在扬州马拉松公园鸣枪开跑，来自 40 个国家和地区的 35000 名选手展开角逐。扬州鉴真国际半程马拉松赛创办于 2006 年，因唐代高僧鉴真大师坚韧不拔、百折不回的精神与马拉松绝不言弃的运动文化深度契合，鉴真成为赛事品牌的核心文化元素。该赛事从 2012 年以来，已连续六年荣获国际田联金标赛事和中国田径协会金牌赛事，成为扬州的靓丽名片。

八　重庆马拉松

2018 年 3 月 25 日上午 8 时，重庆马拉松赛在重庆南滨路、巴滨路鸣枪开跑并在热火朝天的欢呼声中落下帷幕。从赛前美的空调为跑友准备的热身活动，到赛事完毕，一幕幕精彩瞬间被摄影师定格，来自不同国家和地区的选手用坚韧不拔的毅力和超越自我的信心为我们诠释了一场正能量爆棚的马拉松主题盛宴。本次重马是美的空调与马拉松赛事的第二次跨界合作，自 2017 年借助广州马拉松平台正式开启体育营销战略以来，美的空调将品牌和产品与体育赛事成功嫁接，旨在为大家打造一种乐观向上、绿色健康的生活方式。

九　厦门马拉松

2018 厦门马拉松于 2018 年 1 月 7 日上午 7：30 在厦门国际会议展览中心前鸣枪开跑。比赛当天，厦门下起了大雨，包括 25 名特邀运动员在内的 42 个国家和地区的 21640 名跑者如约前来参赛，在风雨中的鹭岛展开 42.195 公里的奔跑，展现了顽强拼搏、永不放弃、勇于挑战的体育精神。

2017年

一　深圳马拉松

2017 深圳国际马拉松赛于 2017 年 12 月 17 日举行，非洲选手包揽全程马拉松男子前三名，肯尼亚选手萨姆以 2 小时 14 分 49 秒的成绩夺得冠军，并获 2 万美元奖金。本届马拉松赛事成功入选中国田径协会、中央电视台共同主办的国家级 IP“奔跑中国”马拉松系列赛，是“奔跑中国”的年度收官之战。因此赛事设置了 16 城 16 人接力跑的环节，即 16 名专业选手分别代表 16 座城市接力，每人按照每公里 3 分钟的配速跑步。“奔跑中国”系列赛共有 16 站比赛，一年来赛事共覆盖城市人口 1.38 亿人，参赛总人数超过 40 万人。

二　上海马拉松

2017 年 11 月 12 日，2017 上海国际马拉松赛在外滩鸣枪开跑，赛事吸引了数万名跑友前来参赛。2017 年上海马拉松历史性地取消半程项目，全程马拉松名额从 2016 年的 2 万人增加至 2.8 万人，10 公里跑和健身跑项目继续保留，名额分别为 5000 人。参赛人数的调整代表着一场比往年更大规模的国际赛事在申城上演。

三　杭州马拉松

2017 年 11 月 5 日上午，有着 3.5 万名选手参赛的 2017 年第 31 届杭州马拉松赛事组委会传来消息：2017 年的杭州马拉松，男女前三名都打破了赛会纪录。其中，埃塞俄比亚选手包揽了男女冠军，男子冠军成绩为 2 小时 10 分 33 秒，女子冠军成绩为 2 小时 28 分 08 秒。

四　成都马拉松

2017 年 9 月 23 日早上 8：00，东风日产 2017 成都国际马拉松赛在四川成都鸣枪开跑。成都马拉松受到全国乃至全球跑友的热捧，自开启预报名后共有43365人预报名成功，最终来自全球35个国家和地区的2万跑友在赛道上，一同感受天府之国的风情和魅力。本届成都马拉松由成都市人民政府和中国田径协会联合主办，成都市体育局、成都传媒集团、成都高新区管委会、天府新区成都管委会共同承办，腾提度体育负责独家运营推广。

五　北京马拉松

2017年北京马拉松有来自33个国家和地区的3万名选手参赛。比赛从天安门广场集结出发，最后抵达终点奥林匹克中心区庆典广场，全程42.195公里。当天北京天气晴朗，大气扩散条件好，风力较小，最高气温29℃，清晨甚至出现朝霞。2017年北京马拉松的冠名商发生了改变，由以往的北京现代改成了华夏幸福。北京现代从2011年开始全程冠名赞助北京马拉松，2017年，华厦幸福接棒冠名赞助北京马拉松。服装赞助商仍为阿迪达斯。男子服装仍为无袖背心，而女子则改成了修身T恤。

六　兰州马拉松

2017年6月11日上午7时30分，2017兰州国际马拉松赛在兰州黄河畔如期开跑。来自中国、乌克兰、巴林、埃塞俄比亚、坦桑尼亚、美国、肯尼亚等32个国家和地区的40413名选手在黄河畔奔跑，用他们的激情展现着城市的魅力。2017兰马以“为梦奔跑、谊结金兰”为主题口号，以“安全、节俭、精彩、圆满”为原则。2017兰州马拉松是由中国田径协会与甘肃省体育局、兰州市人民政府联合主办的第7届赛事。赛事共设有全程马拉松、半程马拉松和迷你马拉松3个参赛项目。其中全程马拉松参赛选手有8120人、半程马拉松有8105人、迷你马拉松有24188人。

七　扬州鉴真国际半程马拉松

2017扬州鉴真国际半程马拉松赛于2017年4月23日上午8时在扬州马

拉松公园鸣枪开跑，来自43个国家和地区的35000名选手参赛。经过激烈的角逐，最终，非洲埃塞俄比亚选手包揽男女子组冠军，其中，男子组冠军获得者埃塞俄比亚的选手 Mosinet Geremew Batih 在2015年世界男子半程马拉松赛中获得第5名；女子组冠军获得者埃塞俄比亚的选手 Sutume Asefa Kebede 在2016年鹿特丹马拉松赛中获得第2名。

八　重庆马拉松

2017年3月19日早上8时，随着在南滨公园起点处的发令枪响，一年一度的重庆国际马拉松赛在南滨路和巴滨路上正式开跑，3万名来自世界各地的跑者用激情与速度让山城动了起来。重庆国际马拉松赛经历6年时间，已发展成为国内最有影响力和最具知名度的赛事之一。2017年重马赛事规模达到30000人，其中参加全程、半程马拉松赛14500人，参加5公里迷你马拉松健身跑15500人。

九　厦门马拉松

2017年建发厦门国际马拉松赛于2017年1月2日鸣枪起跑，并迎来15岁生日，埃塞俄比亚选手包揽了男子和女子项目的前三名。本届厦门马拉松赛首次升级为“全马”赛事，采用先预报名、后抽签的方式，来自31个国家和地区的3万名跑者最终获得参赛资格，其中男子选手为24885人，女子选手为5115人。赛事特邀来自肯尼亚、埃塞俄比亚、乌克兰、白俄罗斯、厄立特里亚、阿尔及利亚6个国家的优秀运动员共计27人。

Abstract

Sponsorship market in Chinese Marathon has the following characteristics now. First, segmented events are increasingly favored by sponsors. Second, automobile companies have become the main force in the marathon sponsor market. Third, marathon events with a long history are often easier to obtain sponsorship from sponsors. Marathon sponsorship market development trends show that enterprises from economically developed regions will continue to account for a larger proportion among sponsors, and enterprises from Beijing, Guangdong and Fujian will play an important role in the Chinese marathon sponsorship market, and the combination of sponsors and events will increase close, domestic marathon sponsors are gradually localized.

From the scores and rankings of the marathon sponsorship market evaluation index, it can be seen that the more mature sponsorship market also has a lot of investors, which has shown a certain degree of saturation, and the sponsorship effect of increasing investment is not very good. However, since the emerging marathon sponsorship market has great potential for development, there is still a gap between the sponsorship market being saturated, and sponsors who invest in it will produce better results.

The survey found that there is a difference between the respondents' perception of the event sponsor and the actual sponsorship status. This difference reflects the misallocation of resources between sponsor investment and sponsorship effects. The top three respondents who have the most impressive impressions of sponsors are mineral water or beverage companies, sports equipment companies, and automobile companies, which match the current sponsorship brands of the Shanghai Marathon. Marathon participants' perception of the Guangzhou Marathon sponsorship market is similar to the overall data, but as an excellent domestic "double-gold" marathon event, the status of the Guangzhou Marathon sponsorship market is better than the national average. The Chengdu Marathon sponsorship survey confirmed that participants' subjective perceptions of sponsors are different from the actual sponsorship situation, and the sponsor's actual investment does not match the sponsorship effect received. Sponsoring companies want to obtain the maximum sponsorship effect through less sponsorship investment, so the company needs to consider the matching degree of sponsorship when choosing the event, and participate in the event in various ways and channels during the sponsorship process to maximize the sponsorship effect. At the same time, event organizers should evaluate the sponsorship effect as accurately as possible and protect the rights and interests of sponsors. Not only can they cooperate with companies stably for a long time, but also expand the participation of relevant companies based on the actual sponsorship results, improve the sponsorship level, and expand the sponsorship market.

Looking forward to 2021, China's marathon sponsorship market still has great potential to be developed. There will be more and more companies willing to market through marathon events. Therefore, perfecting sponsorship measures to obtain the best sponsorship effect is an issue that event organizers and sponsors need to pay attention to. In short, 2021 will be a year of both opportunities and challenges for companies participating in sponsoring marathon events.

It is worth mentioning that *Development Report on Marathon Industry in China (2019 - 2020): Evaluation and Analysis of Marathon Sponsor Market Index* launched the marathon sponsorship market evaluation index system for the first time, and constructed the first-level indicators of sponsorship market conditions, event value, and sponsorship effectiveness. And give an evaluation model around the marathon sponsorship market. The establishment of the evaluation model and index system may promote the development of China's marathon industry.

Keywords: Marathon; Marathon Sports; Marathon Industry

Contents

I General Report

Abstract: The sponsorship levels of domestic marathons can be roughly divided into four: title sponsors, partners, event sponsors, and event suppliers. Marathon sponsorship market in China has the following characteristics: first, segmented events are more and more favored by sponsors; second, auto companies are still the main force in the marathon sponsorship market; third, marathon events with a long history are often easier to get sponsorship from sponsors. The marathon sponsorship market shows the following development trends: enterprises from economically developed regions will continue to account for a larger proportion among sponsors and be more closely integrated with events, also marathon sponsors will gradually become localized. Looking forward to 2021, China's marathon sponsorship market still has great potential to be tapped. For more mature marathon events, the sponsorship effect of increased investment is not very good, while for emerging marathon events, sponsors will have a better sponsorship effect if they sponsor them. There is a difference between perception of event sponsors and the actual sponsorship status in potential customers. Therefore, perfecting sponsorship measures to obtain the best sponsorship effect is an issue that event organizers and sponsors need to pay attention to.

Keywords: Marathon; Sporting Events; Marathon Sports; Marathon Industry

Ⅱ Index and Evaluation

Abstract: Constructing a marathon sponsorship market evaluation system is of great significance to the development and improvement of the marathon sponsorship market. It can not only help market participants, event hosting cities, host companies, sponsor companies, etc. understand the operation of the sponsorship market, but also enable them to discover in time the problems in the marathon sponsorship market. Understanding the development trend of the marathon sponsorship market is conducive to the healthy operation of marathon events and the effective development of the sponsorship market. By calculating the scores of the three first-level indicators of sponsorship market conditions, event value, and sponsorship effects, this article draws the scores and rankings of the eight major marathon sponsorship markets. The results show that the more mature marathon event sponsorship market scores higher, but the sponsorship effect score is not very high. However, since the emerging marathon sponsorship market has great potential for development, there is still a certain gap from the saturation of sponsorship investment, so it has a strong appeal for new sponsorship options.

Keywords: Marathon; Sponsorship Market; Marathon Sponsorship Effect

Abstract: Starting from the stock changes of listed companies, this article analyzed the sponsors of the domestic "double-gold" marathon event. Research subjects included China Fortune Land Development, the general title sponsor of Beijing Marathon; C&D Group, the exclusive general title sponsor of Xiamen Marathon; Chang'an Automobile, general title sponsor of Chongqing Marathon; Guangzhou Automobile Group, title sponsor of Hangzhou Marathon, and Shenzhen Marathon honorary partner Xtep International. The research team took a marathon event week as an analysis point, and compared the stock price index of sponsors 10 weeks before and after. It was found that during this period, sports goods manufacturer Xtep International sponsored the best. This is relatively close to the results obtained by the research group through the questionnaire survey: the top four companies subjectively considered by the marathon participants to be the most likely to sponsor the event are mineral water or beverage companies, sports equipment companies, automobile companies, and sports shoes and clothing companies. The approximate results obtained from two different research approaches reflect a certain consistency in information reception and investment decision-making between a large number of marathon participants and stock investors. The research team speculated that the two groups may have obtained more consistent information, and it is even possible that the two groups are the same group of decision makers.

Keywords: Marathon Event; Stock Price Index; Marathon Sponsor

Ⅲ Policies and Regulations

Abstract: The impact of government policies is particularly critical to the development of marathons in China. In recent years, to organize a marathon event in China, the administrative process of approval has been gradually simplified. The government is in transition and more non-government organizations are organizing more marathon events. The government's management has also gradually improved, and the rating standards have become more standardized, which has promoted marathon events to become formalized. Given these policy changes, sponsors of marathon events will become localized with their unique characteristics, the event organizers and sponsors will be deeply intertwined. The spillover effect sponsor exhibitions will become more significant. Chinese marathon events are featured by close cooperation with financial institutions and local characteristics. Moreover, in the context of frequent public emergencies, government policy makers will have a significant and often unexpected impact on marathon sponsors, which needs to be taken seriously by sponsors.

Keywords: Marathon Sports; Marathon Sponsorship Market; Sporting Event

B. 5 Legal Analysis of Sponsorship Contract Disputes in Marathon Sports Events

Dong Mei / 065

Abstract: The chapter makes legal analysis of marathon sports event (commercial) sponsorship contract disputes. The relevant laws for the settlement of sponsorship contract disputes of sports events include the sports law, the contract law, the advertising law and so on. By analyzing the cases of contract disputes, the chapter summarizes the reasons for the disputes, including the absence of relevant laws on sports sponsorship contracts, unclear legal nature and non-specific contract terms. The chapter summarizes the issues that may cause disputes, including exclusive rights and invisible marketing. Finally, the chapter puts forward the strategies to avoid the contract disputes of marathon sports sponsorship, including perfecting the relevant laws of sports sponsorship, refining the contents of sports sponsorship contracts, formulating exclusive clauses and preventing invisible marketing, so as to reduce the occurrence of contract disputes.

Keywords: Marathon; Sports Event Sponsorship; Contract Dispute

Ⅳ Special Subjects

Abstract: Through a questionnaire survey of the main participants in the marathon event, it is found that the vast majority of respondents believe that the company's active participation in marathon event sponsorship will increase their awareness of the company. If sponsors want to achieve this goal, they need to pay attention to the matching degree of sponsorship. Marathon participants believe that the top four companies most likely to sponsor the event are mineral water or beverage companies, sports equipment companies, automobile companies and sports shoes and clothing companies. The products of these companies fit the sports culture of the marathon very closely. These four elements are essential in a marathon. The survey also finds that there is a difference between the respondents' subjective perceptions of event sponsors and actual sponsorship. This difference reflects the misallocation of resources between sponsors' investment and sponsorship effects. Further improvement of sponsorship measures to obtain the greatest sponsorship effect is a concern for event organizers and event sponsors. And when taking corresponding sponsorship measures, we will continuously investigate and evaluate sponsorship effects to obtain feedback and achieve sponsorship goals.

Keywords: Marathon Sponsorship Market; Marathon Sports; Marathon Industry

Abstract: This article analyzes the business model of China marathon, mainly based on the theoretical model of "business model canvas". It focuses on the analyzing of main characteristics and existing problems of China marathon business model from five aspects: positioning, service, marketing, cost and income. Based on the analysis of the current situation and the comparison of domestic and foreign marathon business models, this article finds that the overall business model of China marathon is still in a relatively extensive stage of development, which leaves much space for improvement in the refinement, efficiency, and differentiation of business model. To this end, this article puts forward preliminary suggestions for the innovation of China marathon business model from the above five aspects.

Keywords: Marathon; Business Model; Marathon Sports

Abstract: In recent years, with the popularity of marathons, more and more people have participated in marathons. China's marathon operation mode has gradually shifted from government-led to market-led. More companies have discovered the hotspot of marathon events, expanding social influence and attracting customers by sponsoring marathon events. In this process, the relevant government departments of the country promulgated a series of documents and policies to provide more convenient conditions for the development of urban marathons. It is expected that marathons will play an increasingly important role in the national fitness in the future. The industrial chain and evaluation system can be more perfect, so that the marathon can develop healthily. With the cancellation of the right to approve sports events in 2015, the number of marathon events has exploded. Faced with this new trend of marathon events, the article makes a sociological analysis of the Chinese marathon sponsorship market. The study finds that marathon sponsorships are mainly concentrated in the real estate, automobile, insurance, sports brands, food brands, tourism and medical and pharmaceutical industries, and marathon directly related industries.

Keywords: Marathon; Sporting Events; Sponsor Market

Abstract: The survey found that China's marathon sponsorship market still has great market potential that is worth exploring and tapping. There are more and more companies willing to market through marathon events, but the actual benefits that companies can get from marathon events still need scientific evaluation. The marathon also attracted companies that are weakly related to the event, such as car companies, real estate companies, electrical appliances companies, jewelry companies, and banks. Based on the statistics of the sponsor brands of the "double-gold" marathon, the research team found that the 8 marathon events were supported by 121 sponsor companies, involving more than 50 market segments. Event sponsors mainly include mineral water or beverage companies, automobile companies, sports equipment companies, sports shoes and clothing companies, beer companies, insurance companies, banks, real estate companies, and others (including food, catering, communications companies, etc.) . The survey showed that the top three companies with the highest recognition of sponsors are mineral water or beverage companies, sports equipment companies and automobile companies.

Keywords: Marathon; Marathon Sponsorship Market; Marathon Sponsors

V Case Studies

Abstract: The Beijing Marathon began to be held in 1981 and has developed into one of the sports events with international influence. This paper studies the sponsorship market of Beijing Marathon by using the methods of literature, questionnaire and mathematical statistics. The results show that 95% of marathon runners are under 40 years old, and 5% are over 40 years old; Most of the participants are keen on the full and half marathon events, and the popularity is relatively low for the short distance 10 km, mini or other types of marathon. In terms of educational level, most of the athletes who participated in the Beijing Marathon have high school and undergraduate education, while the number of junior high school including below and graduate education is relatively small. In terms of motivation, most of the participants participate in the Beijing Marathon to challenge themselves, test their ability, experience the competition and gain honor. In terms of the occupation of the contestants, the top management personnel of enterprises and institutions / companies account for 22%. In terms of the number of times of participating in the marathon, the number of people who have participated in two marathons accounts for the highest proportion (34.29%). In terms of the income of the contestants, the highest proportion of the participants with monthly income of 5000 - 8000 yuan accounts for 25.60%. From the perspective of the competitors of Beijing Marathon, most of the sponsors' industries are located in mineral water, drinks, cars, bicycles and other means of transportation, sports equipment, insurance companies and sports shoes and hats, which are directly related to the event, and can provide direct material and spiritual services for the competition; the contestants (more than 80%) think that the enterprises can strengthen the recognition and favor of the enterprises through some behaviors and measures. The proportion of volunteers aged 18 - 30 in Beijing Marathon is 69.40%. The occupation distribution of volunteers is concentrated in students, civil servants, private business owners and other personnel. From the perspective of controlling time, these professionals are more likely to spend their time freely, which meets the service requirements of volunteers.

Keywords: Beijing Marathon; Sponsorship Market; Return on Equity

Abstract: This article takes the participants and volunteers of the Shanghai Marathon as the research object and analyzes the sponsorship market of the Shanghai Marathon through questionnaire data. The results showed that the gender ratio of contestants and volunteers was highly similar, with an average of 2. 5 : 1. In the survey of age, people aged 18 –30 accounted for the highest proportion, and they are the main consumer group. In the survey of participants' academic qualifications, bachelor's degree and above accounted for a relatively high proportion, indicating that the Shanghai Marathon participants have a higher level of education. Participants are mainly corporate managers, freelancers, civil servants, and teachers. Most of them have a stable income and have time to participate in sports and social activities. Not limited to the above-mentioned occupations, more than 5, 000 people participated in the survey are distributed in all walks of life, reflecting the inclusiveness and breadth of marathon events, and helping sponsors to expand the scope of promotion. The top three companies that are most impressed by the sponsorship effects of the Shanghai Marathon participants and volunteers are mineral water or beverage companies, automobile companies, and sports equipment companies, which are more compatible with the current Shanghai Marathon sponsorship brands.

Keywords: Shanghai Marathon ; Sponsorship Market; Sponsors

Abstract: Sponsors are an indispensable role in marathon events. From the perspective of sponsorship returns, this report takes Guangzhou Marathon runners and volunteers as the research objects and analyzes the professional data obtained from the questionnaire to illustrate the current situation of the Guangzhou Marathon sponsorship market with questions. The survey found that the current situation of the Guangzhou Marathon sponsorship market is better than the national average. Participants of the Guangzhou Marathon are characterized by being male-dominated and females becoming a new force. They are young, highly educated, and have relatively stable jobs. The Guangzhou Marathon participants believe that the companies most likely to sponsor the marathon are inconsistent with the actual situation. The research team puts forward the following suggestions: pay attention to the needs of female users, and sponsored products need to accurately match female runners; sponsored product image matching must be in place, and also functional matching; young people are the main force of the marathon, and sponsorship marketing should be younger; let sponsorship marketing "out of circle" first, and then "circle fans".

Keywords: Guangzhou Marathon; Sponsorship Market; Female Runner

B. 13 Cognitive Analysis of Chengdu Marathon Sponsorship Market

Abstract: As an emerging domestic marathon event, Chengdu Marathon has attracted many domestic and foreign runners to participate with its unique event characteristics, urban charm and tourism and cultural resources. This report takes the participants and volunteers of the Chengdu Marathon as the research object. Through questionnaire survey and data analysis, we understand the basic situation of the participants and their subjective perception of sponsorship effects, and put forward suggestions for the development of the Chengdu Marathon sponsorship market. Participants of the Chengdu Marathon have a good understanding of sponsors, but participants' subjective perceptions of sponsorship effects are different from the actual situation, and the actual investment of sponsors does not match the sponsorship effects received. Sponsors need to consider the matching degree of sponsorship and participate in the event through various methods to ensure the maximum sponsorship effect. Event organizers should accurately evaluate sponsorship effects, protect the rights of sponsors, expand sponsor sources based on actual sponsorship effects, improve sponsorship levels, and expand the sponsorship market.

Keywords: Chengdu Marathon; Sponsorship Market; Sponsorship Effect

Abstract: As one of the domestic marathon grand slam events, the Wuhan Marathon has been praised by many marathon enthusiasts and the industry since it was held, and it has become the most promising gold road race in China. This article uses a questionnaire survey to understand the Wuhan Marathon participants' perception of sponsors, and evaluate the value of Wuhan Marathon sponsorship market. The analysis results show that the Wuhan Marathon has a good development prospect, and sponsors participating in sponsorship activities can achieve good sponsorship results. This article suggests that sponsors should pay attention to the actual effect of sponsorship awareness, improve the original sponsorship plan and sponsorship behavior, and increase the chance of being paid attention to by the participating people in combination with the actual situation of their products in order to receive better publicity effects.

Keywords: Wuhan Marathon; Sponsored Market; Sponsored Value

Ⅵ Appendix

皮书

智库报告的主要形式
同一主题智库报告的聚合

皮书定义

皮书是对中国与世界发展状况和热点问题进行年度监测，以专业的角度、专家的视野和实证研究方法，针对某一领域或区域现状与发展态势展开分析和预测，具备前沿性、原创性、实证性、连续性、时效性等特点的公开出版物，由一系列权威研究报告组成。

皮书作者

皮书系列报告作者以国内外一流研究机构、知名高校等重点智库的研究人员为主，多为相关领域一流专家学者，他们的观点代表了当下学界对中国与世界的现实和未来最高水平的解读与分析。截至 2020 年，皮书研创机构有近千家，报告作者累计超过 7 万人。

皮书荣誉

皮书系列已成为社会科学文献出版社的著名图书品牌和中国社会科学院的知名学术品牌。2016 年皮书系列正式列入“十三五”国家重点出版规划项目；2013~2020 年，重点皮书列入中国社会科学院承担的国家哲学社会科学创新工程项目。

中国皮书网

（网址：www.pishu.cn）

发布皮书研创资讯，传播皮书精彩内容

引领皮书出版潮流，打造皮书服务平台

栏目设置

◆ 关于皮书

何谓皮书、皮书分类、皮书大事记、

皮书荣誉、皮书出版第一人、皮书编辑部

◆ 最新资讯

通知公告、新闻动态、媒体聚焦、

网站专题、视频直播、下载专区

◆ 皮书研创

皮书规范、皮书选题、皮书出版、

皮书研究、研创团队

◆ 皮书评奖评价

指标体系、皮书评价、皮书评奖

◆ 互动专区

皮书说、社科数托邦、皮书微博、留言板

所获荣誉

◆ 2008 年、2011 年、2014 年，中国皮书网均在全国新闻出版业网站荣誉评选中获得“最具商业价值网站”称号；

◆ 2012 年，获得“出版业网站百强”称号。

网库合一

2014年，中国皮书网与皮书数据库端口合一，实现资源共享。

S 基本子库
UB DATABASE

中国社会发展数据库（下设 12 个子库）

整合国内外中国社会发展研究成果，汇聚独家统计数据、深度分析报告，涉及社会、人口、政治、教育、法律等 12 个领域，为了解中国社会发展动态、跟踪社会核心热点、分析社会发展趋势提供一站式资源搜索和数据服务。

中国经济发展数据库（下设 12 个子库）

围绕国内外中国经济发展主题研究报告、学术资讯、基础数据等资料构建，内容涵盖宏观经济、农业经济、工业经济、产业经济等 12 个重点经济领域，为实时掌控经济运行态势、把握经济发展规律、洞察经济形势、进行经济决策提供参考和依据。

中国行业发展数据库（下设 17 个子库）

以中国国民经济行业分类为依据，覆盖金融业、旅游、医疗卫生、交通运输、能源矿产等 100 多个行业，跟踪分析国民经济相关行业市场运行状况和政策导向，汇集行业发展前沿资讯，为投资、从业及各种经济决策提供理论基础和实践指导。

中国区域发展数据库（下设 6 个子库）

对中国特定区域内的经济、社会、文化等领域现状与发展情况进行深度分析和预测，研究层级至县及县以下行政区，涉及地区、区域经济体、城市、农村等不同维度，为地方经济社会宏观态势研究、发展经验研究、案例分析提供数据服务。

中国文化传媒数据库（下设 18 个子库）

汇聚文化传媒领域专家观点、热点资讯，梳理国内外中国文化发展相关学术研究成果、一手统计数据，涵盖文化产业、新闻传播、电影娱乐、文学艺术、群众文化等 18 个重点研究领域。为文化传媒研究提供相关数据、研究报告和综合分析服务。

世界经济与国际关系数据库（下设 6 个子库）

立足“皮书系列”世界经济、国际关系相关学术资源，整合世界经济、国际政治、世界文化与科技、全球性问题、国际组织与国际法、区域研究 6 大领域研究成果，为世界经济与国际关系研究提供全方位数据分析，为决策和形势研判提供参考。

法律声明